대학생을 위한 **심리학** 제3판

대학생을 위한 심리학 ^{제3판}

정의석 지음

Σ 시그마프레스

대학생을 위한 심리학, 제3판

발행일 | 2008년 4월 1일 초판 1쇄 발행
2013년 9월 10일 개정판 1쇄 발행
2019년 9월 5일 3판 1쇄 발행

저 자 | 정의석
발행인 | 강학경
발행처 | (주)시그마프레스

등록번호 | 제10-2642호
주소 | 서울특별시 영등포구 양평로 22길 21 선유도코오롱디지털타워 A401~402호
전자우편 | sigma@spress.co.kr
홈페이지 | http://www.sigmapress.co.kr
전화 | (02)323-4845, (02)2062-5184~8
팩스 | (02)323-4197

ISBN | 979-11-6226-168-2

이 도서의 국립중앙도서관 출판시도서목록(CIP)은 서지정보유통지원시스템 홈페이지
(http://seoji.nl.go.kr)와 국가자료공동목록시스템(http://www.nl.go.kr/kolisnet)에서
이용하실 수 있습니다. (CIP제어번호: CIP2019030436)

제3판은 초판의 부족한 점들을 보충한 것 이상의 의미가 있음을 알리고 싶다. 가장 큰 변화는 수업 중 활용할 수 있는 '실험 및 실습'을 포함한 것이다. '실험 및 실습'은 수업 전 그리고 수업 중 수업 내용에 대한 동기를 유발하거나, 수업 내용에 대한 이해를 돕기 위한 목적으로 포함시켰다. 일부 '실험 및 실습'은 기존에 있던 것도 있지만 대부분 저자 자신이 수업을 위해 개발한 것이다. '실험 및 실습'을 반드시 활용해야 하는 것은 아니나, 수업에 효과적 역할을 할 수 있을 것이다.

제3판의 두 번째 변화는 동영상 자료목록을 제공하고 있다는 점이다. 심리학을 이해하기 쉽게 위해 만든 다양한 다큐멘터리뿐만 아니라 영화, 드라마 등의 목록을 주제에 따라 제시하였다. 비록 동영상 자체를 제공할 수는 없으나 목록 자체만으로도 자료를 검색하고 준비하는 데 도움이 될 수 있을 것이다. 동영상 목록에 관련 주제가 나오는 시간을 제시하지는 않았는데, 이는 동영상 전체가 주제와 관련이 있기 때문이다. 정해진 부분만을 수업 중에 활용하고자 할 때는 동영상 재생기의 '책갈피' 기능을 사용하기를 권한다.

기타 변화로는 그림이나 표에 구체적 설명을 포함하여 교재 내용을 다 읽지 않아도 그림이나 표만으로도 그 내용을 이해할 수 있도록 도왔다는 점과 새로운 그림 등을 포함하였다는 점이다. 그림이나 사진 등을 저자가 직접 구해야 하는 열악한 현실을 고려했을 때 많지 않은 새 그림의 추가도 간과할 수 없는 노력의 일부로 바라봐 주기를 바란다.

　이 책은 저자가 자신의 수업목적과 방식을 효과적으로 발휘하기 위해 만들었다. 국내 수많은 심리학 교재가 있음에도 불구하고 여러 대학에 계신 교수님들이 이 책을 사용해 주신 점에 감사드리며, 교재를 통해 간접적으로 만나게 된 많은 학생들에게도 감사의 말을 대신 전한다. 한 학기의 짧은 수업이지만 심리학이 그들의 삶에 긍정적 역할을 하기를 기대한다.

　기간을 지키지 못했던 저자를 친절하게 인내해 주고 격려해 준 편집부 직원 여러분이 없었다면 교재 출판이 불가능했을 수 있었을 것이다. 지면을 빌어 다시 한 번 감사드린다. 원고 집필을 조력하기 위해 자신의 생활을 기꺼이 희생해 준 아내와 삶의 고단함을 잠시 잊게 해준 딸 지효와 아들 민우에게도 고마움을 전한다.

2019년 8월
정의석

이 책을 집필할 때 실용성과 이해의 용이성에 초점을 두었다. 과학은 객관적인 사실이기 때문에 알아야 하는 것이 아니라 내가 필요하기 때문에 알고 싶은 것이다. 그러기에 다른 교재처럼 단순히 심리학의 이론만을 설명하는 것은 적절하지 못하며 학생들에게 자신의 생활에서 어떤 도움이 될 수 있는지를 안내해 주는 것이 무엇보다 필요하다고 생각하였다. 각 이론이 어떠한 목적에서 발생했는지 맥락을 설명하고 자신의 생활에서 어떤 부분에 도움이 될 수 있는지 설명하려고 노력했다.

심리학은 대학에서 인기 있는 교양강좌 중에 하나이다. 하지만 지금까지의 교재들은 교양에 목적을 둔 학생들에게는 너무 어렵게 기술되었다고 생각한다. 그래서 이 책은 교양으로서 심리학을 수강하는 학생들에게 초점을 두어 보다 이해하기 쉽도록 기술하였다. 이 책은 교양뿐만 아니라 심리학을 추후 자신의 전공에 활용하게 될 상담학과, 사회복지학과, 언어치료학과, 간호학과 등의 학생들을 위해서도 적절할 것으로 생각한다.

대학 강의에서 어려운 것 중의 하나가 개론강의라고 한다. 대학원에서 공부를 하더라도 자기 전공공부에만 국한될 수밖에 없는데 다른 영역에 대해서 공부를 해야 하기 때문이다. 처음 대학에서 개론을 강의한 이후 지금까지 조금씩 조심스럽게 살을 덧붙여 가며 강의내용을 완성해 왔다. 강의 전에 파워포인트로 준비했던 내용을 강의가 끝나면 글로 적어 보면서 강의원고를 만들었다. 되도록 다른 사람의 글을 그대로 인용하기보다는 내 글로 표현하도록 노력했다. 심리학에 대해 오랜 강의 경험을 가지고 있는 분들도 있겠지만 새롭게 대학 강단에 서야 하는 분들이 있다면 그런 분들에게 도움이 되었으면 한다.

강의원고와 논문을 써 보기는 했으나 책으로서는 첫발을 내딛는 것이어서 동료들과 독자들의 반응이 두렵기도 하고 기대가 되기도 한다. 학생들의 흥미를 유발하고 보다 쉽게 설명하려다 보니 다소 심리학적 개념과 일치하지 못하는 부분이 나타나기도 했다. 잘못한 부분이나 더욱 개선해야 할 부분에 대해 선배, 동료, 학생들이 고언해 주기를 바란다.

본인이 이렇게 책을 쓰고 출간하게 된 것은 무엇보다 지금까지 부족한 강의를 인내하고 열심히 들어 주었던 학생들의 도움이 가장 크다. 지금까지 강의를 들어 주었던 모든 학생들에게 고마움을 전한다. 지금까지 강의를 해 오면서 강의는 지식보다는 열정이 더 중요하다는 생각이 든다. 학생들에게 강의하는 그날까지 열정이 식지 않기를 스스로에게 다짐해 본다.

첫 저서이면서 부족한 내용임에도 불구하고 출판을 맡아 주신 (주)시그마프레스 강학경 사장님께 감사드리며, 이 책을 출판하기까지 학문적 가르침을 주셨던 노안영 교수님을 비롯한 전남대학교 심리학과, 계명대학교 심리학과 교수님들에게 직접 말씀드리지는 못했지만 지면을 빌어 감사의 마음을 전한다. 또한 창의적 삽화를 그려 준 성자람 양과 자료수집과 편집에 도움을 준 석사과정에 있는 이미라, 선진, 김숙현 선생님에게도 진심으로 감사드린다.

2008년 3월

정의석

토론자료 활용방법

각 장의 첫부분에 토론자료가 있습니다. 토론자료는 각 장의 주제에 대한 흥미를 높이고, 수업에서 학생들의 즐거운 상호작용을 이끌기 위해 고안되었습니다. 활용방법은 다음과 같습니다.

1. 토론자료는 강의 전에 활용하십시오. (토론시간 20분 내외 + 발표시간 20분 내외)

2. 토론자료는 수업시간, 수강인원 등 수업 여건을 고려하여 일부만을 선택하셔도 됩니다. 현실적으로 모든 내용을 토론하는 것은 불가능합니다. 교수님들이 추가적인 토론내용을 포함시키거나, 학생들이 희망하는 내용을 새롭게 추가하시면 더욱 활동적인 토론시간이 될 것입니다.

3. 조별 인원은 일반적으로 6명 정도가 적절합니다. 조별로 토론을 시킨 후, 각 조마다 한 명씩 일어나서 토론내용에 대해 발표하게 하십시오. (총 5개 조로 구성되어 있다면 각 조에서 1명씩 총 5명이 발표하게 됨) 발표내용이 서로 반대될 경우 조끼리 추가적인 토론을 시키셔도 됩니다. (발표점수를 평가에 반영할 경우, 되도록 모든 조원이 발표할 것을 요청하십시오.)

4. 토론 과정에서 학생들에게 휴대폰을 이용해서 관련된 내용을 검색하라고 하십시오. 그리고 교수님은 토론시간에 교실을 돌아다니면서 각 조에서 토론이 잘 이루어지고 있는지 살피시고, 학생들이 하는 질문에 즉각적으로 답을 해주시는 등 적극적 관여를 해주십시오. 단, 학생들이 토론의 정답을 물어볼 경우에 단서나 방향만을 간단히 답해주십시오.

5. 학생들의 발표내용 중 틀린 내용이 있더라도 발표동기를 유지하기 위해서 즉각적인 답변을 자제하는 것이 좋습니다. 학생들이 발표하는 과정에서 스스로 자신의 발표내용을 평가하도록 하는 것이 가장 좋습니다.

차례
Contents

제1장 심리학의 정의와 주요관점

심리학의 관점 2 | 심리학의 정의-마음에 대한 학문 5 | 심리학의 기원 6

심리학의 성립-마음의 법칙 7 | 과학으로서의 심리학이 되기 위한 기준 10

심리학과 실험 15 | 마음을 연구하는 다양한 관점 16

몸과 마음의 관계에 대한 관점의 변화 21 | 몸과 마음의 관계에 대한 최근의 관점 22

제2장 감각 및 지각

감 각 26 | 지 각 26 | 지각항등성 28 | 정신물리학 31 | 시 각 35

색지각 39 | 지각체제화 42 | 깊이지각 44 | 착 시 50

제3장 학습

고전적 조건화 54 | 고전적 조건화의 다양한 기제 57

고전적 조건화의 적용 62 | 조작적 조건화 66 | 조작적 조건화의 종류 67

Premack 원리 70 | 도피와 회피학습 71 | 학습된 무기력 73

강화계획 74 | 조작적 조건화와 사회발전 77 | 관찰학습 77

제4장 기억

기억의 단계 83 | 기억의 저장과정 87 | 인출 93 | 망각 96
다양한 기억의 종류 101 | 기억의 재구성 103

제5장 인지

사고의 자료 110 | 언어와 사고 118 | 문제해결 119

제6장 발달

감각 및 지각의 발달 128 | 인지발달 129 | 인지발달단계 132
사회성 발달 138 | 도덕성 발달 143

제7장 성격

성격의 정의 151 | 성격에 대한 관점 152 | 고전적 성격이론 153
정신역동적 성격이론 156 | 특성론 163 | 성격평가 168

제8장 동기

의지 181 | 본능 181 | 추동 182 | 각성수준 183 | 배고픔과 섭식 184
성추동과 성행동 191 | Maslow의 욕구위계이론 197 | 자기결정 200
성취 201 | 자기효능감 203 | 목표 204 | 몰입 205

제9장 정서

정서의 기능 211 | 정서의 종류 212 | 정서발생에 대한 이론 214

제10장 사회심리학

대인지각 225 | 귀인 234 | 사회적 관계 240 | 태도 변화 242
동조 251 | 복종 254

제11장 심리장애와 심리치료

정신장애의 종류 260 | 심리적 문제를 다루는 전문가들 282
상담기관 282 | 상담의 대상 284 | 상담의 방식 285
최근 국내 상담 및 임상의 동향 285 | 상담이론 286

제12장 스트레스

스트레스의 정의 298 | 스트레스의 원인 299
스트레스에 대한 반응 305 | 스트레스에 영향을 주는 요인 311
스트레스 대처 313 | 스트레스 대처방법 314

참고문헌 318
찾아보기 324

대학생을 위한 심리학

토론주제

아래는 제1장 심리학의 정의와 주요관점에서 함께 논의할 주제들이다.

1. 마음이란 무엇일까?

1.1 우주, 식물, 동물, 인간 중 어디까지 마음이 있다고 생각하는가?
- 곰팡이에게도 마음이 있을까? (밥에게 '사랑해' 라는 스티커를 붙여서 실험한 유튜브 동영상 참고)
- 방울토마토에게도 마음이 있을까? (식물에게 말이나 음악을 들려주고 성장을 실험한 유튜브 동영상 참고)
- 우주의 영혼은 존재할까?

1.2 신체의 반사작용도 마음이라고 할 수 있는가?

2. 마음과 정신은 분리되는가? 정신은 신체로부터 독립적인가?

2.1 귀신이나 신처럼 신체(body)가 없는 영적 존재가 가능하다고 보는가?

2.2 인간의 정신은 영화처럼 컴퓨터에 데이터로 저장될 수 있을까? (영화 '채피', '트랜센더스', '토탈리콜' 등 참고)

3. 심리학과 철학의 유사점은 무엇일까? 철학과 심리학의 차이는? 두 학문이 감정에 대해 연구할 때 둘은 어떤 차이점이 있을까?

4. 과학과 비 과학의 차이는 무엇일까?

4.1 사이비과학(유사과학)이라고 일컬어지는 것들은 무엇이 있는가? 그 목록은?

4.2 (위의 목록을 참고) 사이비과학은 왜 사이비가 되는가? (사이비과학의 기준에 대하여)

4.3 과학은 항상 옳은가? 과학만이 타당한 지식이 될 수 있는가?

4.4 과학은 항상 이익이 되는가?

제1장

심리학의
정의와 주요관점

심리학의 관점

학문은 우리의 삶을 이해하고 윤택하게 하기 위해 존재한다. 그러한 학문 중 심리학은 인간의 마음(심리)을 통해 인간을 이해하고, 예측하고, 통제하기 위해 존재한다. 그러한 목적을 달성하기 위해 심리학이 갖고 있는 독특한 관점이 무엇인지 살펴보자.

인간행동 중 이해하기 어려운 극단적인 두 가지는 자살과 봉사이다. 하나는 극단적 자기파괴행위이며, 다른 하나는 자기희생적 이타행위이다. 무엇보다 자살은 이해하기 어려운 현상 중 하나이다. 자살은 죽음에 대한 두려움, 생에 대한 강한 애착을 넘어서는 것이 무엇인가에 대한 의문을 갖게 한다. 그래서 사람들은 자살에 대한 소식을 듣게 되면 "도대체 무엇이 그의 생을 포기하게 하였는가?"라는 질문을 하게 된다. 당신은 무엇이 자살을 유발한다고 생각하는가? 대표적 자살사례를 보면서 생각해 보자.

지난달 21일 가수 유니의 자살이 충격을 준 지 채 한 달이 지나기도 전인 10일 오전 탤런트 정다빈 씨가 목을 매 숨진 채 발견됐다.

방송작가이자 DY엔터테인먼트 이사인 김일중 씨는 2007년 2월 15일 방송된 MBC 〈100분 토론〉의 '연예인 자살, 무엇이 문제인가' 편에 출연해 故 이은주를 비롯해 故 유니, 故 정다빈이 여배우였다는 점에 주목하고 '대한민국에서 여배우로 산다는 것'에 대한 자신의 견해를 밝혔다.

그는 "우리 여배우들은 연기, 요조숙녀적인 사생활, 섹시 심벌적인 이미지, 소녀가장으로서의 역할, 건전한 공인으로서의 책무, 자연 미인을 유지해야 할 것 등 6중, 7중의 임무를 부여받고 있다."고 말했다.

〈조이뉴스24 2007년 2월 16일 금요일자〉

① 신념에 따른 자살 : 소크라테스, 민영환, 스콧 니어링, ② 고독, 외로움에 의한 자살 : 청소년 동반자살, ③ 좌절 및 압박감에 의한 자살 : 사업실패(안재환), 학업성적(KAIST 대학생, 장흥 초등학생), ④ 가족불화에 의한 자살 : 최진실, ⑤ 수치심에 의한 자살 : 장자연 등이 있다.

이러한 원인들을 사회적 차원과 심리적 차원으로 각각 이해해 보자. 먼저 OECD 국가들의 자살률 비교표를 보자. 2010년 한국은 인구 10만 명당 33.5명으로 세계 1위이다. 이러한 국가 간 차이는 왜 발생하는 것일까? 이러한 차이는 개인적 차이만으로 설명할 수는 없고 각 국가의 정치적, 경제적, 사회적, 문화적 차원으로 설명해야 할 것이다. 다음으로 1996년부터 2009년까지 한국의 자살률 변화를 살펴보자. 1998년과 2003년 자살률의 증가원인은 무엇일까? 이러한 현상 또한 사회적 차원으로 접근해야 할 것이다.

그림 1.1
OECD 자살률 비교

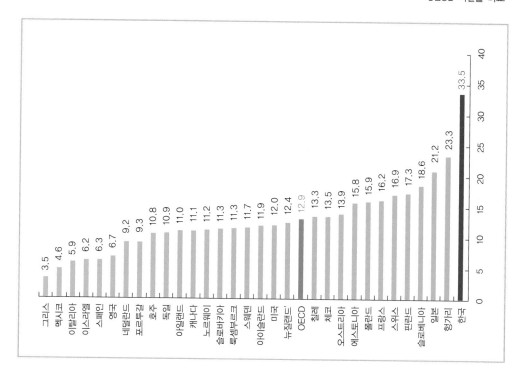

그림 1.2
대한민국 자살률
추이

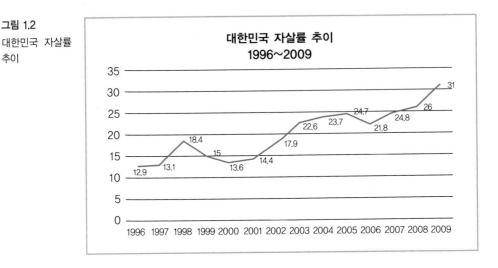

사회적 차원의 설명이 거시적 변화를 설명한다면 심리적 차원의 설명은 동일한 사회적 환경 속에 살면서도 왜 개인차가 발생하는지 — 어떤 사람은 자살하고, 어떤 사람은 극복해 가는지 — 에 대해 설명한다. 이는 사회학이 설명하지 못하는 개인차를 보완해 준다.

심리학은 인간의 행동에 대해 연구한다. 연구를 할 때 그 원인을 외부가 아닌 내부의 심리적 과정에서 찾는다는 점이 심리학과 다른 학문과의 차이점이라 할 수 있다. 우리는 내적 과정을 더 잘 이해함으로써 인간행동에 대한 보다 정확한 이해와 예측을 할 수 있게 된다.

외적 사건에 따른 다양한 반응을 관찰하게 되면 외적 사건만으로 행동을 설명하기에 충분하지 않다는 것을 깨닫게 된다. 외적 측면보다 내적 측면으로 관점을 옮기는 것의 장점 중 하나는 외적 측면은 변화가 오래 걸리고 쉽지 않은 반면에 내적 측면은 스스로의 노력에 의해서 변화가 가능하다는 점이다. 예를 들어 고전적 심리치료이론인 정신분석에서 자살은 우울증의 연속성으로 본다. 우울증은 잠재된 분노가 타인을 향하지 못하고 자신을 향할 때 나타난다. 결국 자살은 분노의 표현인 셈이다. 반면 최근의 인지치료에서는 미래에 대한 통제감상실로 본다. 어느 관점이 보다 현상을 잘 설명하고 타당할지를 떠나서 이 두 가지 관점으로 우리 주변의 자살행동을 이해해 보기 위해 노력할 수 있다. 최진실 씨의 자살은 분노 때문인가 아니면 미래에 대해 아무것도 할 수 없다는 무력감 때문인가? 이러한 질문은 그 개인을 깊이 있게 이해, 공감할 수 있게 해준다.

심리학의 정의-마음에 대한 학문

심리학이란 '마음'에 대한 학문이다. 그렇다면 마음이란 무엇을 의미하는가? 마음이란 우리가 눈으로 볼 수는 없지만 우리의 내부에서 경험되는 무엇을 말한다. 우리의 내부에서 경험하는 마음에는 어떤 것들이 있을까? 교수님이 설명하는 심리학의 정의를 이해하는 것, 수업이 끝난 후 놀 계획을 짜는 것은 (마음에서 나타나는) 인지적 현상이다. 친구의 배신에 울분을 느끼는 것, 어려운 시험에 통과한 후 느끼는 감격 등은

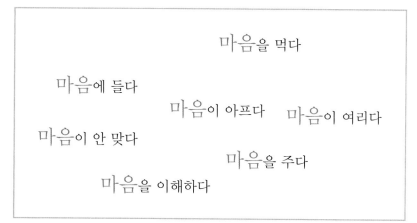

마음을 먹다

마음에 들다

마음이 아프다   마음이 여리다

마음이 안 맞다

마음을 주다

마음을 이해하다

그림 1.3
일상에서 사용하는
마음에 대한 기술

표 1.1
심리학의 여러 분야

다루는 내용	분야
어떻게 외부의 대상을 인식하는가?	감각 및 지각심리
어떻게 새로운 행동을 지속적으로 하게 되는가?	학습심리
어떻게 과거의 일을 잊지 않고 기억하는가? 알거나 생각하는 것은 어떤 과정을 거쳐 나타나는가? 어떤 과정을 거쳐서 문제를 해결하는가?	인지심리
어떤 과정을 거쳐서 발달하게 되는가? 발달에 영향을 주는 요인들은 무엇인가?	발달심리
인간에게 행동을 유발하는 요인과 과정은 무엇인가?	동기심리
감정은 어떻게 발생하는가?	정서심리
행동의 차이는 어떻게 만들어지는가?	성격심리

정서적 현상이다. 다가오는 버스의 번호를 확인하고, 복잡한 시내에서 자신을 부르는 목소리를 알아듣는 것 등도 우리의 마음이다. 우리는 그 모든 것을 뭉뚱그려 마음이라고 부른다.

하지만 인간의 심리적 경험을 분류하는 것은 연구를 위한 편의적 방법이다. 자동차의 모든 기관이 서로 연결되어 운동으로 나타나는 것처럼 현실에서 인간의 심리적 작용은 서로 연관되어 하나의 현상으로 나타난다.

심리학의 기원

그렇다면 인간의 마음에 대해서 다루는 학문은 심리학뿐인가? 아마 인간이라 부를 수 있는 존재가 되면서부터 인간은 자신의 마음에 대해 고민했을 것이다. 고대부터 생각하면 철학, 종교에서 중요하게 다루어졌다. 철학은 진리와 진리를 얻기 위한 방법의 확실성에 대해 연구한다. 이때 철학은 직관을 통해 진리를 발견하고 논리를 통해 설득한다. 객관적 검증을 이용하지는 않는다.

　종교는 마음을 실천의 대상으로 생각한다. 인간의 마음에 낀 더러움 (기독교에서는 죄, 불교에서는 무지)을 없앰으로써 구원, 해탈을 얻고자 한다. 그러한 진리를 알기 위해 성경과 전통에 의지한다. 그리고 진리에 도달하기 위한 구체적 방법으로 기도, 믿음, 수행, 예식 등을 하게 된다. 철학과 종교 등 다양한 학문들이 마음에 대해서 연구했지만 기존의 학문과 심리학이 어떤 점이 다르기에 독립된 학문으로 형성되었을까?

심리학의 성립-마음의 법칙

고대인에게는 외부에서 끊임없이 변화하는 자연현상이 신비로웠을 것이다. 물건은 누군가 외부에서 힘을 가하지 않으면 움직이지 않는다. 그러면 자연이 변화하는 것도 눈에 보이지 않는 무엇이 영향을 주기 때문이라고 생각할 수 있다. 이처럼 자연의 변화를 외부에서 설명하게 되면서 유신론이 나타나게 된다. 일부 다른 사람들은 자연의 변화를 인간이 마음이 있어서 행동하듯이 자연에 존재하는 사물들도 마음이 있다는 물활론을 믿게 되었다.

　또한 근대 이전까지 사람들은 마음의 자율성을 믿었다. 즉, 마음이 법칙의 지배를 받는 것이 아니라 자신의 의지에 의해서 활동하는 것이라고 보았다. 영혼과 신체가 분리되었고 영혼이 송과선을 통해서 신체를 조정한다고 주장했던 Descartes는 그러한 주장을 체계화했던 철학자 중 한 명이다. 하지만 과학이 발달하면서 인간은 자연과 함께 인간도 법

Descartes

칙이 지배하는 것으로 볼 수 있다고 생각하게 되었다. 즉 마음도 법칙이 지배한다는 생각이 심리학이 발생하게 된 가장 큰 이유라 할 수 있다.

전기, 자기, 빛, 열, 고체 등 자연세계에 존재하는 법칙처럼 인간의 마음도 일정한 법칙에 의해서 좌우되는 것일까? 물체가 인력의 법칙에 따라 일정한 가속도를 가지고 낙하하듯이, 인간이 지각하고 사고하고 느끼는 과정에 어떠한 법칙이 존재하는 것일까? 당신의 마음에 법칙이 있는가? 당신 주변의 사람을 한번 살펴보라. 그들이 느끼고 생각하고 행동하는 데 어떠한 법칙이 그것을 좌우하는 것처럼 보이는가? 법칙이 있다는 쪽과 없다는 쪽의 양극단에서 당신의 입장은 어디쯤 위치하는가?

행동주의자였던 Skinner(1904~1990)는 Aristoteles와 Newton (1642~1727)을 비교하면서 심리학이란 학문의 정체성에 대해서 설명하고 있다. 그리스 철학자였던 Aristoteles의 역학은 Newton 이전까지 세계를 지배했는데 Aristoteles의 역학에서 중심은 4원소설과 덕성론이었다. 사물은 지, 수, 화, 풍의 네 가지 원소로 되어 있고, 각 원소들은 나름대로의 덕성을 지니고 있다고 보았다. 하늘에 던져진 돌이 다시 땅으로 떨어지는 것은 자신이 원래 있던 어머니 혹은 고향과 같은 땅으로 되돌아가고자 하는 열망 때문이고, 불이 하늘을 향하는 것은 태양으로 가고자 하는 열망 때문이라고 생각하였다.

Aristoteles

Newton이 훌륭한 과학자로 인정받는 이유는 과학적 법칙을 발견한 것보다는 이 세계를 법칙이 지배한다는 새로운 관점으로 바라볼 수 있도록 한 점이다. 그는 만유인력의 법칙을 통해서 운동을 심성으로 설명하지 않아도 이 세계에 대한 설명이 가능하다는 점을 보여 줌과 동시에 그러한 지식을 이용하여 이 세계에 대한 예측과 통제가 이루어질 수 있음을 보여 주었다.

Newton

Newton이 새로운 자연과학 체계를 세웠지만 사람들은 바로 인간의 마음에도 자연과학과 같은 관점과 방법이 적용될 수 있다고 생각하지는 않았다. 자연과학의 발달은 먼저 농업과 산업에 적용되면서 인간의 삶을 변화시킬 수 있음을 보여 주었다. 과거에는 풍년과 흉년이 신의 의지에 의해서 결정된다고 보았으나 자연과학이 발달하면서 농사에도 법칙이 있으며 그러한 법칙을 통제하게 되면 그 결과도 인간이 조절할 수 있을 것이라는 생각을 하게 되었다. 농토를 삼등분하여 휴경지를 두어 농사를 지었던 것도 이러한 관점의 변화를 반영한 것이다.

그림 1.4
세계에 대한 두 관점. 아리스토텔레스는 물활론적으로, 뉴턴은 법칙내재적으로 세계를 설명하였다.

자연과학의 관점이 사람들에게 보편화되면서 역사, 정치, 경제, 사회 등에도 법칙이 존재할 수 있다는 사고의 발전을 이루게 된다. 사회학의 시초인 Auguste Comte는 1838년 사회학을 '사회적 현상에 관한 근본적 법칙 전반을 실증적으로 연구하는 분야'라고 주장하게 된다(우리사회연구회, 1991). 심리학은 사회학이 창시된 후 40여 년이 지나 1879년 Wilhelm Wundt에 의해서 창시된다. 이처럼 심리학은 철학에서 자연과학으로 그리고 사회과학으로, 변화하는 학문의 발달 속에서 상당히 나중에 나타나게 된 학문이라 할 수 있다.

심리학자들은 마음이 일어나는 법칙을 알고자 한다. 그 법칙이란 인간이라면 모두 예외 없이 동일하게 일어난다는 것을 의미한다. 당신이 흑인이건 백인이건,

그림 1.5
곡식 및 대지의 신, 데메테르. 고대 그리스에서는 지하 세계의 신 하데스에게 데메테르의 딸 페르세포네가 납치되어 상심으로 농작물에 관심을 두지 않아 흉년이 왔다고 설명하였다.

남자이건 여자이건, 한국인이건 일본인이건 그리고 어떠한 환경에서 자랐건 당신의 마음속에서 일어나는 심리과정은 모두 같다는 것이다. 즉 법칙의 중요한 측면은 보편성이라 할 수 있다.

당신은 과학을 좋아하는가? 과학이라고 하면 어떤 생각과 느낌이 떠오르는가? 어떤 사람은 편리함을 떠올릴 것이고, 어떤 사람은 비인간적 느낌을 가질 수도 있다. 그렇다면 과학은 정말 비인간적인가? 과학은 신이 통제한다고 생각하던 세상에서 인간이 통제할 수 있는 세상으로 이 세상을 바꾸어 놓았다. 또한 인간이 편리한 물건을 만들게 함으로써 인간의 삶을 더욱 풍요롭게 만들었다. 과학이 우리의 생활을 편리하게 해 준다는 점에서 고맙게 생각하지만 과학에 대해서 이해하거나 적용해 보라고 하면 괴로워할지 모른다. 심리학을 과학이라고 말하곤 한다. 그들은 왜 '마음'을 과학의 논리와 방법을 이용해 이해하려고 하는가? 그 방법만이 최선의 방법일까?

과학으로서의 심리학이 되기 위한 기준

앞의 심리학의 기원과 정의에서 살펴보았듯이 심리학은 자연과학의 흐름을 계승하고 있다. 그러므로 심리학자들은 그들의 학문이 과학임을 주장하는 것에 거리낌이 없다. 그렇다면 다른 과학 영역처럼 심리학이 준수해야 할 과학으로서의 기준을 살펴보도록 하자.

경험주의

경험주의(empiricism)란 관찰을 근거로 지식을 형성하는 것을 말한다. Galileo가 목성의 주위를 도는 달(위성)을 발견했다고 하였을 때, 기독

교적 세계관을 배경으로 한 천문학자 중 한 명인 Francesco Sizi는 고
대국가들이 1주일을 7일로 나누었고, 머리에는 7개의 창문(눈, 코, 입
등)이 있다는 등의 이유로 Galileo의 주장을 반박하였다. 심지어는 망원
경을 통해 위성을 관찰할 수 있다는 사실마저도 인정하지 않았다
(Stanovich, 2006). 현대인이 보았을 때에는 관찰을 더 신뢰할 만한 것
으로 평가하지만 그 당시에는 관찰보다는 성경과 종교의 권위가 더 신
뢰를 받았다. 그러한 주장을 한 것은 관찰은 오류의 가능성이 있지만 인
간의 이성은 그러한 오류 없이 완벽할 수 있다고 생각하였기 때문이다.
만일 당신이 '과학적'이 되기 위해서는 또는 과학적 태도를 지니기 위해
서는 누군가 무엇을 주장했을 때 "직접 한번 봅시다."와 같은 경험적 태
도를 지녀야 한다.

Galileo

검증가능성

과학이 되기 위한 두 번째 기준은 주장, 가설에 대한 검증가능성(veri-
fiability)이다. 검증이란 지식의 보편성을 확보하기 위한 논리로서 한
사람의 주장이 관찰된 이후, 그 관찰내용이 다른 사람에게도 동일하게
반복될 수 있을 가능성을 말한다. 가능성이란 현실적 제약으로 인해 현
재 검증할 수 없지만 앞으로 검증할 수 있다면 과학적 주장, 가설로 인
정해야 함을 말한다. 정리하면 검증가능성이란 어떠한 주장이 반복된
관찰이 가능해야 함을 의미한다.

　예를 들어 여러분은 용이 물고 있는 여의주의 색깔이 무엇이라고 생
각하는가? 여의주 색깔에 대한 주장은 과학적 주장이라 할 수 있는가?
글리제 667C에 생명체가 있다는 가설은 검증가능하기 때문에 과학적
주장이 될 수 있지만, 용의 여의주 색깔에 대한 주장은 아무리 흥미로운
주제라 할지라도 검증불가능하며, 그 때문에 과학적 주장이 될 수 없다.

즉, 검증이 불가능한 주장은 경험을 통해 아무런 지식을 산출할 수 없기에 논의 자체가 무의미하다고 보는 것이다.

검증가능성이라는 기준은 나의 생활과 아주 동떨어져 있는 것은 아니다. 검증가능성은 만일 누군가 자신의 경험에 근거해서 무언가를 강하게 주장한다 하더라도 그대로 수용하지 말아야 함을 이야기한다. 심지어 어느 누구도 의심하지 않는 과학적 결과도 의심해 보아야 함을 의미한다. 예를 들어 누군가 어떤 약품, 음식 등을 섭취하고 나서 병이 나았다고 주장을 한다면 동일한 조건에서 다른 누군가가 반복했을 때 같은 효과가 나타나는지를 확인해야 한다. 위약효과를 통한 약품의 효능에 대한 검증은 많은 약품이 보여 준 효과가 실제 효과가 아닌 심리적 효과에 의한 것임을 무수히 드러냈다.

반증가능성

검증가능성이란 논리적으로 보았을 때, 어떠한 내용이 사실이라는 것을 밝히려면 모든 시간에, 모든 장소에서 그 현상이 사실로 밝혀져야 한다는 뜻이다. 하지만 그러한 확인은 현실적으로 불가능하다. 그러기에 Karl Popper는 과학이 되기 위해서는 어떠한 진술이 틀렸다는 것을 증명할 수 있는 형태로 진술되어야 하며, 틀렸다는 것을 증명하지 못하는 것을 통해서 역설적으로 맞는 것을 증명하는 형태로 과학이 이루어질 수 있다고 생각하였다(Gross, 1970). 이를 반증가능성(falsifiability)이라 하는데, 많은 심리학자들은 심리학이 과학이 되기 위해서는 주장하는 내용이 반증가능한 형태로 나타나야 한다고 생각한다. 즉, '모든 까마귀는 검다'라는 주장이 검증가능하기 때문에 과학적 주장이 되는 것이 아니라 반증이 가능하기 때문에 과학적 주장이 될 수 있다고 보는 것이다.

A. 까마귀는 검은색이다.

B. 이 세계에 있는 까마귀가 모두 검은색일까?

A. 그렇겠지.

B. 과거에도 미래에도 모든 까마귀도 검은색일까?

A. 네가 검은색이 아닌 까마귀를 가져와 봐! 그렇다면 까마귀는 검은색이라는 주장이 틀렸다고 말할게.

많은 사람이 점성술을 믿는데 점성술이 과학이 되지 못하는 이유는 만일 점이 맞게 되면 점성술이 통계적 과학이기 때문이라고 이야기하다가, 틀리면 점을 보러 왔던 사람이 부정 탄 행동을 했기 때문이라고 말하곤 하기 때문이다. 점성술은 이처럼 틀릴 수 있는 가능성을 두지 않기 때문에 과학의 영역에 포함되지 않는다.

조작적 정의

지금까지 과학이 되기 위한 기준들을 살펴보면서 의문이 들었을 것이다. 과학이 되기 위해서는 관찰을 바탕으로 한 반증이 이루어져야 하는데, 심리학의 대상이 되는 마음은 관찰할 수 없는 주관적 경험이다. 인류역사에서 지금까지 '마음을 보았다'고 말한 사람은 단 한 사람도 없다. 심리학에서 자주 사용하는 내용들을 기술해 보겠다. 불완전한 정보를 능동적으로 조직화하여 완전한 형태로 지각하고, 갑작스러운 굉음에 공포반응이 학습되었고, 적극적인 발표에 칭찬을 해 주자 발표행동이 강화되었으며, 주 양육자와의 분리는 불안을 야기하며, 구강기 욕구가 충족되지 않을 경우 구강성격이 형성된다. 이처럼 심리학에서 사용하는 개념들 지각, 학습, 강화, 불안, 구강성격 등은 관찰할 수 있는 현상들이 아니다. 이러한 딜레마를 해결하기 위해서 심리학자들은 조작적 정의

(operational definitions)라는 절차를 이용한다. 원자(atom)처럼 심리적 현상뿐만 아니라 많은 자연현상마저도 직접적 관찰에는 한계가 있고 결국은 논리적 방식에 따라 간접적 방식의 관찰이 이루어진다는 것이다. 그러므로 심리현상도 직접적 방식이 아니라 간접적 방식으로 관찰하고, 측정할 수 있는 형태로 주장이 진술된다면 과학으로서 성립가능하다는 것이다.

예를 들어, 학습은 행동의 반응빈도를 측정함으로써, 생리적 반응이나 행동을 관찰함으로써, 자기보고에 근거한 심리검사를 사용함으로써 관찰하거나 측정하게 된다.

심리학자들은 "인간은 무엇인가?"와 같은 본질적 질문을 하기보다는 "인간은 어떻게 그런 행동을 하게 되었는가?"와 같은 과정적 질문을 한다. 그러한 질문에 적극적으로 답하려고 노력함으로써 객관적 사실에 가까워지려고 노력한다. 그래서 "과학이란 오류가 없는 지식이 아니라, 오류를 제거할 수 있는 방법을 가지고 있는 지식이다!"라고 말하는 것이다.

사람은 자연현상과 인간행동에 대해 설명하고자 한다. 학문의 역사란 자연현상과 인간행동에 대한 설명의 역사라 할 수 있다. 지금까지 인류가 했던 설명은 토속적인 설명에서 종교적 설명 그리고 현대의 과학적

설명까지 다양하게 변화되어 왔다. 현대를 살아가고 있는 우리들은 다양한 설명 중에서 과학적 설명을 가장 타당한 것으로 인정하고 있지만, 일상생활에서는 고대로부터 이어져 온 다양한 설명방식을 동시에 사용하고 있다. 현상에 대한 설명을 얼마나 과학적인가라고 하는 기준으로만 취사선택하는 것이 항상 옳고 좋은 것은 아니다. 과학적 설명도 하나의 세계관이며, 이 세계를 이해하는 하나의 관점을 대변할 뿐이다. 비록 본 교재와 다른 심리학 교재가 과학적이라는 이름으로 지식을 전달하고 있지만 이 세계를 이해하려는 하나의 관점이라는 점에서 공부를 해나가는 것이 바람직하겠다.

심리학과 실험

일반인은 심리학이라고 하면 단지 마음을 살피고 추론하여 원리를 발견하는 것이라고 생각한다. 그래서 심리학에서 실험을 한다고 하면 의아해한다. 심리학에서 실험을 필요로 하는 이유는 무엇일까?

실험은 위에서 언급했던 과학으로서의 준거를 충족시킬 뿐만 아니라, 인과성(어떤 결과의 원인은 무엇이라고 말할 수 있음)의 논리적 타당성을 확보하고 있기 때문이다. 심리학은 경험적으로 연구하기 힘든 주제이기 때문에 더욱 과학적 기준을 준수하려고 노력하고 있다.

Goldberg라는 사람은 이태리 문둥병이라고 불리던 펠라그라병의 원인을 밝히고자 실험을 하였다(Stanovich, 2006). 그 당시 그 병의 원인으로는 상하수도 시설의 불량으로 인한 위생상태와 흉년으로 인한 영양상태 등의 두 가지 가설이 존재했었다. Goldberg는 사람은 이러한 가설을 확인하기 위해서 그 질병에 걸린 사람들의 피부와 분뇨를 가지고 환

표 1.2
실험의 논리적 구조. 오직 B라는 조건에서만 결과가 나타났다면 B는 특정 결과의 원인이라 주장할 수 있다.

원인(조건)	A	B
결과	×	○

약을 만들어 자신과 가족들에게 복용시켰다. 다행히 그와 그의 가족들은 발병하지 않았다. 그는 다음으로 죄수들을 두 집단으로 나눈 후에 한 집단을 영양결핍상태로 만들었다. 그 결과 영양결핍집단에서 질병이 발생하였다.

시대는 흘렀지만 최근 위염과 위암을 일으키는 중요한 원인으로 밝혀진 헬리코박터 파이로리균(Hericobacter pylori)에 대해서 연구했던 Barry Marshall 박사 역시 유사한 실험을 하였다. 그 당시 모든 의학자들이 강력한 위액에서 살아남을 수 있는 균은 없다고 생각하였다. 그는 치료법을 개발하기 위하여 자신이 직접 균을 먹고 항생제를 투여함으로써 위궤양이 제거되는 실험을 통해 균과 궤양과의 관련성을 밝히기도 하였다.

마음을 연구하는 다양한 관점

심리학이 과학이라고 했을 때 주제와 방법이 단일할 것 같은 생각을 갖게 되지만, 현실에서는 마음이 무엇이며 어떻게 연구해야 하는지 매우 다양한 답들이 존재한다는 것을 알 수 있다. 각 관점은 나름대로 자신들이 마음을 연구하는 데 적절한 주제를 선정했다고 이야기하고, 자신의 방법을 과학적이라고 주장하지만 그들의 강한 주장만큼 그들에 대한 비판도 크다. 그러면 각 관점의 주장과 문제점에 대해 살펴보기로 하자.

구성주의

Wundt는 자연과학에서 물질을 구성하는 가장 작은 단위인 원소를 발
견함으로써 여러 물질을 만들어낸 작업이 심리학에서도 가능하다고 생
각하였다. 그는 인간의 마음을 구성하는 가장 기본적인 요소들을 알고
자 하였다. 그는 마치 물질을 분해하고 관찰하듯이 인간의 마음에 떠오
르는 현상들을 내면으로 관찰하게 되면 마음의 구성요소를 알게 될 것

Wundt

이라고 믿었다. 구성주의자들은 내성법(introspection)이라고 하는 연
구방법을 사용하여 마음을 탐구하였다. 내성법이란 여러분이 수업 중
예상하지 못했던 교수님의 질문을 받은 후 그 심리적 경험을 내적으로
관찰해 보고 보고하는 것과 유사한 방법이다.

기능주의

Darwin의 영향을 받은 W. James는 인간의 행동이 적응을 위해 진화
되어 온 것처럼 인간의 정신과정, 곧 마음도 적응적 기능을 할 것이라고
생각하였다. 그는 인간의 마음이 생존과 적응에 어떠한 기능을 하는지
아는 것을 가장 중요하게 생각하였다.

James

　동기 부분에서 다시 나오겠지만 대체로 이성 선택에서 남자는 예쁜
여성을 선택하려 하지만 여자는 외모보다는 경제적 능력과 성격을 중요
하게 생각한다. 이는 여자가 출산으로 인해 자신과 자녀를 양육할 수가
없어서 자신을 보호해 줄 수 있는 힘 있는 남자가 필요했던 것이다. 반
면에 남자는 자신의 유전자를 많이 확산시키기 위해 젊은 여성을 좋아
했던 것이다. 기능주의는 이처럼 이성 선택의 특성을 생존과 적응이라
고 하는 관점에서 바라보고 설명하려 한다.

정신분석

Freud

정신분석학자들은 인간의 의식에서 다루어지는 내용보다는 무의식에서 다루어지는 내용에 더 많은 관심을 가지고 있다. 인간의 무의식적 내용은 의식으로는 알기 어렵기 때문에 꿈에 대한 분석이나 자유연상, 실수에 대한 해석 등의 방법을 통해 연구하게 된다. 정신분석학적 전통을 따르는 학자들은 이러한 방법 이외에 나름대로 무의식을 탐구하기 위한 다양한 방법들을 사용한다.

행동주의

Skinner

행동주의자들은 마음이 있다고 전제하고 연구하는 다른 심리학 연구는 잘못되었다고 생각한다. 그들은 인류가 물체에 심성이 있다고 생각하던 물활론에서 벗어나면서 비로소 과학이 시작되었듯이, 심리학이 과학이 되려면 인간에게도 내재된 마음이 있다는 전제를 버려야 한다고 생각하였다. 그래서 그들은 마음을 전제로 하지 않고 단지 직접적 관찰이 가능한 행동만을 연구대상으로 할 것을 주장하였다. 그들의 이러한 주장은 일반인에게는 매우 극단적인 것처럼 보였지만, 엄밀한 과학성을 요구했던 과학자들에게는 매력적인 것으로 받아들여졌다. 그들에게 인간의 마음이라는 것이 연구에서 불필요해지자 결국 인간은 동물과 차이가 없는 존재가 되었고 그로 인해 인간에 대한 연구를 동물을 통해서 하게 되는 연구의 흐름이 생기게 되었다. 그래서 이후 동물을 이용해서 실험을 하고 그 결과를 인간에게 적용하게 된다.

인본주의

인본주의는 정신분석, 행동주의, 기능주의 등의 결정론적 시각에 반대하여 인간이 스스로 결정하고 선택할 수 있는 존재라고 주장하였다. 과거 여러 관점들은 과학이라는 이름 아래 인간의 존엄성과 가치를 무시하고 폄하하였다. 이에 대해 인본주의는 인간이 가지고 있는 존엄성과 가치를 발견하고자 하였다.

Maslow

　정신분석은 출생 후 5세 이전까지의 경험이 인간의 성격을 결정하고, 행동주의는 행동 이후의 결과가 행동을 결정하고, 기능주의는 인류의 오래된 경험을 통해 축적된 유전적 정보가 인간의 행동을 결정한다고 보았다. 반면 인본주의는 인간이 스스로 자기선택을 할 수 있다고 본다. 인간은 여러 이론에서 주장한 것처럼 다양한 것에 영향을 받지만 그러한 영향을 벗어나 스스로 선택할 수 있다고 보았다.

　정신분석은 성적 욕구의 해소, 행동주의는 보상, 기능주의는 생존을 위해 행동한다고 보았다. 하지만 인본주의는 인간은 이러한 매우 기본적인 욕구도 중요하지만 자기실현욕구라고 하는 보다 상위의 인간적인 가치를 실현하기 위해서 살아간다고 보았다.

인지심리학과 생물심리학

인지심리학은 인간의 사고과정을 이해함으로써 인간행동을 알고자 한다. 행동주의 연구자들의 연구 결과들이 쥐와 같은 동물에게서조차 사고과정을 전제하지 않으면 이해하기 어려운 현상들이 발견되면서 행동주의에 대한 회의가 시작되었다. 특히 보다 고차적 사고를 하는 인간에게서 사고과정을 무시하고는 인간에 대한 이해가 불가능하다고 생각하게 되었다. 특히 뇌와 컴퓨터에 대한 지식의 발달이 인지에 대한 관심을 증폭시키는 요인으로 작용하게 되었다.

　생물심리학은 인간의 행동을 생물학적 차원에서 설명하고자 한다. 인간사고의 가장 중요한 기관인 뇌의 전기적, 생화학적 현상을 통해서 인간의 사고를 이해할 수 있다고 본다. 인간의 조현병이 도파민이라고 하는 신경전달물질의 양에 따라서 달라진다거나, 뇌의 도파민수용기에 문제가 생겨서 나타난다고 보는 것 등이 생물심리학의 관점이다.

문화심리학

문화심리학이란 서로 다른 지역과 문화에서 어떤 심리적 차이가 나타나는지를 연구한다. 기존의 심리학적 연구결과의 보편성을 믿고 서구문화권 이외의 지역에 자신들의 이론을 적용해 보았지만 그러한 이론이 적절하지 못함을 발견하게 되었다.

수렵사회는 단호함, 자율, 성취 등의 덕목을 강조하고, 농업사회는 순응, 복종, 책임감 등을 강조한다고 한다. Berry(1966, 1967)는 아프리카의 템네족과 캐나다 북부의 이누이트족을 상대로 동조 실험을 하였다. 그 결과 템네족은 이누이트족보다 동조현상을 더 보이는 것으로 나타났다(한규석, 2002). 문화심리학은 이처럼 서로 다른 문화에서 심리적 차이가 어떻게 나타나는지에 대해 연구함으로써 인간에 대한 이해의 폭을 넓히고 있다.

앞에서 심리학의 연구방법과 관점들을 살펴보면서 심리학의 정체성에 대해서 오히려 혼란을 느꼈을지 모른다. 심리학은 의학, 생물학, 종교, 인류학, 사회학, 철학 등 다양한 인접학문과의 교류와 유사성으로 매우 다양한 학문으로 비춰질 수 있다. 그럼에도 불구하고 모든 심리학은 인간이 경험하고 있는 심리적 현상에 대해 보다 더 과학적인 방법으로 연구하고자 노력하고 있다.

몸과 마음의 관계에 대한 관점의 변화

중세까지의 기독교적 세계관에 따르면 인간에게서 설명해야 할 부분은 몸이 아니라 인간의 영혼, 정신이라고 할 만한 마음뿐이었다. 이 관점은 "육체와 정신은 통상 서로 얽혀 있지만, 육체가 죽더라도 정신은 계속 남아서 활동을 계속할 것이다."로 표현될 수 있을 것이다(Ryle, 1984/1994). Descartes는 기존의 관점과 달리 몸에 대해 관심을 갖는다. 그는 영혼과 육체가 어떤 방식으로 연결되었는지를 설명하고자 했다. 하지만 그도 역시 기독교적 세계관을 가진 사람처럼 육체가 마음을 만들어낼 수 있다는 생각은 하지 않았다. 현대의 심리학자들은 그들 관점의 문제를 지적하기 위해 '기계 속의 유령'이라고 비판한다. 철학에서 심리학이 분리되는 시대를 살았던 초기의 심리학자들은 생리적 과정과는 독립적으로 심리적 경험과 그 경험과의 연관성에 대해서 연구하게 된다. 이때 Skinner와 같은 행동주의 심리학자들은 '마음'이라는 심리적 경험을 다루었던 기존의 심리학, 영혼의 실재를 믿는 종교, 인간의 마음이 있음을 당연시하는 상식 등을 부정하며 주관적 경험으로서의 '마음'을 관심의 영역에서 배제시킨다. 여기서 중요한 점은 '마음' 자체

그림 1.6
몸과 마음에 대한
관점의 변화

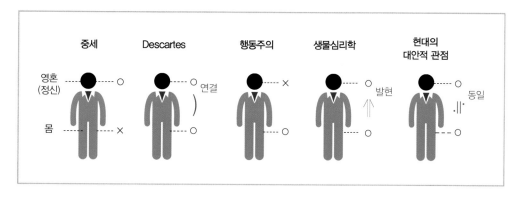

를 부정하는 것은 아니며, 연구대상으로서 적절하지 않기 때문에 설명의 대상에서 제외시킨다는 의미이다. 이때부터 관찰이 가능한 '몸'을 통해서만, '몸'에 대해서만 연구하자는 흐름이 조성된다. '마음'에 대한 언급은 비과학적이라고 취급된다. 또한 유사한 흐름으로 의학, 생리학 등이 발달하면서 심리학에서 인간의 마음을 생리적 현상으로 설명하고자 하는 환원론적 경향도 나타나게 된다.

몸과 마음의 관계에 대한 최근의 관점

마음이 곧 영혼인가? 마음이라고 하는 내적 경험을 통해 자아가 있다고 생각한다. 이때 내적 경험을 '내'가 했다고 하는 일관성있고, 통일된 느낌이 존재해야 한다. 이러한 통일된 내적 경험을 하는 주체를 가정하게 되는데, 그것이 바로 자아이다. 자아가 가정되면서 영혼이라는 개념도 나타나게 된다. 인지심리학자 중 한 명인 Ramachandran(2000/2007)은 "두뇌 속에 거주하는 단일한 통일적 자아의 개념은 정말로 착각일 수 있다."고 주장한다.

현대의 심리학자와 철학자들은 최근 도전적인 관점을 보이고 있다. 마음과 육체가 구분되는 것이 아니라는 주장이다. "나는 그런 장벽이 실제로 존재하지 않는다고 주장한다. 마음과 물질, 물체와 영혼 사이에 실재하는 경계는 없다. 나는 그런 장벽이 단지 현상학적인 것일 뿐이며, 언어 때문에 생기는 결과라고 믿는다. 나는 여기서 우리가 상호 이해 불가능한 두 개의 언어를 다루고 있음을 주장한다." "한 마디로 이 도그마는 범주적 오류를 범하고 있다. 마음과 육체는 양극적 대립상태에 있다고 믿는 것은 곧 마음과 육체가 동일한 논리적 범주에 속한다고 믿는 것

과 같다. 물리적 공간을 점유하고 있는 공적 세계의 육체와 시간적으로
만 연속성이 있는 사적 공간의 정신은 평행하는 두 개의 세계이며, 서로
간의 상호작용도 어느 세계에도 속할 수 없는 것이다."라고 주장하면
서, "마음과 육체를 나누는 거룩한 이분법은 사라지되, 단순히 어느 한
쪽이 다른 쪽을 흡수하는 방식으로가 아니라 전혀 다른 방식으로 사라
져 버릴 것이다."라고 역설한다(Ryle, 1984/1994). 불교심리학에서는
사람이 심리적 경험을 욕심으로 집착하게 됨으로써 자아와 세계를 분리
하게 되고, 자아를 정신적인 것과 신체적으로 구분하게 된다고 한다.
즉, 사람들이 생각하는 자아는 가상적이며, 허구적이라고 본다(이중표,
1991).

토론주제

아래는 제2장 감각 및 지각에서 함께 논의할 주제들이다.

1. 생명체에는 어떤 감각들이 존재하는가? 감각의 종류에 대하여(모든 동물을 포함하여)

    1.1 생명체에게 감각은 왜 필요한가? (감각의 기능에 대하여)

    1.2 생명체의 감각은 어떤 순서로 진화했을까?

2. 우리 주변에서 감각 및 지각과 관련해서 관심을 가져야 할 현상들은 무엇이 있는가?

    2.1 사람들에게 편안함을 주는 풍경, 걷고 싶은 거리 등은 어떤 특징을 가지고 있을까?

    2.2 교통안전이나 산업안전을 위해 바뀌어야 할 표시 등은 무엇이 있을까? 또는 긍정적인 사례는 무엇이 있을까?

3. 우리는 자연에 존재하는 수많은 색을 어떻게 지각하는 것일까?

    3.1 색약 혹은 색맹은 왜 나타나는가?

    3.2 주행성 동물은 야간에 활동하는 것이 불편할까? 그 이유는 무엇일까? (야행성 동물에 대해서도 생각해보기)

    3.2 생활하면서 지나치게 밝거나 어두운 불빛 때문에 불편했던 적은? 효과적으로 적응하는 방법은 무엇일까?

4. 다양한 소리가 섞여 있는 상황에서 우리는 어떻게 각각의 다른 소리(예 : 악기)를 구분하는가?

    4.1 소리의 방향을 어떻게 알 수 있을까?

    4.2 나이가 들면 들을 수 없는 소리(주파수)가 있다고 한다. 그 이유는?

5. 착시에는 어떤 것이 있는가?

    5.1 착시는 왜 나타나는가?

    5.2 착시를 줄이기 위해서는 어떻게 하면 되는가?

    5.3 착시를 활용할 수 있는 방법은?

제 2 장

감각 및 지각

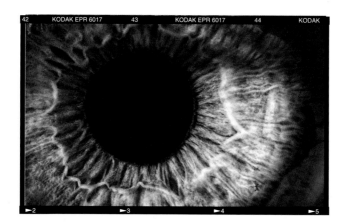

네오 : 진짜가 아닌가요?

모피어스 : 진짜가 뭔데? 정의를 어떻게 내려? 촉각이나 후각, 미각, 시각을 뜻하는 거라면 진짜란 두뇌가 해석하는 전자신호에 불과해. 이게 자네가 아는 세상이야. 바로 20세기 말의 모습이지. 이젠 매트릭스라는 신경상호작용 시뮬레이션의 일부로만 존재하지. 자넨 꿈나라에서 살고 있었네, 네오.

영화 〈매트릭스〉 중에서

감각

감각(sensation)이란 외부의 물리적 · 화학적 자극 등을 감각기관에서 신경부호로 변환하는 것을 말한다. 유기체는 다양한 에너지에 각각 반응하는 독립된 감각기관을 발달시켜 왔다. 우리가 감각과 관련해서 생각할 수 있는 것은 우리가 뇌가 없고 단지 감각기관만 있다면 외부세계에 대해 정보를 받아들였다고 할 수 없다는 점이다. 예를 들어 눈만 있고 뇌가 없다면 우리는 보고는 있지만 볼 수 없다. 감각은 세상과 자신에 대한 정보를 제공한다. 그러한 정보에는 우리의 생존에 중요한 정보들이 많다. 그러므로 그러한 정보의 유무와 특성을 파악하는 것이 필요하다.

지각

우리는 세상을 있는 그대로 본다고 생각한다. 즉 우리가 본 대로 세상은 존재한다고 생각한다. 우리가 세상을 있는 그대로 보면 덜 혼란스럽고 정확할 것처럼 여겨지지만 오히려 세상을 있는 그대로 보는 것은 우리

그림 2.1
지각의 기능

를 혼란스럽게 만든다. 우리는 단지 수동적으로 보이는 것을 보는 것이 아니라 보이는 것을 토대로 사실을 적극적으로 구성한다.

　우리의 감각은 정확한가? 다시 말하면 실재하는 대상을 그대로 나타내고 있는가? 아니면 감각은 정확하지 못하며 실재하는 대상과는 다른 것을 보여 주고 있는가? 이러한 질문은 감각은 실재하는 대상에 대한 상이 정확하기만 하면 사람들이 올바른 인식을 할 수 있을 것이라는 전제를 깔고 있다. 과연 그럴까?

　우리의 감각은 대부분 불완전하고, 부정확한 단서를 제공하는 경우가 많다. 그럼에도 불구하고 우리는 완전하고 정확한 인식을 하게 된다. 예를 들어 나무에 절반쯤 가려진 사람이 있는 경우에 우리는 사람이 절반만 있다고 생각하지 않는다. 사실 우리가 감각하게 된 정보만을 바탕으로 생각한다면 그렇게 생각하는 것이 올바르다. 하지만 인간은 그러한 불완전하고 부정확한 정보를 바탕으로 완전한 대상에 대한 이미지를 만들어 낸다. 우리는 그러한 기능을 지각(perception)이라 부른다.

　감각이 불완전하기 때문에 감각을 신뢰하지 말고 이성을 신뢰해야 한다는 고대 철학자의 말은 감각이 불완전하다는 측면에서는 맞는 말이지만 지각이 그러한 불완전을 보완하고 있기 때문에 신뢰하지 말아야 한다는 말은 맞지 않는다고 할 수 있다.

지각항등성

상황에 따른 대상의 변화에도 불구하고 불변성과 일관성을 인식하도록 도와주는 것을 지각항등성(perceptual constancy)이라고 한다. 지각항등성에는 모양항등성, 크기항등성, 밝기항등성, 색채항등성 등이 있다.

모양항등성

초등학교 4학년 수학에는 도형에 대한 부분이 나오는데 이때 학생들이 자주 틀리는 문제가 평행사변형의 내각에 대한 것이다. 45°를 90°로 잘못 지각한다. 이는 평소에 아이들이 모양항등성을 이용하여 생각했기 때문이다. 즉 문의 모양은 보는 각도에 따라 다르게 보인다. 정면에서 보면 직사각형이지만 벽에 붙어서 볼수록 평행사변형으로 보이게 된다. 하지만 우리는 그 평행사변형을 직사각형으로 지각한다. 이처럼 모양이 바뀌지만 일정한 것으로 지각하는 것을 모양항등성(shape constancy)이라고 한다.

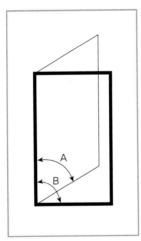

그림 2.2
모양항등성. 평행사변형을 직사각형으로 인식하여 각 A를 90°로 답할 수 있다.

크기항등성

아동들은 종종 부모에게 멀리 있는 큰 포크레인을 장난감으로 생각해서 사 달라고 하는 경우가 있다. 어른들은 이러한 현상이 무엇 때문인지 잘 이해하지 못하고 아이가 뭘 모른다고 생각해서 지나쳐 버린다. 사실 멀리 있는 대상은 우리의 망막에 아주 작은 점으로 남기 때문에 마치 우리

그림 2.3
(a) 크기항등성. 아이들은 실제 대상과 장난감을 구분하지 못하는 시기가 있다.
(b) 망막에 비친 실제 대상과 장난감의 상 크기

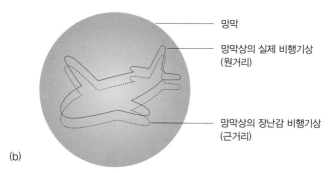

가 개미나 장난감을 볼 때 망막에 비치는 물체의 크기와 비슷하다. 그럼에도 불구하고 어른은 오랜 경험을 통해서 비록 망막에 작은 점이지만 사람이나 동물처럼 실제 크기의 대상으로 지각하는 것이다.

인류학자 Turnbull(1961)은 시야가 좁은 밀림지역에 사는 피그미족 청년을 평야로 데리고 갔을 때 멀리 있는 코뿔소를 곤충으로 보는 현상을 발견하였다. 이처럼 크기항등성(size constancy)도 경험의 영향을 받아서 발달하는 것으로 볼 수 있다(Hock, 1992).

밝기항등성

우리는 다소 어두운 방에서도 책을 보면서 크게 어둡다는 것을 모르고

그림 2.4
밝기항등성. 어두운 강의실에서
보는 노트는 흰색으로 보이지만
마하밴드를 이용해 명도를 비교
해 보면 회색에 가깝다.

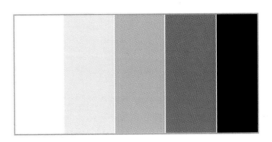

공부를 하게 된다. 또한 밝기의 변화를 잘 지각하지 못한다. 우리가 어
두운 곳에서 보는 책은 흰색이라고 여겨지지만 밝은 불빛에서 보게 되
면 회색임을 알 수 있다. 〈그림 2.4〉의 마하밴드와 교실의 천장, 어두운
상태에서의 노트를 비교해 보면, 우리가 흰색이라고 지각한 것이 사실
과 다름을 알 수 있다. 이처럼 밝기가 변화했는데도 불구하고 일정한 밝
기로 인식하는 것을 밝기항등성(light constancy)이라 한다.

색채항등성

인간의 감각은 지속되는 오랜 자극에 둔감해지게 되어 있다. 이것은 시
각도 마찬가지이다. 시각이 둔감해지면 색깔에 대한 선명함도 약해지는

 지각항등성과 착시, 〈Test your brain-You won't believe your eyes(브레인 테스트-착시현상)〉,
National Geographic

그림 2.5
색채항등성. 한 가지
색깔을 지속적으로
봄으로써 발생하는
시신경세포의 피로
에도 불구하고 동일
한 색으로 지각한다.

데 우리는 그러한 것을 느끼지 못하고 있다. 그것은 왜일까? 〈그림 2.5〉
에 있는 붉은색을 한쪽 눈을 가리고 약 30초간 본 후에 붉은 계통의 다
른 물체를 눈을 번갈아 가며 보라. 색깔이 다르게 느껴지는 것을 알게
될 것이다. 이처럼 오랜 시간 같은 색을 보아도 똑같은 색으로 느끼는
것은 뇌에서 이전에 보았던 색깔을 기억을 통해 보상하고 있기 때문이
다. 이처럼 색깔을 동일하게 느끼도록 하는 것을 색채항등성(color
constancy)이라 한다.

정신물리학

정신물리학(psychophysics)이란 물리적 자극의 강도와 감각경험의 강
도와의 관계를 연구하는 것을 말한다. 예를 들어 10% 설탕 수용액이 있
다고 하자. 그 수용액에 대해 사람들은 얼마나 달다고 느낄 것인가, 그
리고 농도를 다르게 했을 때마다 어떻게 느낄 것인가를 연구하는 것이
다. 인간은 당도 10%로 지각하는 것이 아니라 '단맛'이라는 심리적 경

그림 2.6
정신물리학의 사례. 정신물리학이란 자극강도와 감각경험과의 관계
를 연구하는 것이다.

그림 2.7
변경된 자동차 번호판. 가독성에 대한 지각연구
를 통해 현재의 번호판 체계로 바뀌었다.

험을 지각한다. 그 외에 어떤 모양의 자동차 번호판이 더 잘 보이는가를
연구하는 것도 이러한 것에 해당한다.

절대식역

절대식역(absolute threshold)이란 특정한 자극이 있다는 것을 아는 데
필요한 최소한의 자극강도를 말한다. 절대식역은 특정한 유기체가 가지
고 있는 감각기능의 정도를 보여 준다. 이러한 절대식역의 예를 들면 군
대에서 야간에 경계근무를 하고 있는 사람은 담배를 피우지 말라는 지시
를 받는다. 왜일까? 충분히 어둡고 시야를 가리는 것이 없다면 야간에는
담뱃불이 수마일 밖에서도 보일 수 있기 때문이다.

　사람뿐만 아니라 동물에게서도 이러한 절대식역은 매우 중요한데 천
적이나 사냥감의 냄새를 얼마나 잘 맡을 수 있는가가 그 동물의 생존에
결정적이라 할 수 있기 때문이다. 그래서 육식을 하는 동물들은 후각이
잘 발달되어 있다. 사람에게는 인위적인 대상에 대한 지각이 중요할 수
있다. 예를 들어 등대가 있다면 등대를 발견할 수 있는 거리는 암초를
피하기에 충분한 거리가 되어야 할 것이다. 이것은 인간의 절대식역을
고려해야 할 문제이다.

그림 2.8
절대식역. 자극의 유무를
판단할 수 있는 한계를 아
는 것이 생존에 중요할 수
있다.

차이식역

차이식역(difference threshold) 혹은 최소가지차이(Just Noticeable Difference, JND)란 두 가지 자극이 다르다는 것을 알기 위해서 필요한 최소한의 자극강도차이를 말한다. 유기체는 특정한 자극의 유무를 확인할 수 있어야 하지만, 특정한 자극의 변화도 인식할 수 있어야 한다. 예를 들어 토끼는 늑대의 냄새가 나는지도 알아야 하지만, 늑대 냄새가 강해지는지 약해지는지도 알아야 한다.

차이식역은 감각기관과 자극대상에 따라 달라진다. 사람들은 그러한 구체적 정보를 얻기 위해 다양한 실험을 하게 된다. 예를 들어 A라는 음료수를 성공적으로 개발한 회사가 있는데 경쟁회사에서 유사한 B라는 음료수를 개발하고자 한다. B회사는 A회사보다 유사한 향료를 더 강하게 느끼도록 하고 싶다. 그러면 얼마만큼의 양을 넣어야 되는가? 대략 0.6~1%의 범위에 해당된다고 했을 때 당신은 어느 정도의 양을 넣겠는가? 아마 0.6%일 것이다. 왜냐하면 당신의 회사음료가 단지 A회사와 다르다는 것만을 느끼게 하면 성공이기 때문이다.

소주회사는 점점 도수가 약한 소주를 내놓고 있다. 하지만 그 도수를

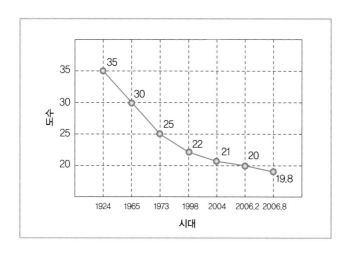

그림 2.9
소주 도수의 변화와 차이식역
(출처 : 대한주류공업협회자료)

! 실험 .ɪɪ. 소주시음을 이용한 차이식역실험

1. 실험도구

도수가 다른 세 종류의 소주(동일회
사 제품), 컵 3개, 그리고 남은 소주
를 버릴 통 1개

2. 실험순서

(1) 총 2명의 참여자를 모집한 후 교실 앞으로 나오게 한다.

(2) 1번 참여자는 뒤로 돌아서 있고, 2번 참여자는 1, 2, 3이라고 쓰인 컵에 각각
다른 도수의 소주를 5~10ml 정도 붓는다.

(3) 1번 참여자는 다시 앞을 보고 소주 1, 2, 3번을 시음한 후 높은 도수에서 낮
은 도수 순서대로 소주를 배열한다. 소주 이외에 콜라, 커피와 같은 것을 이
용하여 특정한 상표를 찾는 실험을 해도 된다.

어느 정도로 할 것인가가 매우 고민이다. 너무 낮게 하면 소주 맛이 약해질 것이고, 조금 낮게 하면 차이를 느끼지 못할 것이기 때문이다. 그러므로 소주회사는 차이식역이라는 개념을 이용해 술 맛이 나면서도 이전 제품과는 차이가 있는 제품을 만들려고 노력한다.

식역하 자극

절대식역에 도달하지 못한 감각자극을 식역하 자극(subliminal stimulus)이라고 한다. 식역하 자극은 감각정보를 인식할 수 없지만 감각정보가 전달되고 처리된다. 영화필름 중간에 관람객이 인식하지 못하는 짧은 장면을 삽입하여 음료수 구매행동을 증가시켰다는 연구결과와 아주 짧은 순간만 노출시켜 인식할 수 없는 긍정적 사진과 부정적 사진 뒤에 제시된 인물 중에서 긍정적 사진 뒤의 인물에 더 호감을 느낀다는 연구결과 등이 있다(Krosnick et al., 1992). 식역하 지각이 인식되지 않은 상태에서 처리되기는 하지만 기억이나 태도변화와 같은 인간의 행동에 직접적 영향을 준다는 분명한 증거는 아직 부족하다.

시각

인간은 시각이 매우 발달되어 있으며, 외부에서 오는 정보에서 시각이 차지하는 비율이 가장 크다. 그런 의미에서 시각은 인간의 생존과 생활에 매우 중요하다고 할 수 있다.

암순응과 명순응

빛의 밝기는 수시로 바뀌는데, 인간은 어떠한 밝기에서도 대상을 명확

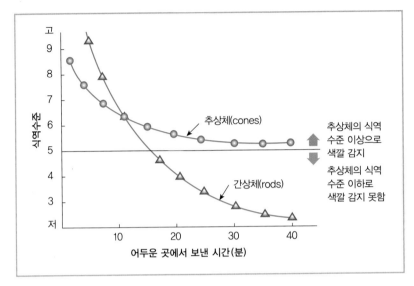

하세 지각할 필요가 있다. 그렇게 하기 위해서는 밝았다가 어두워질 때,
어두웠다가 밝아질 때 모두에 잘 적응할 수 있어야 한다. 전자를 암순응
이라고 하며, 후자를 명순응이라 한다. 암순응이란 둔감해졌던 광수용
기세포가 적은 빛의 양에 적응하기 위해 민감해지기까지 걸리는 시간,
과정이라 할 수 있다. 반대로 명순응이란 민감해졌던 광수용기세포가
많은 빛의 양에 적응하기 위해 둔감해지기까지 걸리는 시간, 과정이라
할 수 있다. 암순응과 관련된 몇 가지 현상을 살펴보자. 저녁에 실내에
있다가 운전을 시작할 때에는 반대편에서 오는 차의 불빛이 눈에 거슬
리는데, 이는 명순응이 덜 이루어진 상태이기 때문에 경험되는 현상이
라 할 수 있다. 둘째, 야간에 자동차를 운전하는 요령도 이러한 원리를
이용한다. 즉, 운전자는 반대편 자동차의 불빛을 최대한 피하면서 차선
을 볼 필요가 있으므로 자신이 달리는 차도의 우측을 보면서 운전하게
된다. 또한 긴 터널의 경우에 입구와 중간, 출구에 밝기 차이가 있는데
입구와 출구는 중간보다 더 많은 등이 켜져 있는 것을 알 수 있다. 입구

그림 2.11
야간운전과 암순응. 야간운전 시 반대편에서
오는 차의 불빛과 반대방향(③번)을 보면서 운
전하는 것이 유리하다.

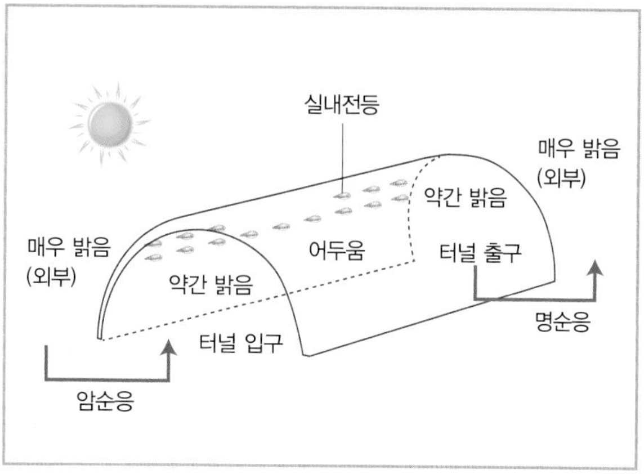

그림 2.12
터널의 구조와 암순응, 명순응. 구간의 입구는 암순응, 출구는 명순응
이 발생한다.

의 경우 어둠에 대한 적응을 돕기 위해 외부와 입구의 밝기 차이를 최소
화시켜 놓은 것이며(암순응), 출구의 경우 밝음에 대한 적응을 돕기 위해
내부와 외부의 밝기 차이를 최소화시켜 놓은 것이다(명순응). 만일 이러
한 밝기 차이 조절에 실패한다면 운전자는 큰 위험에 빠질 수도 있다.

맹 점

우리의 광수용기세포의 위치와 방향은 우리가 생각하는 것과 반대로 빛
의 반대방향을 향해 있다. 그러므로 광수용기세포는 바로 안구 바깥으
로 나가지 못하고, 안구 안의 특정 부분으로 나가서 시신경으로 연결된
다. 이러한 구조는 빛을 효율적으로 활용할 수 있게 하는 반면에 맹점이
라는 분명히 존재하지만 우리가 의식하지 못하는 현상을 만들어냈다.
즉, 망막에 광수용기세포가 없는 부분이 발생함으로써 눈에 상이 맺히
지 않는 부분인 맹점(blind spot)이 생기는 것이다. 그럼에도 불구하고

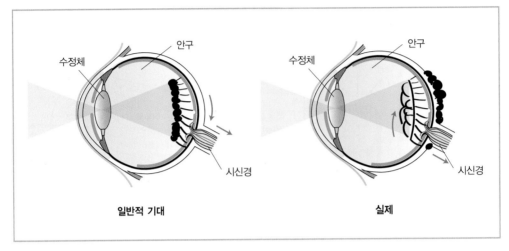

그림 2.13
망막의 구조와 시각정보의 이동경로. 광수용기세포는 빛의 반대방향을 향하고 있다.

그림 2.14
맹점의 확인. 책을 정면에 약 30cm 정도에 놓고 오른쪽 눈을 감는다. 왼쪽 눈의 시선을 오른쪽 십자가와 수평이 되게 맞춘다. 매우 천천히 자신의 눈 쪽으로 책을 가까이 움직인다. 어느 순간 십자가 왼쪽에 있는 원이 사라진다.

우리가 맹점이 있다는 것을 인식하기 어려운데, 이는 우리가 양안이라는 점, 뇌가 비어 있는 공간을 비어 있지 않은 것으로 메우는 작용 때문으로 생각할 수 있다.

이때 중요한 것은 맹점을 지각하지 못하는 현상이 단지 의식적이고 인위적 추측과정(~이 있는 것처럼 보는 것)이 아니라는 점이다. 즉, 실제의 '감각질'이 존재하는 것이다(~이 있는 것으로 보는 것). 중세의 귀족, 왕들은 사형수가 사형 후에 어떤 상태가 될 것인지 맹점을 이용하여 놀이를 즐겼다고 한다. 즉, 한쪽 눈을 감고 사형수 머리에서 수평으로 일정한 거리를 보고 있다 보면 갑자기 사형수의 머리가 사라지게 되는 것이다.

색지각

색을 지각하는 것을 당연하게 생각하지만 동물들 중에는 색을 지각하지 못하는 동물들이 있다. 채식이면서 주간에 활동하는 동물들은 주로 색채시를 가지고 있지만 육식이면서 야간에 활동하는 동물들은 그렇지 못하다.

색채는 대상의 구별을 명확하게 해 주며, 특히 과일이나 곡식처럼 색깔의 변화가 성숙을 나타내는 경우에는 더욱 중요하다. 만일 우리가 녹색과 빨강을 잘 구별하지 못한다면 우리는 익지 않은 과일을 많이 먹게 될 것이다. 또한 색채는 동물들 간의 의사소통에도 사용된다. 이성을 유혹하거나 상대방을 겁 줄 때 자기 신체의 일부 색깔을 강조하기도 한다.

삼원색이론(trichromatic theory)

나는 보라색을 좋아한다. 그러면 나의 눈은 보라색을 보는 것일까? 어린 여자아이들은 분홍색을 좋아하는 경향이 있다. 그 여자아이들의 눈은 분홍색을 보는 것일까? 인간의 눈 자체는 보라색이나 분홍색을 보지 못한다. 정확히 말하자면 그러한 종류의 색은 인간의 뇌가 광수용기세포가 보내는 신호를 조합하여 만들어내는 것이다. Young과 Helmholtz라는 연구자는 빛의 3원색을 참고로 눈도 비슷한 원리를 사용할 것이라 추측했다. 인간의 광수용기세포 중 추상체는 적색(R), 녹색(G), 청색(B) 각각의 파장에 반응하는 세 개의 종류가 있다. 이때 광수용

그림 2.15
빛의 삼원색. 적색,
녹색, 청색이 조합되
어 다양한 색을 만
들어낸다.

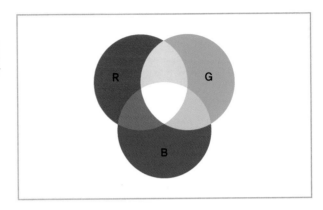

기세포들이 각각 어떤 비율로 자극을 받는가에 따라서 특정한 색깔을 지각하게 된다. 적색과 청색의 광수용기세포가 반응하였을 때 우리는 분홍색을 경험하게 된다. 만일 여러분이 꽃박람회나 꽃축제 등에 간다면 노란색, 분홍색, 보라색 꽃을 보았을 때 '이 색들은 내 눈이 보는 색이 아니야'라고 생각해야 한다. 이러한 눈의 원리를 적용한 것이 옥외에 설치된 천연색 전광판이다. 전광판은 기본적으로 적, 녹, 청의 세 가지 다이오드로 구성되어 있다.

그림 2.16
천연색 전광판과 삼
원색이론. 천연색 전
광판은 적, 녹, 청의
세 가지 다이오드로
만들어졌다.

색지각과 광수용기세포, 〈Human body pushing the limits-Sight(인체 한계의 확장-시각)〉, Discovery

대립과정이론

앞에서 나온 삼원색이론만으로는 설명이 되지 않는 현상이 있다. 야간에 녹색의 야광 팔찌를 돌리게 되면 잔상이 남게 되는데 그 잔상은 분홍색과 같은 붉은색 계통이다. 옛날에 내가 쓰던 전화기는 전화가 오면 붉은색 다이오드가 벨소리와 함께 빛이 났는데 그 빛이 꺼지면 잠시 잔상이 녹색으로 보였던 기억이 난다. 이러한 현상은 왜 생기는 것일까?

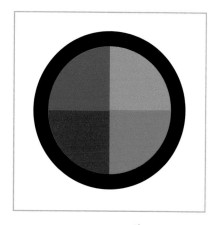

그림 2.17
보색잔상 확인하기. 그림을 30초~1분 정도 보다가 백지를 보면 적색 부분에 녹색 계통의 색이, 녹색 부분에 적색 계통의 색이 나타난다.

우리는 녹색과 적색이 관련되어 있다고 생각해 볼 수 있다. 그 관련성이란 우리가 녹색을 볼 때 적색도 함께 작동하는 것 때문에 발생한다. 적-녹 이외에 청-황, 흑-백 등 대립되는 보색이 함께 활성화되는데 이를 대립과정이론(opponent-process theory)이라 한다.

그림 2.18
태극기와 보색잔상. 태극기를 30초~1분 정도 보다가 백지를 보면 적색 부분은 녹색 계통의 색, 청색 부분은 황색(노란색) 계통의 색이 나타난다.

지각체제화

자극을 조직화하여 의미 있는 것으로 만들려는 과정을 지각체제화 (perceptual organization)라 한다. 어두운 밤에 바위나 나무 등을 보고 사람이나 귀신으로 착각하는 경우가 있다. 이러한 현상은 모호한 대상을 익숙한 경험을 통해서 조직화하려는 특성 때문에 나타나는 것으로 볼 수 있다.

9·11테러 당시 화재가 난 쌍둥이 빌딩에 보인 사탄의 얼굴, 화성의 사람 얼굴 모양 등은 비록 사람들에게 호기심과 상상 그리고 가끔은 미신을 갖게 하지만 지각체계를 연구하는 학자에게는 단순한 지각의 체제화에 따른 현상일 뿐이다. 지각체제화에서 재미있는 현상은 일단 체제화된 방식으로 자극을 경험하면 이후 다른 방식으로 지각을 의도적으로 변화시키는 것이 불가능해진다는 점이다. 즉, 〈그림 2.20〉의 점들에서 개를 본 후에는 개를 보지 않으려고 노력해도 보지 않을 수 없게 된다. 화재연기 속에서 사탄을 본 후에는 연기 속에서 사탄을 보지 않을 수 없게 된다. 이것은 지각체제화 과정에서 뉴런이 영구적으로 바뀌기 때문에 나타나는 현상이다.

그림 2.19
지각의 체제화와 착각

그림 2.20
달마시안과 지각체제화. 반 점들을 조직화하여 의미 있는 대상으로 지각한다.

 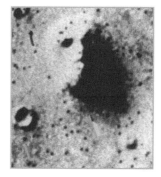

그림 2.21
쌍둥이 빌딩의 사탄 얼굴과 화성의 사람 얼굴. 지각체제화는 사람들에게 다양한 상상을 가능하게 한다.

전경-배경

우리는 어떤 대상을 볼 때 그 외 나머지는 배경이 되어 인식하지 못한다. 즉 우리는 지각할 때 전경과 배경으로 나누어본다. 우리는 그 둘을 동시에 보지 못한다. 이처럼 대상을 지각할 때 전경과 배경으로 나누어 보는 작용을 전경-배경 원리(figure-ground organization)라 한다.

그림 2.22
전경과 배경

그림 2.23
물고기인가 새인가? 무엇을 먼저 보았는가에 따라 전경이 달라진다.

깊이지각

어렸을 때 거울을 보고 스스로 머리를 깎은 일이 있다. 아무리 잘 깎으려 해도 자꾸 생각했던 것처럼 안 되어 결국 엄마에게 혼나고 미용실에 가곤 했다. 그렇다면 전문적인 미용사들은 자신의 머리를 잘 깎을 수 있을까? 미용사들도 거울을 보면서 자신의 머리를 깎기는 어렵다. 이유는 거울을 통해서 보면 거리를 파악하기가 어렵기 때문이다.

우리는 3차원 세계에 살고 있으며 공간을 이동하는 데 어려움을 느끼지 못한다. 하지만 거울을 보듯 우리의 망막에는 2차원의 영상만이 맺힐 뿐이다. 그런데 우리는 어떻게 3차원으로 지각하게 되는 것일까? 이처럼 2차원 영상을 통해 3차원으로 지각하는 작용을 깊이지각(depth perception)이라 한다.

양안부등

우리의 눈 각각에는 서로 다른 영상이 맺히게 된다. 〈그림 2.24〉처럼 실험을 해 보면 양 눈에 비치는 영상이 다르다는 것을 알 수 있다. 이 서로 다른 영상을 우리는 잘 통합해서 깊이를 지각하는 데 활용한다. 이때 양 눈의 영상이 통합되지 못하면 영상이 흐려지는 현상을 경험하게 된다.

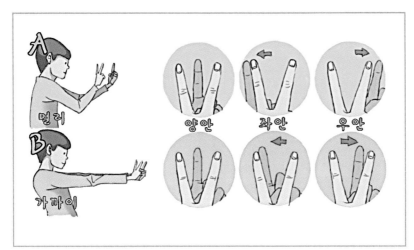

그림 2.24
양안부등 확인하기. 왼손의 손가락과 오른손의 손가락이 멀리 떨어져 있을 때 왼쪽 눈의 상과 오른쪽 눈의 상의 차이가 크다.

우리가 졸리거나 술에 취했을 때 이러한 현상이 나타난다. 비록 눈이 두 개가 있다 하더라도 양 눈이 동일한 영상을 보여 준다면 그때는 깊이를 지각하지 못하게 될 것이다.

그림 2.25
양안부등을 이용한 입체경. 왼쪽 눈과 오른쪽 눈에 각각 보는 각도가 다른 그림, 사진 등을 제시함으로써 입체적 그림을 보여 주었다.

이때 양쪽 눈에 맺힌 영상이 얼마나 차이가 있는가에 따라서 우리는 두 가지 사물의 거리를 지각하게 된다. 이러한 원리를 이용하여 입체 영화나 입체 책을 만들게 된다. 입체 책은 안경을 쓰고 책을 보는데 안경렌즈 각각의 색깔이 다르다. 또한 책도 안경렌즈의 색깔과 유사한 두 가지 색깔이 겹쳐 그려져 있다. 이처럼 양쪽 눈의 서로 다른 영상이 깊이지각의 단서가 되는 것을 양안부등(binocular disparity) 단서라고 한다.

! 실험   미용사 실험을 통한 깊이지각 체험하기

1. 실험도구

색 끈(색 끈은 일정한 크기로 자른 후, 글루건과 양면테이프를 이용하여 만든다.), 핀셋, 거울

2. 실험순서

(1) 총 2명의 실험참여자를 모집하여 교실 앞으로 나오게 한다.

(2) 1번 참여자는 2번 참여자의 머리 앞에서 중간부분에 실험도구 중 색 끈을 붙인다.

(3) 2번 참여자는 거울과 핀셋을 이용해 색 끈을 떼어낸다. 이때 핀셋은 옆으로 긁듯이 떼어서는 안 되고, 수직으로 이동하여 떼어내도록 한다. 1회만 하기보다 남녀 각각 2명씩 하여 평균 시간 등을 확인해도 좋다.

단안단서

우리는 양쪽 눈이 있으면 보다 깊이지각을 잘하지만 한쪽 눈만으로도 어느 정도 깊이지각을 할 수 있다. 영화에서 종종 등장하는 외눈 검객이 잘 싸울 수 있는 이유도 바로 이 단안단서(monocular cues) 때문이다. 단안단서라고 부르는 것은 한쪽 눈만으로 깊이지각이 이루어지기 때문이다. 2차원 평면에서 그림을 그릴 때 입체감을 살리기 위해서 사용되기도 하기 때문에 회화적 단서(pictorial cue)라고도 부른다.

그림 2.26
단안단서를 이용한 입체적 문자

단안단서에는 상대적 크기, 중첩, 결기울기, 공중원근, 상대적 높이, 직선원근, 그림자 등이 있다. 숲에서 나무를 바라볼 때 굵은 나무인데 멀리 있고, 가는 나무인데 가까이 있으면 상대적 크기단서가 사라져서 거리감에 혼란이 생긴다. 시내에서 높은 건물 꼭대기를 바라볼 때 중첩이

그림 2.27
그림자를 이용한 그림. 그림자는 파리가 그림 위의 실제 파리처럼 느끼게 한다.
(출처 : 프랑크푸르트의 화가, 화가와 그의 아내(1480), 안트베르펜 왕립미술관)

깊이지각과 영화제작, 〈Human body pushing the limits-Sight(인체 한계의 확장-시각)〉, Discovery

(a) 상대적 크기

(b) 중첩

(c) 결기울기

(d) 공중원근

그림 2.28
단안단서의 종류

(e) 상대적 높이

(f) 직선원근

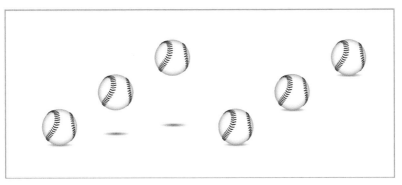

그림 2.29
그림자와 운동. 그림자의 위치에 따라 왼쪽은 날아가는 것으로, 오른쪽은 굴러가는 것으로 보인다.

사라지면 어떤 건물이 상대적으로 멀리 있는지 파악하기 어려워진다. 공중원근은 등산, 교통사고와 연관이 된다. 간혹 안개가 많이 끼는 경우 상대적으로 거리감이 멀게 느껴져서 발을 헛딛거나, 앞차와의 거리를 지나치게 가까이 해서 교통사고 원인이 되곤 한다. 그림자는 입체감의 중요한 단서가 된다. 오래전부터 화가들은 인물화에 파리와 함께 그림자를 그려놓음으로써 그림 위의 실제 파리인지 그림 속의 그려진 파리인지 혼란스럽게 만들었다.

자신의 손바닥에 사람을 올려놓는 것 같은 재미있는 사진은 단안단서를 추가 혹은 제거함으로써 만들어진다. 관광지에 있는 도깨비도로(보기에는 오르막길인데 실제로는 내리막길)는 단안단서가 반대로 되어 있어서 도로의 높이에 대한 지각이 왜곡되는 현상이다. 예를 들어 멀리 있는 산이나 나무는 가까이 있는 산이나 나무보다 더 작고 높아야 되는데, 오히려 더 크고 낮은 것이다. 도깨비도로의 왜곡된 지각은 도로 주변의 단안단서를 가리게 되면 사라진다.

착시

다양한 착시현상, 〈Test your brain-You won't believe your eyes(브레인 테스트-착시현상)〉, National Geographic

착시는 실제 대상과 다르게 지각하는 것을 말하는데, 착시는 우리가 대상을 안정적으로 지각하려는 과정 때문에 나타나는 현상이라 할 수 있다. 착시에는 달이 지평선에 더 가까울 때 크게 보이는 달 착시, 잘못된 거리 정보로 나타나는 크기 착시, 기하학적 착시 등이 있다.

착시는 건축, 디자인 영역에서 여러 가지 목적으로 활용되어 왔다. 고대 그리스 파르테논 신전의 지붕도 양끝이 약간 높다고 한다. 이는 수평이 길 경우 양끝이 처져 보이는 착시를 보상하기 위한 것이다.

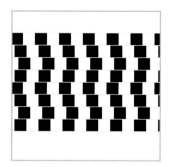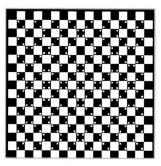

(a) 수평 착시. 모든 측이 수평임에도 불구하고, 각 층이 수평이 아닌 것으로 보인다

(b) 파르테논 신전과 착시. 수평으로 보이는 지붕은 실제로는 양쪽이 더 높다.

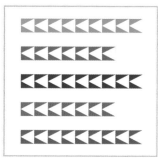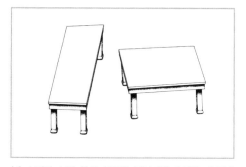

(c) 수평착시. 좌측과 우측은 수평이지만 우측으로 갈수록 좁아지는 것으로 보인다.

(d) 수평과 수직 착시. 동일한 길이지만 수직을 더 길게 자각한다.

그림 2.30
다양한 착시 현상

토론주제

아래는 제3장 학습에서 함께 논의할 주제들이다.

1. 공포증에는 어떤 종류가 있는가?

1.1 일반적으로 다른 사람들이 무서워하지 않는 대상을 무서워하는 경우에, 그 원인은 무엇일까?

1.2 누군가에게 새로운 공포증을 만들 수 있을까? 그렇게 하기 위해서는 어떤 방법을 사용해야 할까?

1.3 공포증을 없앨 수 있을까? 공포증을 없애기 위해서는 어떤 방법을 사용해야 할까?

2. 광고는 효과가 있는가?

2.1 당신이 생각하는 효과적인 광고는? 효과적인 광고는 어떤 점을 고려해야 하는가? (호감이라는 원리 참고)

3. 현대 사회가 해결하지 못한 몇 가지 문제를 나열해 보자. (대략 3가지 정도, 혹은 제1장에서 다룬 주제를 참고하여도 무방함)

3.1 위의 문제를 보상과 처벌을 통해서 해결 가능한지 이야기 나누어 보자.

3.2 보상과 처벌을 통해서 해결이 불가능한 문제가 있을까?

3.3 보상과 처벌의 부작용이 있다면 무엇일까?

4. 지금까지 살아오면서 무언가를 관찰한 후에 따라하게 된 사례를 찾아보자. (모방)

4.1 관찰이 어려운 ADHD, 시각장애와 같은 경우에 발생하는 문제는 무엇일까?

4.2 관찰학습이 필요한 곳은 어디일까? 구체적 대상이나 내용을 생각해보자.

4.3 폭력사건이 발생할 경우 미디어는 컴퓨터게임, 영화 등이 주요한 원인이라고 언급한다. 자살이 발생할 경우는 연예인의 자살이 원인이라고 언급한다. 그에 대해 어떻게 생각하는가? 모방이 중요한 역할을 하는가?

제3장

학습

심리학에서 학습이란 행동의 변화를 말한다. 행동의 변화를 일으키는 것은 다양할 수 있는데 약물이나 피로 등과 같은 것을 통해 신체적 상태가 변해서 나타나는 것은 학습이라 하지 않는다. 오직 경험을 통해서 변화가 일어날 때 학습이라 한다.

우리가 학습을 중요하게 다루는 이유는 유기체가 생존하기 위해서 환경의 변화에 적응할 필요가 있기 때문이다. 이때 적응이란 바로 새로운 유형의 행동을 하는 것을 말한다. 그렇기 때문에 학습능력이 뛰어나면 뛰어날수록 생존의 가능성은 높아진다. 인간을 제외한 동물들은 학습능력이 제한되어 있고 주로 본능이라고 불리는 것에 의해서 행동하게 되는 반면에, 인간은 출생 이후 경험한 학습에 의해서 행동을 하게 된다. 그만큼 인간은 환경의 변화에 잘 적응할 수 있는 것이다.

그림 3.1
도시의 비둘기와 학습. 도시의 비둘기들은 학습이 되어 더 이상 인간을 피해 도망가지 않는다.

고전적 조건화

학습이 어떻게 이루어지는지를 설명하는 첫 번째 학습이론은 바로 고전적 조건화(classical conditioning)이다. 고전적 조건화는 러시아의 생

그림 3.2
Pavlov의 실험장면

리학자인 Pavlov가 발견하였다. 그는 동물의 소화에 대해 연구하였다. 동물은 비스킷처럼 딱딱하고 마른 음식을 먹으면 자동적으로 많은 침과 위액을 분비하고, 죽처럼 축축하고 부드러운 음식을 먹으면 적은 침과 위액을 분비한다. Pavlov는 그와 같은 소화와 관련된 연구를 하던 사람이었다.

그런데 어느 날 실험이 잘 이루어지지 않았다. 왜냐하면 음식을 먹기도 전에 실험 중이던 개가 침을 흘려 버렸기 때문이다. 이러한 현상은 계속해서 나타났는데 Pavlov는 왜 이러한 현상이 나타나는지 알아보기로 결심하였다. 그는 연구자의 발자국 소리가 침을 흘리게 되는 단서가 된 것으로 추측하고 발자국 소리 대신에 종소리를 이용해 보기로 하였다.

즉, 매우 조용한 방에서 종소리를 들려준 후에 음식을 제공하였다. 이러한 과정을 몇 차례 반복한 후에 종소리만을 들려주었더니 예상했던 대로 개가 침을 흘렸다.

표 3.1 학습과정	학습 전	**종소리 – 음식 – 타액** (중립자극) (무조건자극) (무조건반응)
	학습 후	**종소리 – – 타액** (조건자극) (조건반응)

고전적 조건화는 중립자극(종소리)과 무조건자극(음식)이 반복적으로 함께 제시됨으로써 중립자극이 마치 무조건자극처럼 되는 것을 말한다. 그 결과 중립자극은 무조건자극처럼 타액이라는 무조건반응을 유발시키게 된다. 이것은 자석에 못을 오래도록 붙여놓았을 때 못이 자석의 성질을 띠게 되는 것과 유사하다.

이러한 현상은 매우 당연하고 간단한 것처럼 여겨지지만 매우 큰 의미를 지니고 있다. 즉, 우리는 전에는 동물에게 아무런 반응도 일으키지 않았던 것이 무엇이건 간에 음식처럼 자연적인 반응을 일으키는 물건을 이용하여 우리의 의도대로 반응하도록 만들 수 있게 된 것이다. 이 이론이 어떻게 적용되는지 알아보기 전에 구체적 과정과 개념을 확인해 보자.

여기서 후천적 경험이 아닌 선천적으로 반응을 유발하는 자극을 무조건자극(UnConditioned Stimulus, UCS)이라 하며 그에 따른 반응을 무조건반응(UnConditioned Response, UCR)이라 한다. 무조건자극과 반응에는 음식-타액, 불빛-동공반응, 바람-눈 깜박거림 등이 있다. 반면에 전혀 반응을 유발하지 않는 것을 중립자극이라 한다. 우리들이 접하는 대부분의 자극은 중립자극에 해당한다. 무조건자극과 연합되어 무조건자극이 유발하는 반응을 만들어내는 자극을 조건자극이라 한다. 조건자극(Conditioned Stimulus, CS)에 의해서 나타나는 반응을 조건반응(Conditioned Response, CR)이라 한다. 음식과 종소리에 의해 분비되는 침이 외형상으로는 동일할지 모르지만 원인이 다르기 때문에 서로 다른 개념으로 부르게 된다.

고전적 조건화의 다양한 기제

획득

획득이란 고전적 조건화를 설명한 앞의 예처럼 중립자극과 무조건자극을 순서에 따라 반복적으로 제시하는 것을 말한다. 이때 제시하는 순서에 따라 획득의 효과는 달라질 수 있다. (1) 종소리와 함께 음식을 제공하는 방법-동시, (2) 종소리가 제시된 후 음식을 제공하는 방법-흔적, (3) 종소리가 제시되고 있는 중에 음식이 제공되는 방법-지연, (4) 음식을 먹고 있는 동안에 종소리가 나는 방법-역행 등이 있을 수 있다. 실험 결과, 지연조건형성이 학습효과가 가장 좋은 것으로 나타났다. 즉 단순히 무조건자극과 조건자극이 시간적으로 인접하다고 해서 학습이 일어나는 것은 아님을 알 수 있다.

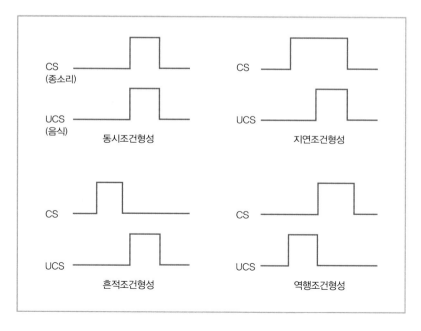

그림 3.3
조건형성의 종류. 중립자극과 무조건자극의 순서에 따라 학습효과가 달라진다.

! 실험 고전적 조건화를 통해 눈 깜박임 만들기

1. 실험도구

고무줄 끈, 트라이앵글, ○ · × 판

2. 실험순서

⑴ 총 4명의 참여자를 모집하여 교실 앞으로 나오게 한다.

⑵ 1번 참여자는 실험도구 중 고무줄을 머리에 끼운다. 이때 고무줄은 이마와 눈썹 사이에 위치한다. 2번 참여자는 ○ · ×판을 왼손과 오른손에 든다. 이때 어느 판을 들지는 2번 참여자가 임의대로 결정한다. 3번 참여자는 1번 참여자 귀에 트라이앵글을 가까이 댄다. 2번 참여자가 ○표를 들면 트라이앵글을 세게 친다. 4번 참여자는 트라이앵글이 울리는 순간 당겼던 고무줄을 놓는다. 고무줄을 놓은 후 바로 다시 당겨 다음 신호를 준비한다. 약 8~10회를 진행한 후 3번 참여자의 트라이앵글이 울린 후 4번 참여자가 고무줄을 놓지 않는다. 그때 1번 참여자의 눈썹이 움직이는지 확인한다.

자극일반화

Pavlov는 개를 이용한 실험에서 동일한 음이 아님에도 불구하고 침을 분비하는 것을 확인할 수 있었다. 이처럼 처음의 조건자극과 유사한 자극에도 반응하는 것을 자극일반화(stimulus generalization)라 한다.

자극일반화는 공포형성과 같은 부정적 현상에도 적용될 수 있다. Watson은 Albert라는 9~10개월 된 남자아이에게 공포형성에 대한 일반화를 실행하였다. 아이는 처음에 흰 쥐를 무서워하지 않고 즐겁게 놀고 있었다. 이후 아이가 그 쥐에 가까이 가자 심벌즈 같은 악기로 큰 소리를 내었다. 아이는 무서워서 울게 되었고 그 이후로 흰 쥐, 산타클로스의 흰 수염, 흰 목도리 등 흰색 털에 대한 공포반응이 일반화되었다.

이러한 자극일반화는 유기체에게 도움이 되는 측면도 있지만 지나칠 경우에는 오히려 해가 될 수 있다. 예를 들어 청소년이 비행 청소년에게 갈취를 당한 후에 비슷한 모습의 사람을 보면 두려워서 피하게 되는 경우에는 긍정적인 경우지만, 폭행을 당한 후에 모든 사람을 두려워해서 외출을 하지 못하는 정도라면 부정적이라 할 수 있다. 엄마와 관계가 잘 형성된 아이는 일반화가 되어 다른 사람들에 대해서도 친근감을 느끼는 경우가 많다.

그림 3.4
Albert 실험. 큰소리를 이용한 공포는 흰 쥐 이외에 다른 유사한 대상으로 확장되었다.

변 별

실험실에서 변별은 특정한 음의 종소리에만 음식이 제공됨으로써 이루어진다. 예를 들어 '라' 음에만 음식이 제공되고 '파' 와 '도' 에는 음식이 제공되지 않는다. 이처럼 특정한 자극에만 반응이 나타나는 것을 변별(discrimination)이라 한다.

유기체에게는 자극일반화가 필요하기도 하지만 변별이라고 하는 과정도 매우 중요하다. 예를 들어 동물들이 천적에만 공포반응과 도피반응을 보여야 하는데, 변별을 잘 하지 못한다면 천적으로부터 희생당하는 일은 일어나지 않겠지만 지속적인 불안에 힘들어할 것이다.

소 거

조건자극과 무조건자극과의 관련성이 지속된다면 조건자극에 대한 반응은 매우 적응적일 수 있다. 예를 들어 연구자가 지속적으로 음식을 가져다준다면 연구자의 발자국 소리에 침을 흘리는 것은 매우 적절한 반응이다.

그런데 갑자기 연구자가 음식을 가져다주지 않고 기계에 의해 음식이

그림 3.5
변별훈련. 사전에 말이 주인공의 휘파람과 다른 사람의 휘파람에 대한 변별훈련이 되어 있지 않다면 주인공은 필요할 때 도움을 받지 못할 수 있다.

주어짐에도 불구하고 연구자의 발자국 소리에 죽을 때까지 침을 흘린다
면 어떻게 될까? 개는 음식을 먹어 보지도 못하면서 계속해서 침만 흘
리게 될 것이다. 다행히 정상적인 동물이나 사람에게서는 그러한 일이
일어나지 않는다. 왜냐하면 학습된 내용이 사라질 수 있기 때문이다. 이
를 고전적 조건형성에서는 소거(extinction)라 부른다. 소거를 일어나
게 하기 위해서는 조건자극만 여러 차례 제시하게 된다. 즉 그 과정에서
무조건자극은 전혀 제공되지 않는다.

자발적 회복

앞에서 언급한 것처럼 학습된 내용은 소거될 수 있다. 하지만 한 번의
소거과정으로 완전히 사라지는 것은 아니다. 하루 또는 며칠 후에 갑작
스러운 조건자극의 제시에 이전과 비슷한 반응이 나타나곤 한다. 이를
자발적 회복(spontaneous recovery)이라 부른다. 이러한 자발적 회복
이라는 현상 때문에 공포증에 대한 심리치료에서는 반복적인 처치를 할

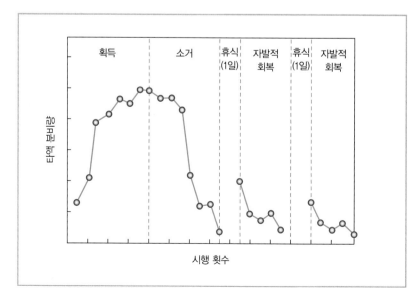

그림 3.6
소거 및 자발적 회복에
관한 실험 결과

필요가 생기는 것이다.

고차적 조건화

고차적 조건화(higher-order conditioning)란 조건자극이 무조건자극과 같은 기능을 하게 된 후에 최초의 조건자극을 무조건자극으로 사용하여 전혀 새로운 조건자극과 연합시키는 것을 말한다. 마치 자석에 오래 붙여놓은 못이 다른 못에 자성을 옮기는 것과 같다.

고전적 조건화의 적용

고전적 조건화는 수보 인간의 정시를 통제하는 데 사용되고 있다. 예를 들어 특정한 대상에 대해 호감을 갖게 하거나, 혐오를 가지고 있는 대상에 대해 혐오감을 제거하는 것과 같은 활동에 고전적 조건화를 많이 사용하고 있다.

광 고

광고하고자 하는 대상은 대체로 중립적인 자극이다. 예를 들어 특정한 회사의 양주가 있다면 일반적인 사람이라면 처음부터 그 양주에 대해 특별한 호감이나 선호를 보이지는 않을 것이다. 양주를 판매하고자 하는 기업의 입장에서는 자기 회사의 제품에 더욱 강력한 호감을 가지기를 바랄 것이다. 그래서 중립적 자극인 양주와 호감을 불러일으킬 만한 무조건자극을 함께 제시함으로써 양주에 대한 호감을 일으키고자 한다.

그림 3.7
광고와 고전적 조건화. 특정제품(중립자극)과 여성(무조건자극)을 함께 제시함으로써 특정제품에 대한 긍정적 정서를 유발시킨다.

심리치료

공포증 치료

사람들은 특정한 대상에 대해 공포나 불안을 경험한다. 뱀이나 높은 곳은 당연히 불안을 일으키지만 지나친 긴장으로 신체가 마비되지는 않아야 한다. 하지만 간혹 지나친 공포로 인해 어려움을 겪는 경우가 많다. 이처럼 특정 공포를 지니고 있는 사람들은 고전적 조건화의 원리를 이용하

그림 3.8
가상현실을 이용한 공포증 치료(사진제공 : 영동 세브란스 병원)

여 치료하게 된다. 최근에는 가상세계를 활용하여 공포증 치료를 돕고 있다. 공포증 치료에 사용하는 기법 중 한 가지인 체계적 둔감화는 긴장과 이완이 동시에 나타날 수 없는 현상을 이용하여 아주 낮은 불안을 유발하는 대상에 대해 이완반응을 유발하기 시작하여 점진적으로 불안을 강하게 유발하는 대상으로 바꿔 가면서 치료한다.

 체계적 둔감화와 공포증 치료, 〈SBS 스페셜 생존의 공습경보 – 공포〉, SBS

혐오치료

유기체에게 구토는 매우 힘든 생리적 현상이다. 여러분 중에서 식중독으로 고생해 본 사람은 혐오치료에 대해 쉽게 이해할 수 있을 것이다. 식중독에 걸린 후에는 식중독을 유발했던 음식을 오랜 기간 다시 먹기 힘들어진다. 이처럼 구토와 같은 혐오적 반응을 이용하여 심리치료를 하는 것이 혐오치료이다. 알코올중독 환자에게 미리 알코올을 섭취했을 때 구토반응을 유발하는 약물을 투여한 후에 술을 마시도록 하여 구토

반응을 일으키게 한다. 이러한 과정을 반복하게 되면 술에 대해 기피하는 반응을 형성하도록 할 수 있다. 외국에서는 이러한 과정을 늑대로부터 양을 보호하기 위해 사용하기도 한다.

불안

공포증과 달리 막연한 불안감에 시달리는 경우가 있다. 심리장애의 하나로 범불안장애나 강박장애와 같은 경우 불안증상을 감소시키기 위하여 고전적 조건화의 원리를 사용하게 된다. 스스로 이완상태를 만든 다음에 특정한 주문을 외우는 연습을 한다. 이후 불안이 나타나게 되면 주문을 외우면서 이완반응을 유도한다. 이는 우리가 교회나 사찰에서 기도나 주문을 하면서 이완이나 집중 그리고 행복감을 느끼는 과정과 유사하다.

의학

환자 중에는 지속적으로 약물을 투여해야 하는 경우가 있다. 이럴 경우 약물만 투여하기보다 약물을 보다 적게 투여하고 동일한 효과를 볼 수 있다면 더욱 좋을 것이다. 그러한 도움을 얻기 위해 고전적 조건화를 활용할 수 있다. 즉 특정한 약물과 향기, 맛, 음악 등을 연합시킴으로써 특정한 향기만으로도 약물의 효과를 일시적으로 대체하거나 증가시킬 수 있다. 쥐에 대한 실험에서 독특한 향기를 내는 장뇌라는 약품과 면역을 증진시키는 주사를 함께 투여했을 때 나중에 장뇌 냄새를 맡게 하면 면역이 증진되는 것을 확인할 수 있었다.

　마약 투여로 응급실에 실려온 사람들 중 일부는 평소와 동일한 양을 투여하였지만 단지 평소 투여하던 장소가 달라졌기 때문에 과다투여현상이 나타나기도 하였다.

일상생활

① 학습, 수면 그리고 운동 : 우리는 친구 집이나 다른 낯선 곳에 가면 잠이 잘 안 오는 것을 경험하곤 한다. 이것도 고전적 조건화의 한 가지 예이다. 불면증이 있는 사람에게 권하는 것 중에 한 가지가 침실에서 책을 읽거나 텔레비전을 보지 말라는 것이다. 즉 각성상태와 침실의 여러 환경자극이 결합하게 되어 침실에 들어가면 잠이 안 올 수 있다는 것이다. 그래서 책을 읽거나 다른 활동을 하려면 다른 방에 가서 하라는 것이다. 이러한 것은 공부에도 똑같이 적용된다. 책상에서는 공부에 방해가 되는 다른 활동을 안 하는 것이 좋다. 즉 책상에 앉으면 생리적으로 공부에 대해 자동적으로 준비될 수 있게 충분한 학습을 하는 것이 좋다.

② 소아과 병원의 의사와 간호사의 복장 : 최근 소아과 병원에서 의사와 간호사 복장이 단순한 흰색에서 아이들이 좋아하는 캐릭터가 그려진 복장으로 변하고 있다. 이는 아이들이 즐겨 보았던 캐릭터가 긍정적 정서반응을 유발하기 때문에 의사나 간호사에게도 유사한 정서반응을 할 것을 기대하고 만든 것이다.

우리는 연합의 세계에 살고 있다. 인간이 세상에 태어났을 때 세계는 정서적으로 중립적이었다. 하지만 다양한 경험이 축적되면서 지금까지 중립적이었던 것들이 긍정적이거나 부정적으로 변하게 된다. 잠시 거리를 걸어 보자. 그때 바로 우리는 연합의 세계로 걸어가고 있는 것이다. 주변을 둘러보라. 그리고 가게, 물건, 사람들에 대해 중립적인 느낌, 긍정적인 느낌, 부정적인 느낌 중 어떤 느낌이 느껴지는지 살펴보자. 우리가 일상에서 만나는 여러 대상들에 대해 호오(好

그림 3.9
캐릭터 간호복(사진 제공 : 메디짱닷컴)

惡)의 감정과 생리적 반응들이 나타난다면, 그 대부분은 고전적 조건화에 의한 것이다. 여러분이 졸업한 학교의 교복을 볼 때, 거리에서 우연히 예전에 알고 있던 사람과 비슷한 사람을 볼 때, 전 학기 수강했던 특정한 과목의 교재를 볼 때 좋은 또는 싫은 느낌이 발생한다면 그것이 바로 고전적 조건화이다.

조작적 조건화

우리는 자신의 행동이 결과가 무엇이었는가에 따라 달라진다는 점을 알고 있다. 만일 행동이 나타난 후에 아무런 결과도 발생하지 않는다면 그 행동은 더 이상 나타나지 않게 된다. 우리들이 하고 있는 많은 행동은 결과의 산물이다. Skinner는 특정한 행동을 한 후에 결과를 조작함으로써 행동을 변화시킬 수 있다는 이론을 주장하는데, 이것이 바로 조작적 조건화(operant conditioning)이다. 우리는 친구를 바보로 만들 수 있는데 어느 날 그 친구가 어울리지 않은 옷을 입고 왔을 때 크게 칭찬을 해 주면 된다. 만일 다른 친구들과 미리 약속해서 여러 명이 그러한 칭찬을 함께한다면 효과는 더 클 것이다. 그 친구는 자신이 옷을 잘 입었다는 칭찬을 받게 되면 오랜 기간을 줄곧 비슷한 옷만 입고 다닐지도

그림 3.10
강화와 행동 변화. 바람직하지 못한 행동도 강화시킬 수 있다.

그림 3.11
Skinner와 스키너 상자. 스키너 상자는 조작적 조건화를 보여 줄 수 있는 효과적 도구였다.

모른다. Skinner는 일명 스키너 상자라는 것을 만들었다. 그 상자는 쥐가 누를 수 있는 페달과 페달이 눌러졌을 때 음식을 공급하는 장치로 구성되어 있었다. 그 장치를 이용해 쥐가 페달을 누르는 행동을 하도록 만들었다.

조작적 조건화의 종류

결과는 행동을 증가시키는가 감소시키는가에 따라 강화와 처벌로 나뉘게 된다. 강화는 행동을 증가시키는 것을 말하며 처벌은 행동을 감소시키는 것을 말한다. 여기서 처벌이 비록 고통스러운 것이지만 단순히 고통을 의미하는 것이 아니라는 점을 유의할 필요가 있다.

강 화

강화(reinforcement)는 조작을 통해 행동을 증가시키는 것을 말한다. 강화에는 정적 강화와 부적 강화가 있다. 정적 강화에서 정적(positive)

이라는 말은 무언가를 제공한다는 의미를 가지고 있다. 그러므로 정적 강화란 무엇인가를 제공해서 원하는 행동을 증가시키는 것을 말한다. 이처럼 무엇인가를 제공해서 행동이 증가된다면 제공된 것은 유기체가 좋아하는 사건이나 대상일 것이다. 정적 강화의 예는 선물이나 칭찬 등이 있다. 학교, 병원, 군대와 같은 통제가 필요한 곳은 정적 강화를 많이 사용하는 경향이 있다. 초등학교에서는 발표하기, 휴지 줍기, 고운말 쓰기 등에 칭찬스티커를 제공함으로써 학생들을 생활지도한다. 군대에서는 포상휴가나 외박 등을 통해 군인들의 성과를 증가시킨다.

부적 강화에서 부적(negative)이란 유기체가 특정한 행동을 한 후에 무언가를 제거한다는 것을 의미한다. 즉 부적 강화란 무엇인가를 제거해서 원하는 행동을 증가시키는 것을 말한다. 이렇듯 무엇인가를 제거해서 행동이 증가된다면 세거되는 것은 유기체가 싫어하는 사건이나 대상일 것이다. 부적 강화로는 기합과 자동차의 안전벨트를 매도록 울리는 소음 등이 있다. 군대에서 훈련을 받을 때 조교들은 훈련병들이 보다 열심히 훈련을 받도록 하기 위해 기합을 준다. 기합을 준 후에 더 열심히 하겠느냐고 여러 차례 반복 확인한 후에야 기합을 풀어준다. 훈련을 받고, 기합을 받았음에도 훈련병들은 이후 훈련에 더욱 열심히 참여하게 된다. 즉, 혐오적인 기합을 제거해 줌으로써 훈련 참여라는 행동이 증가하게 된 것이다. 자동차의 안전벨트도 이와 유사하다. 안전벨트를 매는 행동을 증가시키기 위해 운전자가 안전벨틀 매지 않고 시동을 켜면 소음이 발생한다. 이 소음은 운전자가 안전벨트를 매는 순간 사라진다. 소음이라는 혐오자극을 제거해 줌으로써 안전벨트를 매는 행동이 증가된다.

처 벌
조작적 조건화에서 처벌은 매를 때리는 행동이 아니라 행동을 감소시키는 것을 의미한다. 특정한 행동을 한 후에 어떠한 자극을 주거나 제거함으로써 그 행동을 감소시키는 것이다.

정적 처벌이란 무엇인가를 제공함으로써 행동을 감소시키는 것이다. 무엇인가를 제공해서 행동이 감소되기 위해서는 제공되는 것이 혐오적인 것이어야 할 것이다. 공부를 하지 않고 놀아 버렸을 때 부모님이 아이를 때린다면 아이는 다음부터 노는 행동을 줄이게 될 것이다.

부적 처벌이란 무엇인가를 제거함으로써 행동을 감소시키는 것을 말한다. 무엇인가를 제거해서 행동이 감소되었다면 제거된 것은 유익한 것이 될 것이다. 공부를 하지 않고 놀고만 있다면 부모님은 아이가 좋아하는 게임기를 빼앗아 버릴 수 있다. 그러면 아이는 게임이나 놀이를 줄이게 될 것이다.

조 성

앞에서(제1장) 행동주의는 인간과 동물에 대한 구별을 두지 않는다고 했다. 그 결과 동물에 대한 연구결과를 인간에게 일반화시킬 수 있었다. 그에 대한 비판 중 한 가지가 동물은 인간과 같은 복잡한 행동을 할 수 없다는 것이다. 즉, 인간은 단순한 조작적 조건화와 같은 학습과정을 통해서 배우는 것이 아니라는 것이다. 이에 대해 Skinner는 조성(shaping)이라는 방법을 통해 동물도 복잡한 일련의 행동을 배울 수 있음을 증명해 보였다.

인간의 복잡한 행동도 사실은 단순한 행동들의 연결임을 알 수 있다. Skinner는 동물들에게 각각의 단순한 행동에 강화를 해줌으로써 점진적으로 목표행동에 도달할 수 있도록 하였다. 영화에서 돼지가 문을 열고, 피아노를 치거나 개가 자동차를 운전하는 것은 모두 조성이라는 방법을 통해서 학습한 것이다. 조성은 특수아나 일반 아동 그리고 복잡한 기술을 배우는 성인 모두에게 적용될 수 있다. 아동의 경우 젓가락질, 줄넘기, 공기놀이, 축구, 만들기 등 다양한 활동에 적용할 수 있다. 예를 들어 공기놀이는 던지기, 아랫돌 잡기, 던진 돌 잡기 등의 세 가지 동작으로 구성되어 있다. 이 일련의 과정을 한 번에 학습하는 것이 아니라 하나를 완결한 후 다른 동작을 학습하는 방식으로 진행하면 된다. 조성은 학습의 효과를 높임으로써 학습자의 유능감을 높일 수 있게 해준다.

Premack 원리

강화가 이루어지기 위해서는 행동의 결과가 보상으로서 가치가 있어야 한다. 만일 행동에 따른 결과가 가치가 없다면 강화는 이루어지지 않는다. 이러한 설명은 이론적으로는 쉬운 일이지만 실제로는 특정 결과물이 보상으로서 가치가 있는지 판단하기 어렵다. 근로자가 노동을 한 후에 무엇이 보상으로서 더욱 가치가 있는가, 학생이 숙제를 마친 후 무엇을 보상으로 줘야 공부가 다음에도 잘 이루어질까? Premack은 이러한 질문에 답을 해준다. 일상적인 상황에서 빈도가 더 많은 것이 강화물로서 가치도 더 많다는 것이다. 일상적으로 아동은 밥보다는 과자를 더 선호한다. 그렇다면 밥을 먹도록 하기 위해서는 밥을 먹은 후에 과자를 주어야 할 것이다. 간혹 자녀들의 요구에 과자를 먼저 먹게 한 후에 밥을 주거나, 게임을 하게 한 후에 공부를 하도록 허락하는 경우가 있는데, 이는 결코 행동을 강화시켜 주지 못한다.

도피와 회피학습

도피란 무서운 대상을 접한 후에 피하는 것을 말하고 회피란 그러한 경험 이후에 무서운 대상이 나타나기 전에 피하는 것을 말한다. 예를 들어 길을 가다 폭력배를 만나서 돈을 뺏긴 후에 도망갔다면 도피이다. 그리고 이후 다시는 그곳으로 가지 않거나 비슷한 사람을 보면 다른 곳으로 돌아갔다면 이는 회피이다. 간혹 사람들이 더러워서 피한다는 말을 쓰는데 이는 회피반응에 속한다고 할 수 있다.

실험실에서는 스키너 상자의 바닥에 전기충격을 줌으로써 이러한 실험을 한다. 스키너 상자는 두 개의 공간으로 나누어져 있다. 한쪽 공간은 불빛이 들어온 후 바닥에 전기충격이 가해지는 곳이며, 다른 쪽은 바닥에 전기충격이 가해지지 않는 안전한 곳이다. 개는 전기충격을 받은 후에 끼깡대거나, 으르렁거리다가 우연히 안전한 공간으로 이동을 한다. 이후 개는 불빛을 보고 전기충격이 오기 전에 안전한 공간으로 피한다. 전자처럼 전기충격을 받고 피하는 것은 도피학습이고, 후자처럼 전기충격을 받기 전에 불빛을 보고 피하는 것은 회피학습이다.

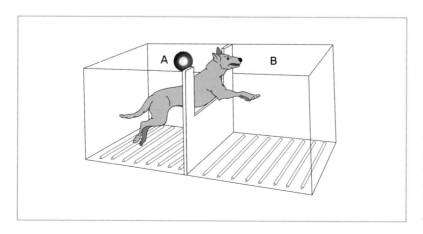

그림 3.12
회피학습. 불빛을 본 후 전기충격이 오는 좌측공간(A)에서 안전한 우측공간(B)으로 이동한다.

그림 3.13
회피학습과 양육. 부모도 숫자세기라는 단서를 줌으로써 자녀가 부모의 체벌을 미리 피할 수 있게 학습시킬 수 있다.

학습에서 이 실험이 흥미를 끄는 이유는 일반적으로 조작적 조건화는 많은 반복을 거쳐야 하는 데 반해 회피학습은 적은 횟수만으로도 학습이 이루어지기 때문이다. 또한 회피학습이 학습이 이루어진 후 지속적인 강화가 없음에도 소거가 잘 되지 않는 점도 흥미로운 현상이다.

앞의 방법은 가정에서도 사용할 수 있다. 부모는 아이가 잘못할 때마

결혼해서 50년 동안 한 번도 싸우지 않은 부부

영국의 한 부부가 50년 동안 한 번도 싸우지 않았다. 그 비결을 알기 위해서 기자가 부인을 취재하러 갔다. 부인은 자신의 신혼여행 이야기를 들려주었다. 그들은 이집트로 신혼여행을 갔었다. 가이드의 안내를 받으면서 낙타를 타고 피라미드를 둘러보다가 낙타가 장난기가 발동하여 남편을 일부러 떨어뜨렸다. 하지만 남편은 전혀 개의치 않고 "1번"이라고 조용히 낙타에게 말했다. 아내는 남편이 참 성격이 좋은 사람이라고 생각하였다. 다음 날도 그 낙타는 또다시 장난을 쳤고, 여전히 남편은 "2번"이라고 말했다. 신혼여행 마지막 날 그 낙타는 역시 참지 못하고 또 장난을 쳤다. 아무렇지도 않을 것이라고 생각했던 남편은 낙타에게 다가가더니 총을 쏴서 죽여 버렸다. 아내는 깜짝 놀라 남편에게 다가가서 동물을 잔인하게 죽인 것에 대해 따졌다. 그때 남편의 짧은 말 한마디 "1번" 이후 아내는 남편에게 말대꾸를 하지 않고 50년을 산 것이다.

〈천 년 전의 글로벌 CEO 해상왕 장보고〉에서 인용

다 체벌을 하지 않고 체벌에 대한 신호만을 줄 수 있다. 예를 들면 셋 셀 때까지 치우지 않으면 혼난다고 말하는 것이다. 부모는 이렇게 말한 후 하나, 둘, 셋을 세면 된다. 이때 하나, 둘, 셋은 마치 쥐에게 전기충격이 가기 전에 충격을 알려 주는 불빛과 같은 역할을 한다.

학습된 무기력

도피와 회피학습에서 개는 전기충격이 오기 전에 불빛을 보고 전기충격을 피할 수 있었다. 만일 개가 어떠한 행동을 하더라도 전기충격을 피하지 못하게 하면 어떤 반응을 보이게 될까? 다소 잔인한 실험이지만 연구자들은 동물에게 전기충격을 피할 수 없게 하였다. 그리고 이후 회피실험에서처럼 불빛을 신호로 하여 옆 공간으로 이동하면 전기충격을 피할 수 있게 하였다.

하지만 회피실험의 동물과 달리 아무리 강한 전기충격이 오더라도 동물들은 움직이지 않은 채 전기충격을 그대로 받고 견녀냈다(Seligman & Maier, 1967). 이를 학습된 무기력(learned helplessness)이라고 하는데, 자신의 행동이 바라는 결과와 독립적이라는, 즉 자신이 어떤 행동을 해도 원하는 결과를 만들어낼 수 없다는 기대, 신념을 갖게 될 때 나타나는 현상이다. 학습된 무기력은 학업중단, 운동과 같은 건강증진행동 포기, 지나치게 긴 슬럼프, 구직활동의 포기, 사별이나 사업실패 후 급사, 우울, 트라우마 등에 대해 폭넓은 설명을 해 주고 있다.

강화계획

동물은 특정 행동을 한 후에 언제 보상을 주는가에 따라 학습효과가 달라진다. 이러한 것을 강화계획(reinforcement schedule)이라 한다. 강화계획의 원리를 알면 우리는 대상을 보다 효과적으로 변화시킬 수 있게 된다. 강화는 특정한 반응에 매번 보상이 주어지는 연속강화와 보상이 간헐적으로 주어지는 간헐적 강화로 나뉜다. 연속강화는 실험실에서는 가능할지 모르지만 현실에서는 어려울 뿐만 아니라, 간헐적 강화보다 오히려 효과가 떨어진다. 아빠가 매일 퇴근하면서 과자를 사 간다면 아이들이 아빠를 기다리고 좋아하는 행동이 증가할 것이라고 생각할 수 있지만 오히려 가끔씩 사 가는 것이 더 행동을 증가시킨다.

　강화계획은 크게 반응 수에 따른 것과 시간에 따른 두 가지가 있다. 즉 쥐가 얼마나 반응하는가에 따라 보상을 주는 방법과 반응과는 상관없이 일정한 시간이 지나면 보상을 주는 방법으로 나뉜다.

고정비율

고정비율(fixed ratio) 강화계획은 반응 수에 비례하여 보상을 주는 것을 말한다. 실험실에서는 10번 또는 20번을 누를 때마다 보상을 준다. 사회에서는 자신이 일한 성과만큼 보수를 타 가는 성과급이 고정비율에 해당한다. 고정비율의 특성을 보면 보상이 주어진 후 아주 짧게 휴지기가 나타난다. 하지만 곧바로 보상을 얻기 위해 다음 행동에 들어간다.

변동비율

변동비율(variable ratio) 강화계획은 반응 수에 따라 보상이 주어지기는 하지만 보상이 주어지는 반응 수가 일정하지 않은 것이다. 평균적으

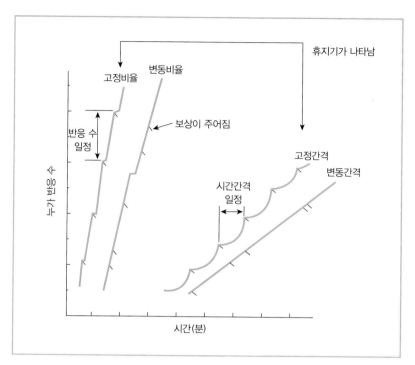

그림 3.14
강화계획. 비율에 따른 강화는 상대적으로 더 많은 반응을 이끌어낸다. 고정적 강화는 휴지기가 나타난다.

로 10번 누를 때 보상이 주어지기는 하지만 반드시 10번은 아니며 어떤 때는 1번에도 나오고 어떨 때는 20번에도 나온다. 변동비율은 도박이 그 예가 될 수 있다. 도박은 기계가 이미 어떤 확률로 나올지 조정이 되어 있고 그 비율에 따라 보상이 주어진다. 〈그림 3.14〉에서 변동비율의 특성을 보면 보상이 주어졌음에도 불구하고 휴지기가 나타나지 않는다. 그리고 휴지기는 보상과 상관없이 간헐적으로 나타나는 것을 볼 수 있는데 이는 지속적 반응에서 오는 피로를 회복하고자 잠시 쉬는 것이다. 변동비율은 이처럼 강한 행동반응을 유발한다.

고정간격

고정간격(fixed interval) 강화계획은 일정한 시간간격이 지나면 강화가 주어지는 것을 말한다. 시간간격은 실험장면에서는 5분, 10분 단위가 될 수 있고 현실에서는 주급, 월급 또는 월말고사, 중간고사(2개월 단위), 기말고사 등이 될 수 있다. 〈그림 3.14〉에서 고정간격 강화계획의 특성을 보면 보상이 주어진 후 장기간의 휴지기가 나타나는 것을 볼 수 있다. 이는 마치 학생들이 중간고사를 본 후에 공부를 하지 않는 행동과 유사하다.

변동간격

변동간격(variable interval) 강화계획은 강화가 주어지는 간격이 정해져있지만 일정하지 않은 것을 말한다. 어떨 때는 5분, 어떨 때는 15분에 주어지지만 평균적으로 10분에 보상이 주어지는 것을 말한다. 부모님이 용돈을 주는데 특정한 날에 주는 것이 아니라 어떨 때는 1주일이 지나서 주고, 다음에는 3일 지나서 주는 것과 비슷하다. 또는 낚시를 할 때 하루에 대략 5마리를 낚을 수 있는데 어떨 때는 2시간을 기다려야 한 마리가 잡히고, 어떨 때는 5시간을 기다려야 한 마리가 낚이는 것도 변동간격의 예가 될 수 있다. 〈그림 3.14〉에서 나타난 변동간격의 특성은 보상이 주어진 후에 휴지기가 없다는 점이다. 만일 학생들에게 시험 후에도 쉬지 않고 공부를 하도록 만들려면 비정기적으로 퀴즈를 보면 된다는 것을 예측할 수 있다.

기울기를 보면 간격계획보다 훨씬 높은 비율로 반응한 것을 알 수 있다. 즉 특정한 간격마다 보상을 해 주는 것보다 행동에 따라 보상을 해 주는 것이 보다 많은 반응과 학습효과를 가져온다. 그리고 변동과 고정을 비교해 보면 고정은 보상이 주어진 후 휴지기가 있는 반면에 변동은 휴지기가 없다는 것을 알 수 있다. 즉 지속적인 행동을 위해서는 변동이 보다 효과적임을 알 수 있다.

조작적 조건화와 사회발전

Skinner는 **자유와 존엄을 넘어서**라는 책에서 조작적 조건화라는 학습원리가 인류가 원하는 이상에 도달하는 데 도움이 될 수 있다고 보았다. 사회적으로 바람직한 행동에는 적절한 강화를 하고, 감소시켜야 할 행동에는 처벌을 해줌으로써 사회를 올바른 방향으로 변화시킬 수 있다고 생각했다. 당신이 생각하는 가족, 모임, 지역사회, 한국사회의 문제는 무엇인가? 조작적 조건화를 신뢰하는 사람들은 시험계획을 지키지 못하는 자신, 용돈을 적게 주는 부모님, 자주 결석하는 회원, 공터에 쓰레기를 버리는 주민, 교통신호를 지키지 않고 횡단보도를 지나가는 차량, 부정부패를 일삼는 정치인과 경제인 등 이러한 모든 문제가 조작적 조건화로 개선될 수 있다고 본다. 예를 들어 안전벨트매기에 대한 교통단속의 효과는 매우 놀라운데 2001년 3월 단속이 심해지기 이전에는 안전벨트 착용률이 23.4%밖에 되지 않았다. 하지만 2002년 이후 확인결과 무려 96.5%로 착용률이 증가하였다. 당신은 어떠한가? 조작적 조건화는 인간을 변화시키는 데 강력한 도구가 될 수 있을까? 조작적 조건화 이론이 발표된 이후 해결하지 못한 사회문제는 조작적 조건화의 무용함을 보여 주는 것일까, 아니면 조작적 조건화가 충분히 적용되고 있지 못함을 보여 주는 것일까?

그림 3.15
안전벨트와 조작적 조건화. 의식개선을 요구하던 수많은 홍보에도 개선을 보이지 않던 안전벨트 착용이 단속 후 급격히 증가하였다.(출처 : 경찰청)

관찰학습

동물이나 인간이 만일 고전적 조건화와 조작적 조건화를 통해서 모든

그림 3.16 모방

학습을 해야 한다면 너무나 많은 시간이 걸릴 뿐만 아니라 수많은 시행착오와 위험을 겪게 될 것이다. 다행히 인간은 타인의 행동을 보고 유사하게 따라 하는 모방학습 능력이 뛰어나다. 동물도 천적으로부터 숨는 방법, 사냥하는 방법, 서로에게 울음을 통해 신호하는 방법 등을 어미로부터 보고 배울 수 있다.

모방학습이 조작적 조건화와 다른 점은 직접 경험을 하지 않는다는 점이다. 하지만 모방학습의 효과는 비록 간접적이기는 하지만 보상이 중요하다. 즉 관찰하는 대상이 특정한 행동을 한 후에 보상을 받게 되면 그 행동을 학습할 가능성이 높아지는 반면에 처벌을 받는 것을 보게 되면 학습할 가능성이 낮아지게 된다. Bandura는 모델이 되는 사람에게 사람크기의 인형에게 폭력을 가하는 것을 아이들에게 관찰하게 하였다. 그리고 폭력을 가한 어른에게 각각 칭찬, 처벌, 무처치를 하였다. 이때 각 집단에서 폭력의 빈도가 매우 다르게 나타났다.

형이 울고 고집을 부려서 엄마에게 장난감을 받게 된 것을 동생이 본다면 동생은 엄마에게 부탁도 하기 전에 울면서 고집을 피우게 된다. 엄마는 이러한 현상을 이해할 수 없을지 모르지만 이러한 현상은 엄마가 둘째 아이를 관찰학습시킨 것이라 할 수 있다.

현대사회에서 아동 및 청소년이 접하는 경험은 대중매체, 인터넷, 게임 등으로부터 온다. 그래서 그러한 매체에 등급을 표시하여 아동 및 청소년을 보호하고 있지만 부모로부터의 통제에서 벗어나 그러한 경험을 하는 경우가 증가하고 있다. 이러한 증가는 아동 및 청소년으로 하여금

다양한 폭력을 비판 없이 수용하거나 모방하게 할 수 있다. 예를 들어
성폭력 가해자의 경우에 폭력적 음란물에 일찍 노출된 경우가 많았다.

 모방학습과 공격성, 〈아이의 사생활 2부, 도덕성〉, EBS

그림 3.17
Bandura의 실험. 성인 연구자의 폭력행동을 관찰한 아동들이 유사한 폭력행동을 재현하였다.

토론주제

아래는 제4장 기억에서 함께 논의할 주제들이다.

1. **음악을 들으면서 공부하는 것은 효과적일까, 비효과적일까?**
   1.1 공부에 방해가 되는 음악과 그렇지 않은 음악이 있다면 각각 어떤 음악들인가? 그리고 그 이유는 무엇일까?
   1.2 과목에 따라 음악이 방해가 되는 정도가 다른가? 그 이유는 무엇일까?

2. **영어 등 외국어를 공부할 때 깜지 쓰기는 효과가 있는가?**
   2.1 깜지 쓰기의 효과가 사람마다 다르다면 그 이유는 무엇일까?
   2.2 전문용어를 외우는 데 효과적인 방법은? 역사에서 연도를 잘 외울 수 있는 방법은?

3. **대상을 보았더라도 일정한 시간이 지나면 답하지 못한다(예를 들어 지나가는 자동차 번호판을 보고 말할 때). 그 이유는 무엇일까?**
   3.1 외국어 듣기 평가가 어려운 이유는 무엇일까?

4. **친구나 상호, 지명 등의 이름을 잘 외우기 위해서는 어떻게 해야 하는가?**
   4.1 세계기억력 대회에서는 카드를 단 한 번 보고 외우는 시합을 한다. 이것을 잘하기 위해서는 어떤 연습을 해야 하는가?
   4.2. 오늘 배운 심리학 내용을 망각하지 않고 오래 기억하기 위해서는 어떤 방법을 사용하면 좋을까? 수업내용을 잊지 않고 오래 기억하는 방법은?

5. **친구 이름이나 영화, 음악 등의 제목이 떠오르지 않고 맴돌다가 갑자기 떠오르는 경우가 있다. 우리가 기억한 내용은 비록 회상되지 않더라도 우리의 뇌 어딘가에 저장되어 있는 것일까, 아니면 지워진 것일까?**
   5.1 시험 때에는 생각나지 않던 것이 시험 끝나고 떠오르는 것은 무엇 때문일까?

6. **컴퓨터 자판의 구체적 위치를 모르지만 자판을 칠 수 있는 이유는 무엇일까?**

7. **자신이 사실이라고 믿었던 과거기억을 다른 사람들과 비교했을 때 전혀 다른 경우는 없었는가? 그런 일은 왜 생기는가?**
   7.1 영화에서처럼 기억은 변경, 조작이 가능할까? (영화 〈토탈리콜〉처럼)

제4장

기억

기억이란 단순히 과거에 경험한 어떤 사실을 안다는 것을 넘어서서 인간이 자신의 정체성을 찾는 데 중요한 부분이라 할 수 있다. 만일 SF영화에서처럼 여러분이 현재 사실과 다른 기억을 가지고 있다고 상상해 보라. 자신에 대한 생각과 느낌은 어떻게 달라질까? 영철이에게 승민이의 기억을 집어넣는다면 영철이는 영철이일까 승민이일까? 여러분은 영철이가 누구라고 생각하는가? 승민이의 기억을 가지고 있는 영철이를 영철이라고만 할 수는 없을 것이다. 이처럼 기억은 우리에게 매우 중요하다.

> 인간에게는 과거를 이용할 수 있는 힘이 있다. 앞서 일어났던 현상들을 통해 살아 있는 역사를 만들어 내는 것이다.
>
> —니체
>
> 네가 경험한 것을 지상의 그 어떤 권력도 앗아 갈 수 없으리니!
>
> —빅토르프랑클
>
> 〈망각─알츠하이머병이란 무엇인가?〉에서 인용

오래전에 대학에 다닐 때 한 교수님은 자신이 왜 공부를 열심히 했는가를 이야기하면서 다른 것은 다른 사람이 가져갈 수 있지만 내가 배운 것만은 누구도 가져갈 수 없어서 공부를 했다고 하셨다. 어떤 경우에 기억은 그 사람의 능력이 될 수도 있는 것이다. 그에게 과거에 공부한 내용이 남아 있지 않다면 그는 교수라고 하는 사회적 역할을 할 수 없을 것이다. 기억은 우리가 생활 속에서 경험하는 것처럼 한 가지만 있는 것이 아니라 다양하고 복잡하게 구성되어 기능하고 있다.

기억의 단계

사람들은 보통 기억이라는 단어를 생각할 때 어떤 정보를 자신의 머리에 넣는 것만을 생각한다. 하지만 기억은 머리에 넣기 전의 과정인 약호화와 저장된 내용을 빼내는 과정인 인출(retrieval)을 포함한다. 이러한 두 가지 과정이 없다면 우리의 기억은 불가능하거나 의미가 없게 된다. 예를 들어 아무리 저장을 했더라도 인출할 수 없다면 꿈속의 부자일 뿐이다.

약호화 − 저장 − 인출

약호화

기억이란 습득, 보유, 인출의 세 단계로 구분할 수 있다. 습득이란 자극에 주의를 기울여 기억하는 과정이다. 이를 약호화(encoding)라고 한다. 즉 특정한 자극이 의미 있는 형태의 정보로 변환되어 저장되는 것이다. 우리는 외부에 존재하는 대상, 사건 또는 사실을 그대로 저장하는 것이 아니라 인간이 기억할 수 있는 형태로 저장하게 된다. 〈그림 4.1〉 옆의 여백에 당신이 다니고 있는 학교 또는 회사의 로고를 그려 보라. 등교할 때, 인터넷을 통해 학교 홈페이지에 접속할 때, 학교신문을 볼 때 등 수없이 보았음에도 불구하고 우리는 학교 로고를 그리기 어려워한다. 그것은 상징의 세부적인 부분들이 의미하는 바를 생각해 보지 않았기 때문이다. 즉 약호화를 하지 않은 것이다.

약호화는 모양, 음운, 의미 등을 통해서 이루어진다. 각각의 약호화를 구조적 약호화, 음운적 약호화, 의미적 약호화라 한다. 세 가지 수준의

약호화 중에서 의미적 약호화를 가장 깊이 있는 약호화라 부른다.

우리는 여행을 가서 보았던 내용을 사진으로 찍어 오곤 한다. 유적을 보고 사진만 찍어 왔던 사람은 시간이 지나면 "우리가 이런 데를 갔었나?"라고 말하곤 한다. 하지만 유적에 대해서 여러 가지 지식을 듣고 자신이 이전에 알고 있던 역사적 지식과 잘 결합했던 사람은 시간이 오래 지나고도 보았던 내용을 잘 기억할 것이다. 후자의 사람이 잘 기억할 수 있었던 것은 바로 '부호화'를 잘했기 때문이다. 그래서 우리는 눈으로 보는 것이 아니라 마음으로 본다고도 하고 아는 만큼 본다고도 하는 것이다.

주 의

주의를 기울이지 못한 정보는 약호화되지 못하므로 주의는 매우 중요하다. 주의의 중요성과 주의의 과정에 대해서 살펴보면 다음과 같다.

여러분이 수업시간에 수업에 집중하지 못하고 있는 상황을 상상해 보라. 예를 들어 친구에게 휴대폰 문자를 보내고 있거나, 다른 과목의 공부를 하고 있거나, 공상을 하면서 수업을 듣고 있다. 이때 갑자기 교수님이

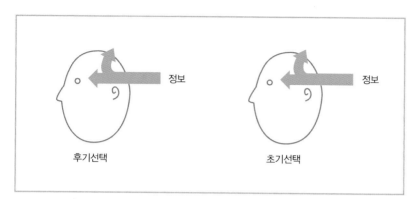

그림 4.2
주의모형

자신의 이름을 부르면서 "아무개 군! 방금 내가 말한 것이 무엇이었는지 답해 보게."라고 한다면 당신은 답을 할 수 있을 것인가, 아니면 답을 하지 못할 것인가? 만일 답을 할 수 있다면 당신은 비록 다른 것에 주의를 기울이고 있었지만 정보들이 당신의 기억에 들어와 있던 것이 된다. 하지만 당신이 답을 하지 못한다면 당신이 주의를 기울이지 못했던 교수님의 말이 걸러져서 당신의 기억에 들어오지 못했을 가능성이 많다.

이처럼 정보가 들어온 후에 주의가 작용을 하는지, 정보가 들어오기 전에 주의가 작용을 하는지에 대한 주장을 후기선택, 초기선택이라 한다. 두 가지 모델이 경쟁하다가 현재는 주의가 한 곳에 고정되기보다 유동적이라는 쪽으로 의견이 모아지고 있다. 두 모델 모두 용량이론(capacity theory)이라는 한 가지 이론으로 설명되고 있다.

〈하얀거탑〉이라는 드라마에서 카리스마 넘치는 외과과장은 수술실에 들어가서 빠르고 힘 있는 클래식 음악을 틀게 한다. 과연 그렇게 복잡하고 어려운 수술을 음악을 들으면서 할 수 있는 것일까? 그 장면은 의사가 음악을 들으면서 수술을 할 만큼 능력이 뛰어나다는 것을 전달하고 있다. 우리는 익숙한 과제에서는 다른 일을 하면서 할 수 있지만 처음 하는 생소한 일을 할 때에는 온 주의를 기울여야만 한다는 것을 알고 있

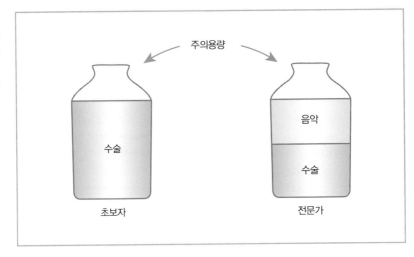

그림 4.3
용량모델. 초보자는 과제가 주의용량의 대부분을 차지하므로 다른 과제를 실행할 수 없다.

주의용량

음악

수술

수술

초보자

전문가

다. 예를 들어 운전이라든지 어려운 과제를 하고 있을 때는 옆 사람이 하는 조언이 전혀 들리지 않는다. 하지만 나중에 운전이 익숙해지면 운전을 하면서 음악이나 옆 사람이 하는 사소한 말이나 행동에까지 주의를 기울일 수 있게 된다.

즉 과제에 따라 초기에 선택되기도 하고, 후기에 선택되기도 한다는 것이다. 만일 과제가 어렵다면 주의에서 많은 용량을 차지할 것이고 여분의 용량이 별로 남아 있지 못할 것이다. 반면에 쉬운 과제는 적은 용량만을 차지할 것이고 여분의 용량이 많이 남아 있을 것이다. 그래서 우리는 어려운 과제를 할 때 주위의 정보를 받아들일 수 없는 것이다.

가끔 학생들을 보면 음악을 들으면서 공부를 하는 경우가

그림 4.4
학습과 주의. 음악은 주의용량을 일부 차지하여 학습에 충분한 주의용량을 할당하는 것을 방해할 수 있다.

있다. 그들이 하는 공부가 매우 쉬워서 음악을 듣는 것이 방해가 되지 않을 수도 있지만, 어려운 공부를 할 때에도 음악을 듣는 것이라면 그들은 공부를 충분히 이해하지 못한 채 넘어가고 있을 가능성이 많다.

기억의 저장과정

기억의 저장과정은 크게 세 가지 단계로 나뉘었을 것이라고 개념적으로 가정되고 있다. 즉 실제로 컴퓨터의 부속품처럼 특정한 위치와 공간을 차지하는 생물학적 구성물은 아니라는 것이다. 그러한 세 가지 단계는 감각기억, 단기기억, 장기기억이다.

감각기억

동현이는 버스에서 지갑을 분실하였다. 그래서 카드분실신고를 하였다. 안내전화에서는 접수번호를 적으라고 하였다. 7, 9, 2, 5, 0 … 여섯 자리의 번호를 듣다 보니 앞에 번호가 생각나지 않았다. 번호를 부르는 속도가 너무 빨랐던 것이다. 미주는 최근에 발표된 음악을 들어 보았다. 가사를 이해해 보려고 귀를 기울여 들어 보았지만 다음에 나오는 가사를 듣기 전에 새로운 가사가 나와서, 도대체 가사를 기억할 수가 없었다.

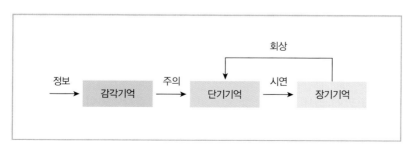

그림 4.5
기억저장모형

그림 4.6

감각기억의 실험과
정. 서로 다른 음높
이에 따라 각기 다
른 줄의 문자열을
보고해야 한다.

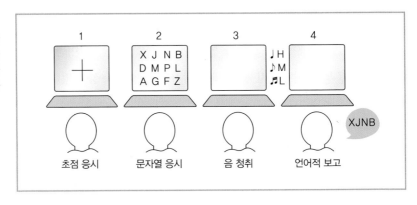

그림 4.7

감각기억에 대한 실
험 결과. 문자열이
제시된 후 소리단서
의 제시까지의 간격
이 길어질수록 보고
할 수 있는 단어의
수는 감소한다.

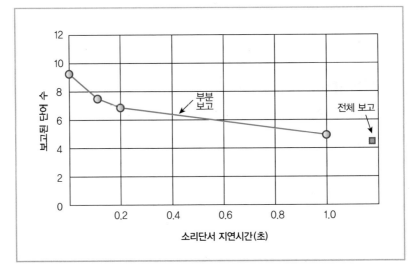

감각기억(sensory memory)이란 감각기관에서 아주 짧은 시간 동안
유지하고 있는 감각자극에 대한 정보를 말한다. 인간에게 감각기억이란
부분이 없다면 지금 현재 보고 있거나 듣고 있는 것만 보고 들을 수 있
게 될 것이다. 즉 감각기억이 없다면 지나가는 자동차의 번호를 말하려
면 계속해서 그 자동차를 따라가야만 한다. 지능이 20인 사람이 걸어가
다가 내 팔이 없네, 있네 했다고 하는 유머는 감각기억이 없는 사람을
표현한 것으로 볼 수 있다.

단기기억

조금 전에 기억은 세 가지 과정으로 이루어졌다고 했다. 당신은 어떤 과정이었는지 생각나는가? 조금 전까지만 해도 우리의 의식 속에 없었던 내용이 질문을 받고 난 후 우리의 의식에 떠오르게 된다. 이렇듯 지금 우리가 생각하고 있는 내용과 과정을 단기기억(short-term memory)이라 한다. 단기기억은 20~30초 정도 유지되는 다소 짧은 기간만 유지되는 기억이다. 단기기억은 전원이 끊어지면 사라지는 컴퓨터의 메모리와 같은 역할을 하는 것이다.

단기기억의 유지시간은 약 20~30초 정도라고 한다. 옆에 있는 사람과 간단히 서로의 이름을 주고받아 보자. 우리들은 상대방의 이름이나 전화번호, 주소 등을 듣곤 한다. 그런데 잠시 시간이 지나면 잘 생각이 나지 않는다. 왜 그런 것일까? 그것은 단기기억은 빨리 소멸하기 때문에 단기기억의 내용을 유지하려면 계속해서 반복해 주거나 의미로 전환해서 장기기억으로 바꾸어 주어야만 하기 때문이다.

우리가 상대방의 이름이나 전화번호를 잘 기억하려면 바로 들었다고 외워질 것이라고 생각하지 말고 여러 차례 반복해야 하는 것이다.

! 실험 　 단기기억 유지시간 확인하기

2인 1조로 조를 구성한 후 한 사람이 아래의 4개 빈칸에 알파벳을, 3개의 빈칸에 숫자를 임의로 적어넣는다(예 : KLPT 231). 상대에게 알파벳과 숫자를 잠깐 보여 준 후, 숫자를 암산을 통해 3씩 계속해서 뺄셈을 시킨다. 약 30초 후 조금 전에 보았던 알파벳을 보고하게 한다.

영어 ☐ ☐ ☐ ☐
숫자 ☐ ☐ ☐ ☐

청킹

우리의 단기기억은 시간적 한계뿐만 아니라 용량의 한계도 있다. 그렇다면 단기기억의 용량은 어느 정도일까? 당신이 대학에 입학해서 신입생들과의 첫 만남을 가졌다고 생각해 보라. 모임에서 서로 돌아가면서 자신에 대해 소개를 했다. 그렇다면 당신은 대략 몇 명의 이름을 기억할 수 있을까? 대략 단기기억의 용량은 7±2 정도라고 한다. 즉 5~9개 정도를 외울 수는 있지만 그 이상은 외우기 어렵다는 것이다. 최근 휴대폰 번호의 국번의 길이가 길어지면서 사람들이 휴대폰 번호를 더 외우기 어려워졌다고 하는데 이는 단기기억의 용량의 한계를 넘어섰기 때문이다.

3	8	6	2	5	4	1	9
38선		6.25선생		4.19혁명			

그러한 한계를 넘어서기 위해서는 용량을 키울 수는 없고 단기기억의 특성을 활용해야 한다. 즉 단기기억의 저장단위는 특정한 문자가 아닌

！실험 　숫자열을 이용한 단기기억 용량 확인하기

(2인 1조로 활동) 각자 5개, 6개, 7개, 8개로 구성된 숫자열을 만든다. 한 명이 상대에게 숫자열을 불러 주고 숫자열을 답하도록 요청한다(숫자열을 불러줄 때는 1초에 하나의 숫자를 또박또박 불러 준다. 숫자를 불러 주는 횟수는 1회만 실시한다.) 상대방은 몇 개로 구성된 숫자열까지 성공하였는가?

5개 숫자열 ☐☐☐☐☐ / ☐☐☐☐☐

6개 숫자열 ☐☐☐☐☐☐ / ☐☐☐☐☐☐

7개 숫자열 ☐☐☐☐☐☐☐ / ☐☐☐☐☐☐☐

8개 숫자열 ☐☐☐☐☐☐☐☐ / ☐☐☐☐☐☐☐☐

의미이므로 여러 개의 문자를 의미 있는 묶음으로 만들어 주면 된다. 이러한 과정을 청킹(chunking)이라 하며 단기기억의 단위를 청크(chunk)라 한다.

장기기억

장기기억(long-term memory)이란 거의 반영구적으로 유지되는 기억을 말한다. 사람들이 공부를 하는 것은 바로 장기기억에 정보를 저장하기 위한 노력인데, 단기기억의 내용을 보다 장기적으로 유지되는 장기기억으로 보내기 위해서는 의도적인 노력이 필요하다.

시연과 계열위치효과

시연이란 소리를 내거나 머릿속으로 반복하는 것을 말한다. 반복을 하

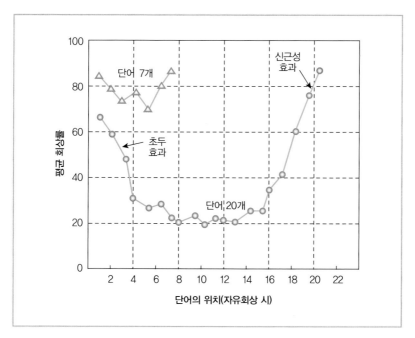

그림 4.8
계열위치효과. 외워야 할 단어수가 증가하면 초두효과와 신근성효과가 나타나지만 단어수가 감소하면 두 효과가 사라진다.

면 정보가 장기기억으로 옮겨 가게 되는데 이때 시연하는 정보의 순서에 따라서 장기기억에 저장되는 정도가 다르게 된다. 당신이 20개의 단어를 외우게 된다면 주로 처음에 외웠던 단어와 가장 나중에 외웠던 단어를 기억하기가 쉽다. 이러한 것을 계열위치효과라 하는데 처음에 외웠던 것을 보다 잘 외우는 것을 초두효과라 하고, 나중에 외웠던 것을 보다 잘 기억하는 것을 신근성효과라 한다.

❗실험 📊 꽃 이름을 이용한 계열위치효과 확인하기

약 1분 정도 다음 꽃 이름을 외워 보자. (단 모든 꽃 이름의 반복횟수는 동일해야 한다.) 잠시 후 생각나는 꽃 이름을 제시된 순서와 상관없이 회상해서 적어보자. 몇 번째 순서의 단어들이 상대적으로 잘 외워졌는지 확인해 보자.

꽃이름 목록

1. 과꽃	5. 나팔리아	9. 아스타	13. 민트
2. 공작초	6. 다알리아	10. 마타리	14. 봉선화
3. 극락조화	7. 산단	11. 왜쑥부쟁이	15. 붓꽃
4. 베고니아	8. 스토크	12. 미스티 블루	16. 백일초

의미망

'간호사'라고 하면 연상되는 단어들을 적어 보라. 그리고 연상된 단어들에 대해 연상되는 것을 적어 보라. 만일 '간호사'라는 단어 뒤에 '즈사'라는 단어가 나타났을 때와 '식방'이라는 단어가 나타났을 때 단어인지 아닌지 반응하는 속도에 차이가 있을까? 실제 차이가 나타났는데 그 이유는 무엇일까?

　우리의 기억은 하나의 단어가 활성화되면 그것과 관련된 다른 단어들까지 함께 활성화되는 경향이 있다. 즉 간호사라는 단어를 보게 되면 간

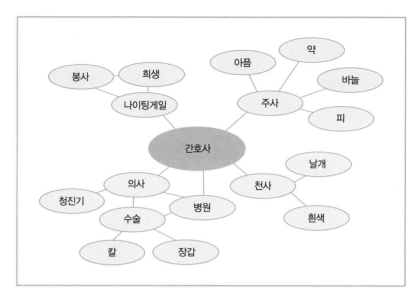

그림 4.9
간호사에 대한 의미 망. 간호사와 연관성이 높은 단어일수록 올바른 단어인지 틀린 단어인지 판단하는 데 걸린 시간이 짧았다.

호사와 관련된 다른 개념들이 함께 활성화가 되어서 관련 단어에 대한 반응속도가 상대적으로 빨라지게 된다.

부호화 특수성

공부를 잘하는 사람은 노트필기를 할 때 교실 상황을 자세하게 기록하거나 기억하곤 한다. 그것은 나중에 시험을 볼 때 공부했던 내용을 생각해 내는 데 많은 도움을 준다. 이것은 부호화 특수성이 작용한 예이다. 부호화 특수성이란 부호화할 때와 인출할 때의 상황이 유사할수록 인출이 더 잘되는 현상이다.

인출

인출이란 기억에 저장된 정보를 꺼내는 것을 말한다. 우리가 정보를 저장하는 것은 나중에 그 정보를 효과적으로 사용하기 위해서인데 만일 저장된 정보를 인출할 수 없다면 아무런 소용도 없을 것이다.

비록 두 사람이 동일하게 저장하였더라도 인출할 때 사용하는 방법에 따라서 인출의 성공 정도가 달라질 수 있다. 가끔 생각이 날 듯 말 듯 하여 혀끝에서 말이 맴도는 경우가 있는데 이는 인출 실패를 보여 주는 현상이다. 이를 설단현상이라 하는데 주로 인출에 필요한 단서가 부족하기 때문에 실패하는 경우가 많다. 다음은 인출과 관련된 몇 가지 요인들을 살펴보도록 하겠다.

! 실험 🔊 단서를 이용하여 은사 이름 회상하기

고등학교 선생님들의 얼굴을 떠올려 보자. 그리고 그분들의 이름을 떠올려 보자. 이름이 기억날 듯 말 듯한 한 분을 선택하여 그분과 관련된 단서들을 회상해 보자. 그분의 교실에서의 모습, 별명, 습관 그리고 이름에 포함된 자음이나 모음의 종류 등을 생각해 보자. 친구나 주변사람의 이름을 가지고 다시 한 번 반복해 보자. 단서가 여러분의 회상에 도움이 되었는가?

맥 락

〈라이언일병 구하기〉라는 영화에서 보면 라이언 일병과 그를 구하러 간 소대장(톰 행크스 분)은 서로의 가족에 대해 이야기를 나눈다. 일병이 자신의 죽은 형들의 얼굴이 잘 떠오르지 않는다고 하자 소대장은 함께 지냈던 사건들을 떠올려 보라고 말한다. 일병은 형들과 재밌었던 옛날 일을 이야기하기 시작한다.

심리학자들은 장기기억에 많은 내용이 들어 있음에도 불구하고 인출되지 못하는 것은 관련된 단서를 찾지 못해서일 가능성이 많다고 말한다. 한 실험에서 수중에서 단어 외우기를 한 사람은 수중에서 회상을 하

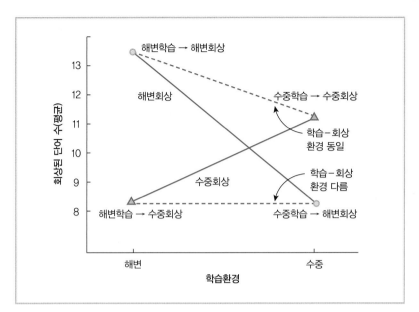

그림 4.10
맥락실험 결과

는 경우에 더 높은 회상률을 보였다(Godden, Baddeley, 1975).

이러한 현상은 정보가 저장될 때 단지 주의를 기울인 정보만 독립적으로 저장되는 것이 아니라 저장되는 주변 환경 또는 맥락도 함께 기억된다는 것을 말한다. 이는 우리의 기억이 단순한 과정이 아님을 보여 준다. 성적이 좋은 학생들은 강의 노트를 적을 때 교수님의 농담이나 특징 등을 함께 메모하곤 한다. 또 어떤 학생은 도서관보다는 자신이 시험 볼 장소와 유사한 강의실에서 공부를 하곤 한다. 이것은 바로 맥락단서가 인출에 영향을 주기 때문이다.

무드일치효과

무드일치효과(mood-congruence effect)란 현재의 기분과 일치하는 기억을 잘 회상하는 것을 말한다. 현재의 기분이 우울하다면 우울한 내용이 잘 회상될 것이며, 기분이 좋다면 즐거운 내용이 더 잘 회상될 것이다. 가끔 연인들끼리 다투게 되면 옛날의 서운했던 일들이 끊임없이 회상된다. 그때에는 일부러 좋은 일을 회상하려 해도 잘 되지 않는다. 그러다 서로 화해해서 기분이 좋아지게 되면 그때는 이전의 나빴던 일들은 잘 생각나지 않는다.

이러한 결과는 기억이 정서와 연결되어 있다는 것을 보여 준다. 즉 기억은 주의를 기울인 정보뿐만 아니라 정서도 함께 기억된다는 것을 보여 준다. 그러므로 우리들은 공부를 할 때 정서적 관리도 중요하다는 것을 기억하는 것이 좋다.

회상과 재인

학생들은 시험을 볼 때 주관식보다는 객관식을 더 좋아한다. 왜냐하면 같은 정도의 공부를 했다면 후자가 문제를 맞추기 더 쉽기 때문이다. 물론 교수님들은 주관식으로 내는 것을 더 좋아한다. 객관식은 해당 학생이 그 문제를 맞혔다고 해서 그 학생이 그 내용을 알고 있다고 확신할 수 없기 때문이다. '~에 대해서 논술하시오'의 문제에서는 해당 내용에 대한 기억을 처음부터 끝까지 응답자가 인출해 내야 하지만, '~에 해당되는 것은 무엇인가'라는 문제에서는 질문과 응답들을 보면서 그것을 단서로 이전에 배웠던 내용을 생각해 내기가 쉽다.

망 각

망각이란 기억했던 내용을 인출하지 못하는 것을 말한다. 사람들은 기억했던 내용이 영원히 사라지지 않고 남기를 바란다. 망각에는 기억했던 내용을 유지하기 위해서 계속해서 노력해야 한다는 부정적 측면이 있지만 다른 한편으로는 불필요하거나 해로운 기억으로부터 벗어나게 해 주는 긍정적 측면이 있다. 사람들에게 중요한 정보는 망각되지 않는 것이 바람직하겠지만, 어떤 정보들은 망각되는 것이 도움이 되기도 한다.

다음은 우리가 얼마나 망각하는가이다. 우리는 시험을 볼 때 공부했던 내용이 잘 생각나지 않아서 자신의 기억력을 의심하곤 한다. 또한 우리는 이전에 일어났던 사건, 책이나 영화의 줄거리 등 일상적 생활에서도 자신의 기억이 시간에 따라 흐려짐을 발견하게 된다. 그렇다면 우리의 기억은 시간의 흐름에 따라 어느 정도 유지되는 것일까?

1885년 독일의 Ebbinghaus는 인간의 기억력에 대한 실험을 고안하여 그에 대한 해답을 찾으려 하였다. 시간의 흐름에 따른 기억의 감소정도를 알려면 먼저 무언가를 완전히 기억시킨 상태에서 시간의 흐름에 따른 기억정도를 측정해야 할 것이다. 이때 기억해야 하는 대상은 피험자에게 이전부터 익숙한 것이어서는 안 된다. 왜냐하면 그러한 것은 보

6	6	8	0
5	4	3	2
1	6	8	4
7	9	3	5
4	2	3	7
3	8	9	1
1	0	0	2
3	4	5	1
2	7	6	8
1	9	2	6
2	9	6	7
5	5	2	0

표 4.1
S가 외웠던 숫자열. S라고 불리던 환자는 위의 숫자열을 단 1회 보고 약 1년의 시간이 흐른 후 모든 숫자의 위치를 기억할 수 있었다.

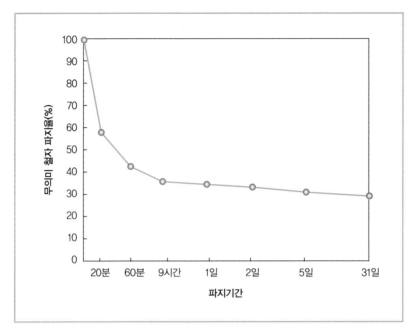

다 잘 기억되기 때문에 인간의 순수한 기억력을 반영한다고 볼 수 없기 때문이다. 그래서 그는 무의미 철자(nonsense syllables)라는 것을 이용하였다. 이는 자음-모음-자음으로 구성되어 있으면서 아무런 의미나 뜻을 가지고 있지 않은 생소한 단어들이다. 다음으로 그는 완전히 기억해야만 했는데, 그는 그것을 13개의 무의미 철자를 틀리지 않고 두 번 반복한 것으로 정의했다. 이러한 실험을 통해서 알게 된 것은 인간의 망각이 학습 직후에 가장 빨리 일어난다는 것이다.

다음은 사람은 얼마나 잘 망각하게 되며, 망각이 일어나는 원인이 무엇인지 살펴보도록 하겠다. 그러한 과정을 이해하게 됨으로써 우리는 망각의 과정을 보다 잘 통제하게 될 것이다.

우리는 왜 기억했던 또는 학습했던 내용을 잊어버리는 것일까? 기억했던 내용이 내 머리에서 어떻게 사라져 버린 것일까? 잘 보관했던 기

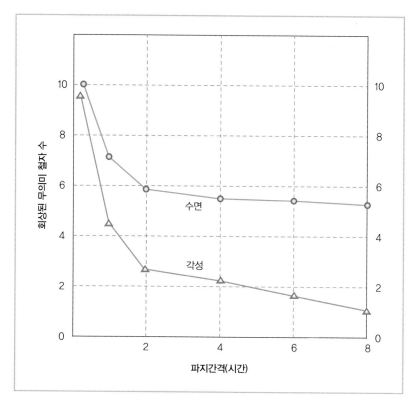

그림 4.12
수면과 각성 시 회상률의 차이. 동일한 시간이 경과했지만 각성 시 망각이 더 많이 이루어졌다.

억이 어디로 사라져 버린 것일까? 우리는 그러한 질문을 할 때 기억을 종이나 돌에 새겨 놓은 글씨처럼 생각한다. 망각을 하는 것은 시간이 지나서 그러한 글이 희미해지는 것과 비슷하다고 생각하는 것이다. 그러면 우리의 기억이 사라지는 것은 단순히 시간의 흐름 때문일까? 심리학자들은 그렇지 않다는 것을 발견했다.

한 집단은 학습을 한 후 바로 수면을 취했고, 다른 집단은 계속해서 깨어 있었다. 일정 시간이 지난 후에 두 집단의 회상정도를 비교했더니 수면을 취한 집단이 상대적으로 많은 내용을 회상했다. 만일 시간이 망각의 중요한 원인이었다면 두 집단 모두 망각의 정도는 비슷했어야 할 것이다. 이 실험은 망각의 원인이 시간이 아니라 깨어 있을 때 들어오는

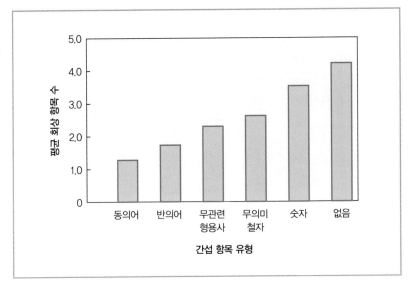

그림 4.13
간섭효과 실험 결과.
유사성이 적을수록 망
각은 적게 발생한다.

다른 정보일 수 있다는 것을 암시한다. 그것이 사실인지 확인하는 실험
을 살펴보기로 하자.

　첫 번째 집단은 처음에 학습했던 단어와 유사한 의미를 지닌 단어를
학습하였고, 두 번째 집단은 반대 의미를 지닌 단어를, 그리고 다른 집
단은 전혀 상관이 없는 단어를 학습하였다. 연구 결과는 첫 번째 집단이
가장 처음에 학습했던 단어의 회상이 어려웠음을 보여 주고 있다. 이는
우리가 망각하는 것은 새로운 정보이며, 그러한 정보는 기존의 정보와
유사할수록 망각을 더욱 촉진한다는 것을 보여 준다. 이를 간섭이라 하
며, 이러한 이론을 간섭이론(interference theory)이라 부른다.

　이러한 연구 결과를 토대로 우리가 망각을 줄이기 위해서는 자신이
학습한 정보가 다른 정보에 덜 간섭을 받도록 하는 것이 중요하다는 것
을 알 수 있다. 한때 부모님과 여동생 가족 그리고 내가 함께 한집에 살
았던 적이 있다. 그때 부모님 댁의 전화번호 끝자리를 가지고 모든 식구
들의 휴대폰 번호를 만들었다. 손쉽게 기억하려 했던 것이 지금은 오히

려 무엇이 누구의 전화번호인지 기억하기 어렵게 만들어 버렸다.

순행간섭과 역행간섭

간섭이 이루어지는 과정은 크게 두 가지가 있다. 새로운 정보가 이전의 정보를 간섭하는 경우와 이전의 정보가 새로운 정보를 간섭하는 경우이다. 간혹 공부를 하다 보면 새롭게 외우려던 단어가 이전에 외웠던 유사한 단어 때문에 잘 외워지지 않는 경우가 있다. 이러한 것이 바로 순행간섭(proactive inference)이다. 반면에 새롭게 외운 단어가 이전에 알고 있던 단어를 떠올리는 것을 방해하는 경우를 역행간섭(retroactive inference)이라 한다.

　여러분이 짧은 시간에 사람들을 만나서 인사를 나누게 되면 그 사람들의 이름을 쉽게 망각하게 될 것이다. 반면에 오전에 한 명, 오후에 한 명씩 두 명만을 만났다면 망각이 잘 일어나지 않을 것이다. 이처럼 간섭을 줄이기 위해서는 정보의 간격을 넓히거나 정보에 독특한 특성을 부여해서 기억해야 한다.

다양한 기억의 종류

기억은 기억일 뿐 기억에 여러 가지 종류가 있다는 생각은 해 보지 않았을 것이다. 심리학에서는 서로 다른 방식의 기억을 일컬어 다중기억체계(multiple memory system)라 한다 .

외현기억과 암묵기억

순행성 기억상실증 환자에 대한 기억을 실험하면서 암묵기억에 대한 존재가 밝혀졌다(Warrington & Weiskrantz, 1970). 순행성 기억상실증이란 오늘 배운 내용을 기억하지 못하는 것을 말한다. 즉 이들은 새로운 정보를 저장하지 못하기 때문에 장기기억을 형성할 수 없다. 이들에게 단어에 대한 재인검사를 실시하였더니 놀랍게도 정상인에 가까운 회상을 보였다. 이러한 결과는 의도적으로 기억할 수는 없지만 비의도적으로 기억이 되는 암묵기억의 존재를 보여 준다.

우리는 어떤 사실을 의도적으로 외워야 할 때가 있다. 반면에 의도적이지 않았지만 외워지는 것들이 있다. 심리학자들은 전자를 외현기억이라 하며, 후자를 암묵기억이라 한다. 예를 들어 어제 만난 친구의 안경이 바뀌었다면 우리는 그것이 바뀌었다는 것을 안다. 만일 여러분이 수업을 받다가 중간에 교수 몰래 나갔다면 교수는 누가 나갔는지는 모를 수 있다. 하지만 어디가 비었는지는 알 수 있다(암묵기억). 여러분이 교수의 암묵기억을 실험하고 싶다면 수업 중간에 나가 보도록 하라!

서술기억과 절차기억

우리가 컴퓨터 자판을 보면서 각 키에 해당되는 한글 자모를 맞춰 보라고 한다면 의외로 어렵다는 것을 발견할 것이다. 반면에 '김' 이라는 키보드를 치면 바로 칠 수 있을 것이다. 왜 이런 현상이 나타나는 것일까?

사람은 내용 또는 사실에 대한 기억도 있지만 과정이나 절차에 대한 기억도 있다. 즉 우리가 키보드를 치는 것은 어디에 무엇이 있는지 기억하고 치는 것이라기보다는 'ㄱ, ㅣ, ㅁ'의 순서에 따라 손가락을 움직이는 것을 기억하고 있는 것이다. 심리학에서는 이러한 것을 절차기억(procedural memory)이라 부른다. 반면에 단어, 정의, 이름, 개념, 날짜, 얼굴 등 사실이나 사건에 대한 기억을 서술기억(declarative memory)이라 부른다.

그림 4.14
키보드에서 한글자모 위치 알아맞히기. 키보드에서 '심'이라는 글자에 포함된 ㅅ, ㅣ, ㅁ 등의 위치를 찾아본다. 단 손가락을 활용하지 말고 키보드에 대한 심상기억만을 활용하여야 한다.

만일 우리가 순행성 기억상실증 환자에게 탁구를 가르친다면 그는 탁구를 배울 수는 있을 것이다. 하지만 그는 그 탁구를 누구에게서 배웠는지는 전혀 기억하지 못할 것이다.

기억의 재구성

할아버지, 제가 할아버지를 따라 처음 바다에 나갔을 때가 몇 살이었어요? 다섯 살이었지. 그날은 진짜 크고 싱싱한 놈을 낚아 올렸어. 그런데 그놈의 고기가 어찌나 팔딱대던지 하마터면 네가 바다에 빠져 죽을 뻔했지. 생각나니? 그럼요! 그놈이 꽁지를 마구 쳐대고 어찌나 팔딱거리며 난리를 치던지 노 젓는 가로대가 부러져버렸잖아요. 할아버지가 몽둥이로 그놈을 마구 두들겨 패던 소리가 아직도 생생해요. 그때 할아버지가 저를 번쩍 들어서 낚싯줄 꾸러미가 있는 뱃머리로 던졌죠. 그 바람에 배가 흔들려서 무서워 죽는 줄 알았어요. 또 제 몸에서 그놈의 피비린내가 나던 것도 잊을 수 없어요. 정말 그때 일이 다 생각나니? 내가 이야기해 줘서 기억나는 게 아니고? 전 할아버지랑 같이 배를 타면서부터 지금까지 있었던 일이 전부 다 생각나요. 노인은 햇빛에 그을려 강인해진 눈으로 소년을 따스하게 바라보았다.

〈노인과 바다〉 중

다정했던 부모의 모습에 대한 기억은 사실일까? 어렸을 때 친구가 나를 때렸다는 기억은 사실일까? 단순하게 관점의 차이가 아니라 사실에 대한 기억 자체가 다를 때를 혹시 경험해 보지 못했는가? 〈토탈리콜〉과 같은 공상과학영화는 미래에 인간의 기억을 지우거나 생성시킬 수 있을 것이라고 예언한다. 아직까지 인간의 기억을 완전히 지울 수는 없지만 기억을 왜곡시킴으로써 전혀 없었던 사실을 경험한 것으로 만들 수 있음이 증명되고 있다.

Loftus와 Ketcham(1994/2008)의 연구에 나온 사례는 기억이 얼마나 쉽게 조작되고, 조작된 기억이 삶을 어떻게 파괴할 수 있는지 잘 보여 주고 있다. 셜리 앤이라는 여성은 성폭행을 당한 후 심리치료를 받게되었다. 치료과정에서 악몽에 대한 해석을 받았는데 그 해석을 통해 자신이 어린 시절 부모로부터 성추행을 당했으며, 스스로를 보호하기 위해 그 기억을 억압해 왔다는 사실을 알게 되었다. 그녀에게 영향을 받은 언니는 자신의 자녀들에게도 비슷한 일이 일어나지 않았을까 하는 의심으로 같은 치료사에게 치료를 받았고, 아이들에게도 비슷한 경험이 있음이 드러났다. 자신의 딸과 손녀로부터 강간으로 고소를 당한 레이먼드 수자와 셜리 수자는 1심에서 유죄를 받았지만 항소를 통해 무죄를 받아냈다. 그 부모가 비록 무죄를 받기는 했으나 재판과정에서 그들의 가족은 회복이 불가능할 만큼 붕괴되었다. 어떻게 전혀 사실이 아닐 수 있는 것이 명백한 사실처럼 인식되는 것일까? 개인이 심리적 고통으로 힘들어할 때 심리치료자들은 그 고통이 과거의 특정한 사건으로 인한 것이며, 그 기억이 떠오르지 않는 것은 그 사건이 끔찍하기 때문에 억압한 것이라고 설명해 준다. 그리고 다양한 꿈과 연상을 성과 연관된 방식으로 이끌고 해석한다. 내담자에게 우연히 떠오른 성관련 기억―사실처럼 느껴지는 강력한 플래시백 현상―은 강화를 받게 되고, 점점 치료사가 기대하는 방향으로 기억은 만들어지게 된다. 즉, 심리적 고통을 성추행에 대한 기억으로 연결시키는 것이다. 주입된 기억, 왜곡된 기억은 목격자 증언과 피해자 증언 등에서 중요한 역할을 하므로 관심을 가져야 할 부분이다.

토론주제

아래는 제5장 인지에서 함께 논의할 주제들이다.

1. **당신은 길을 잘 찾아가는 편인가? 길치는 타고나는 것일까, 아니면 훈련의 차이일까?**
   - 1.1 네비게이션이 보급되고 나서 길치가 더 많아지고 있다. 이유는 무엇일 까?
   - 1.2 길치는 어떻게 개선될 수 있을까? 심상이라는 개념을 가지고 논의해 보자.

2. **토마토는 야채인가 과일인가? 펭귄은 새(조류)인가? 고래는 물고기(어류)인가? 사람들은 대상을 구분할 때 어떤 기준을 사용하는가?**

3. **언어가 없어도 사고는 가능한가?**

4. **당신이 자주 하는 게임들은 무엇이 있는가?**
   - 4.1 각 게임에서 요구되는 인지적 기능들에는 무엇이 있는지 논의해 보자.

5. **환경에 의해 지능은 어느 정도 변할 수 있을까?**
   - 5.1 지능은 그 사람의 성공을 어느 정도 예측할 수 있을까?

제5장

인지

인지심리란 인간이 '안다'거나 '생각한다'라고 했을 때 그 과정에서 어떠한 일들이 나타나는지에 대해서 탐구하는 분야라 할 수 있다. 그 이외에 주의를 기울이기, 기억하기 그리고 사고의 재료로서 언어 등이 인지심리에서 다루고 있는 주제들이다.

인지심리는 정보처리적 관점이라고도 한다. 인간의 사고를 정보처리라는 관점으로 보자면 자료가 되는 정보가 있어야 할 것이고 다음으로 그러한 정보를 처리하는 처리과정이 있을 수 있다. 심상, 개념, 원형 등은 인간이 사고를 할 때 선행되어야 할 자료들이다.

사람들은 '안다(knowing)'는 것을 매우 쉽게 생각한다. 50~60년대에 대부분의 한국 사람들은 커피나 초콜릿 등이 무엇인지 몰랐다. 그러면 현대를 살아가고 있는 여러분은 커피에 대해서 잘 알고 있는가? 여러분이 커피에 대해서 알고 있다고 했을 때 과거의 사람들이 몰랐던 것과 여러분이 알고 있는 것에는 어떠한 차이가 있을까? 당신이 그 시대를 살고 있는 사람에게 커피를 다음과 같이 설명한다고 생각해 보자.

커피 - 검은 물, 쓰다, 비싸다

당신은 위의 언급이 커피를 잘 설명했다고 생각하는가? 지금까지의 이야기로만 보면 한약인지 아니면 어떤 기름이나 약품인지 알 수가 없다. 당신이 커피에 대해서 모르는 사람에게 위와 같이 커피는 '~하다'라고 말해 주었고, 그 사람도 커피는 '~하다'고 알게 되었다고 하자. 그렇더라도 당신은 그 사람이 커피를 알았다고 인정하지 않을 것이다. 왜냐하면 그에게는 커피에 관련된 시각적 심상이나 후각적 지각경험이 나타나지 않기 때문이다.

안다고 하는 것은 커피에 대한 심상이라든가 지각경험을 떠올릴 수 있는 것 이상이다. 최근에 나온 고급 원두커피를 즐겨 마시던 사람들은 누가 커피믹스가 맛있다고 했을 때 그에게 "너는 커피 맛을 몰라."라고 말할 수 있다. 여기서 커피 맛을 모른다고 하는 말은 논리적으로 맞지 않다. 왜냐하면 그는 이미 커피 맛을 보았기 때문이다. 그러면 여기에서 모른다 혹은 안다라고 했을 때 무엇을 모르고, 무엇을 안다는 것일까? 여기에서 모른다고 하는 것은 커피에 대한 분류가 체계적이지 않다는 의미를 담고 있다. 커피를 잘 아는 사람은 커피의 종류와 향과 맛, 그리고 어떻게 먹어야 하는가에 따라 세부적인 분류를 할 수 있다. 이처럼 '안다'라고 하는 말은 우리가 심상이나 특정한 개념 등을 보다 정확하게 사용하는 것을 말한다.

나는 커피 맛을 모른다.

그렇다면 '생각하다(thinking)'는 어떤 내용을 포함하고 있을까? 맥주는 한국에서 50~60년대에 맛보기 어려운 귀한 술이었다. 그 당시 사람들은 그것이 술이라는 것만을 들어서 알고 있었을 뿐, 어떻게 먹어야 되는지 모르는 사람들이 많았다. 만일 그 당시의 사람이 맥주라는 술을 가지고 있고 귀한 손님에게 맥주를 대접해야 된다면 그는 어떤 방법을 사용해야 할지 고민할 것이다. 이처럼 특정한 상황에서 문제를 해결하는 방법을 찾는 것 등은 '생각한다'라는 과정에 포함되어 있다. 생각하는 과정에는 심상이나 개념과 같은 자료를 활용하는 과정이 포함되어 있다.

사고의 자료

심 상

인간이 사고하는 데 필요한 대표적 자료로서 심상이 있다. 심상(mental image)이란 감각경험에 대한 정신적 표상이다. 인간은 특정한 사고를 해야 할 때 심상을 떠올리거나 심상을 조작해야 한다. 누군가 당신에게 다소 복잡한 길을 물어본다면 당신은 목적지까지 가는 길에 대해서 구체적 심상을 떠올려야 한다. 당신이 축구나 농구와 같은 게임에 대한 작전을 짤 때는 선수들의 상대적 이동까지 떠올려야 한다. 심상은 우리가 사고할 때 필요한 중요한 자료가 된다. 심상은 우리가 실제 눈을 운동하는 것과 유사하게 회전과 이동하기 등의 작용이 나타난다.

심적 회전

Shepard와 Metzler(1971)의 실험에서 서로 방향이 다른 한 쌍의 3차원 물체를 2차원 표상으로 제시한 후에 각 쌍의 물체들이 서로 동일한 것인지를 판단하도록 하였다. 이 실험에서 한 종류의 재료는 평면에서의 회전()만 하면 알 수 있는 것들이었고, 다른 종류의 재료는 깊이 회전을 해야만 알 수 있는 것들이었다. 전자는 2차원 테트리스와 같은 것이라

그림 5.1
심상과 사고. 심상은 사고하는 데 중요한 자료가 된다. 길을 찾아가기 위해서는 심상을 활용해야 한다.

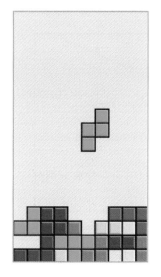 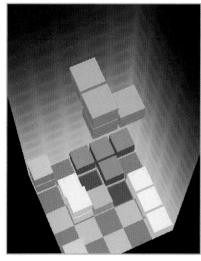

그림 5.2
테트리스 게임과 심적 회전.
회적각도가 클수록 과제해결
시간이 증가하였다. 이는 과
제해결에 심상을 회전함을 의
미한다.

면 후자는 3차원 테트리스와 같은 것이다. 실험 결과, 회전각도가 크면
클수록 각 쌍이 같은지 다른지에 대한 반응시간이 길어졌다. 이는 우리
가 머릿속에서 물체를 직접 회전하지는 않는다 하더라도 이와 유사한

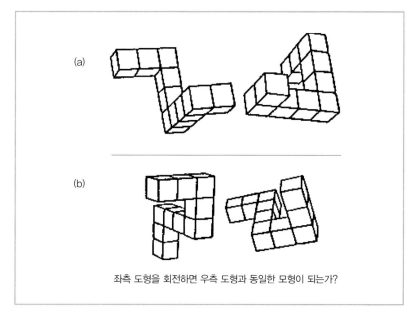

(a)

(b)

좌측 도형을 회전하면 우측 도형과 동일한 모형이 되는가?

그림 5.3
심적 회전 실험에 사
용된 자극. 회전각도
가 클수록 과제해결
시간이 증가하였다.

그림 5.4
심적 회전에 대한 실
험 결과

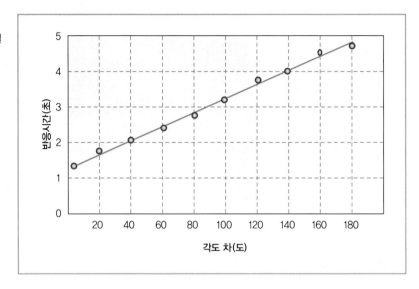

심리적 과정이 발생하고 있음을 보여 준다. 이는 마치 3차원 테트리스
를 하게 되면 심적 회전을 보다 많이 해야 되기 때문에 많은 노력과 시
간이 걸리게 된다는 일상의 경험과 일치한다.

심적 주사

Kosslyn(1978) 등은 심상의 두 위치를 주사(scan)하는 데 시간이 걸림
을 실험을 통해 보여 주었다. 연구자들은 오두막, 나무, 바위, 우물, 호
수, 모래, 잔디가 있는 가상의 섬을 피험자에게 보여 준 후에 피험자들
이 이 지도를 정확하게 그릴 수 있을 때까지 훈련을 시켰다. 그 다음 연
구자가 한 물체를 명명하면 머릿속에 지도를 그리고 물체에 초점을 맞
추라는 지시를 받았다. 5초 후에 두 번째 물체를 명명하면 지도에서 두
번째 물체를 찾아서 초점을 맞춘 후에 단추를 누르게 하였다. 이 과제에
서 물체의 쌍은 21가지 나오는데 각 쌍의 길이는 가까운 것에서 먼 것까
지 매우 달랐다. 이 과제에서 각 쌍의 거리와 반응시간에서 선형관계가

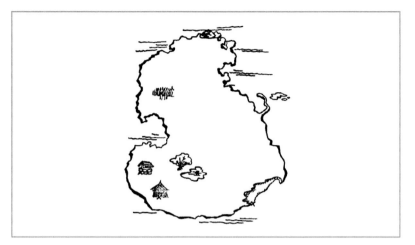

그림 5.5
심적 주사 실험에 사용된 자극. 명명된 두 대상의 위치를 표시한 후 단추를 눌렀다.

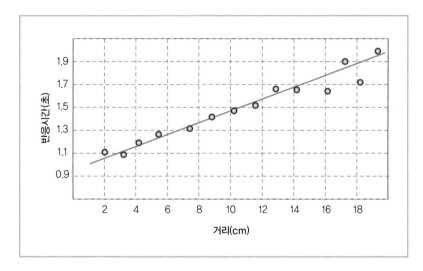

그림 5.6
심적 주사에 대한 실험 결과, 명명된 두 대상의 거리가 멀수록 반응시간이 길어졌다.

나타났는데 이는 실제 눈으로 두 물체 사이를 이동하는 것과 심상을 이용하는 것이 매우 유사함을 보여 주고 있다.

개 념

의미에 기초한 지식표상에는 명제, 개념 등이 있다. 사람들은 정보를 저장하고 활용할 때 의미로 변환된 정보를 사용하게 된다. 간혹 의미보다

그림 5.7
Wanner의 실험 결과

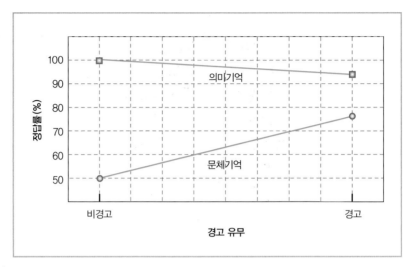

그림 5.7
Wanner의 실험 결과

는 정보 자체가 중요한 경우가 있다. 국민교육헌장이라든가 주기도문을 외울 때, 시를 읊조리거나 노래를 부를 때는 그 의미를 생각하기보다 단어와 문장의 정확한 순서가 중요하다. 만일 당신이 국민교육헌장이 정확한가에 대한 문제를 풀게 되었다면 오랫동안 반복을 통한 연습을 하였기에 그다지 어렵지 않게 답할 수 있을 것이다. 반면에 홍길동전과 같은 소설이나 무소유와 같은 수필 등에 나오는 글이 맞는가에 대해 질문을 받는다면 답하기가 매우 어려울 것이다. Wanner는 실험에서 의미기억이 문체기억보다 뛰어나며 문체기억도 주의를 기울이면 향상된다는 것을 보여 주었다.

커피는 '음료' 라고 말할 수 있다. 이때 우리는 커피에 대한 심상만으로 음료라는 것을 설명할 수 없다. 당신이 커피를 보여 주거나, 커피를 맛보게 하더라도 음료라고 하는 개념을 이해시킬 수는 없다. '음료' 라고 하는 것은 특정한 의미들을 담고 있는 개념이기 때문이다. 개념이라고 하는 것은 구체적인 것을 생략하고 추상적이고 핵심적인 의미만을 포함하고 있다.

ⓘ 실습 ▂▄█

※ 빈칸에 적절한 단어를 채워 보라.

나는 자랑스러운 태극기 앞에 _____ 과 _____ 의 무궁한 영광을 위하여 _____ 과 _____ 을 바쳐 충성을 다할 것을 _____ 다짐합니다.

커피는 음료이다.

우리가 개념을 형성하기 위해서는 범주화가 필요하다. 우리가 음료라는 개념을 형성하기 위해서는 음료수의 종류, 커피, 탄산음료, 주스 등 하위개념을 알아야 하며, 또한 음료수와 약물 등을 포함하는 마시는 액체라고 하는 상위개념도 알고 있어야 한다. 이처럼 개념은 위계적 구조로 되어 있다.

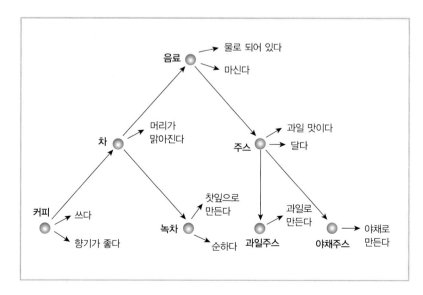

그림 5.8
커피의 위계적 구조 (가상). 커피를 개념적으로 알기 위해서는 차와 음료와 같은 상위개념을 알고 있어야 한다.

그림 5.9
카나리아에 대한 의미망. '카나리아는 노래한다'라는 진술의 옳고 그름을 판단하는 시간보다 '카나리아는 피부가 있다', '카나리아는 날개가 있다'는 진술판단에 더 많은 시간이 걸린다.

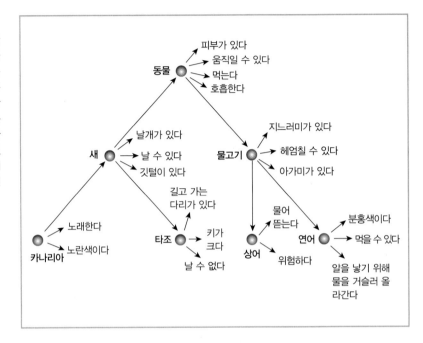

Collins와 Quillian(1969, 1970)은 개념이 위계적 구조로 되어 있음을 보여 주는 실험을 하였다. 그들은 개념이 위계적 구조로 되어 있다면 특정한 대상에 대한 진술의 옳고 그름을 판단할 때 개념의 수준이 다르다면 더 많은 반응시간이 걸린다고 예상하였다.

사람들은 대상을 인식할 때 기초수준을 가지고 있다. 〈그림 5.10〉에 제시된 과일을 보고 사람들은 식물이나 부사라고 하지 않고 사과라고 대답하는 경향이 있다. 옷을 볼 때도 헝겊이나 리바이스라고 하지는 않는다. 그런데 이와 같은 기초수준은 결정적이라기보다 그 사람의 지식수준에 의해서 달라진다. 지식이 보다 많을수록 하위수준을 언급한다. 만일 당신이 사과 농사를 짓는다면 부사나 홍옥을 이야기했을 것이다.

지식은 의미망보다 도식으로 더 잘 설명된다. 의미망은 단지 의미들의 연결인 반면에 도식은 지각적 표상과 명제적 표상 모두를 포함하고

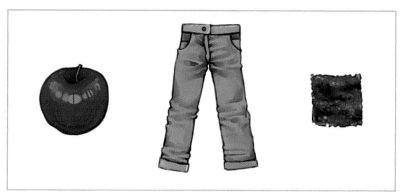

그림 5.10
대상인식의 기초수준. 한국사람은 사과, 청바지, 김이라고 답한다. 하지만 서양 사람은 김과 미역을 모두 해초(seaweed)라고 칭한다.

있다. 그런 점에서 도식은 명제와 다르다. 명제는 사물의 구체적 특성들을 제거하고 핵심적인 부분만을 남긴다면, 도식은 사물의 구체적 특성들의 공통점을 다루고 있다.

원 형

사람들이 대상을 구분할 때 사용하는 개념은 기대하는 것처럼 명료하지 않다. McCloskey와 Glucksberg(1978)는 뇌졸중이 병인지, 호박이 과일인지, 거머리가 곤충인지 피험자들에게 물어본 후에 한 달 후에 다시 물어보니 뇌졸중에 대해서는 30명에서 17명이, 호박에 대해서는 8명이, 거머리에 대해서는 3명이 의견을 바꾸었다. 이처럼 사람들이 사용하는 개념은 분명하지 않다. 이에 대해 Rosch(1973, 1975)는 각 범주를 대표하는 전형적인 대상, 곧 원형(prototype)을 통해서 인식한다고 주장한다. 새에 대해서는 도요새(1.1)를 보다 전형적으로, 닭(3.8)은 중간 정도의 전형성을 가지고 있는 것으로 평정하였는데 그림에 대해서 닭보다 도요새에 대해서 더 빨리 판단하였다. 원형의 이러한 특성은 대상의 변화에 혼란스러워하지 않고 수용할 수 있게 한다. 즉 지저귀지 않거나 날지 못하는 새가 있더라도 새라고 인식할 수 있게 한다.

언어와 사고

우리는 알거나 생각하는 과정에서 언어를 사용한다. 커피에 대해서 알기 위해서는 감각경험만으로도 가능하며, 커피를 어떻게 먹어야 하는가에는 꼭 언어가 필요하지는 않다. 누군가 커피를 먹는 것을 보는 것만으로도 커피를 어떻게 먹어야 하는가에 대해 생각할 수 있다. 하지만 우리가 알고 있는 것이나 생각하는 것을 표현하기 위해서는 언어를 사용해야 한다.

과거의 학자들은 언어와 사고와의 관계에 대해서 여러 가지 가설을 내놓았다. 행동주의자들은 사고를 인정하지 않기 때문에 언어는 자극에 대한 반응이자 사고 자체라고 주장하였다. 즉 내가 "커피"라고 말한 것은 내가 어떤 내적 심상이나 개념을 떠올린 것이 아니라 누군가 "저건 뭐야?"라고 하는 질문에 대해 과거에 커피라고 하는 대상과 "커피"라고 하는 언어의 연합을 학습하였기 때문에 '커피'라고 대답한다고 보았다. 비록 우리가 말을 하지 않을 때조차 관찰되지 않는 신체적 반응을 나타낸다고 주장하였다. 그래서 그들은 만일 모든 신체적 반응, 특히 근육의 움직임을 차단하면 언어활동이 불가능하기 때문에 사고도 이루어지지 않을 것이라고 주장하였다. 이에 대하여 Smith(1947) 등이 큐라레(curare)라고 하는 근육을 마비시키는 약물을 사용하여 자신을 피험자로 하는 극단적 실험을 함으로써 행동주의의 주장이 틀렸음을 증명하였다. 즉 그는 신체의 모든 근육이 마비되어 인공호흡기에 의존하고 있으면서도 주변에서 일어나는 상황을 이해하고 사고할 수 있었던 것이다.

이후 언어가 사고에 결정적 영향을 준다는 Sapir-Whrof 가설이 나오게 된다. 이 가설의 중요한 두 가지 주장은 첫째, 언어는 세계를 지각하고 생각하는 방식에 강한 영향을 주거나 결정한다는 언어적 결정론이고, 둘째, 언어가 사고를 결정하기 때문에 서로 다른 언어를 사용하고 있는 두 집단은 사고에서도 상대적 차이가 날 것이라는 언어적 상대성이다.

그들은 서로 다른 언어적 집단 간에 사용하는 단어가 다름을 관찰하였다. 한쪽 집단에서 사용하는 단어를 다른 집단에서는 사용하지 않았다. Whrof(1956)는 에스키모 인이 눈에 대한 매우 다양한 용어들을 사용한다는 것을 예를 들어 설명하였다. 이에 대해 Rosch(1973)는 인도네시아 뉴기니아에 있는 다니족에 대해 언어와 사고에 대한 실험을 했다. 다니족은 차가운 색을 뜻하는 'mili'와 따뜻한 색을 뜻하는 'mola'의 두 종류의 색채단어만을 가지고 있었다. 그들에게 기본색채를 중심으로 중심색채와 비중심색채에 대한 명칭을 학습하는 데 차이가 있는지 보았다. 만일 Whrof의 주장이 맞다면 다니족은 중심색채와 비중심색채에 대한 분류작용, 곧 사고를 할 수 없으므로 학습에 걸리는 시간이 유사해야 한다. 하지만 실험 결과, 다니족 역시 중심색채에 대해 보다 쉽게 학습한다는 것이 밝혀졌다. 이는 다니족이 색채에 대한 단어는 없지만 색채에 대해서 사고할 수 있음을 보여 준다.

인지발달을 연구했던 Piaget도 언어발달이 안 된 아동들도 지각, 기억, 인지체계가 작동한다는 현상을 토대로 사고가 언어에 선행하며, 발달과정을 통해 두 체계가 상호 관련성을 맺게 된다고 주장하였다(김현택 외, 2003).

문제해결

앞에서 심상이나 개념을 조작하는 차원에서 '생각하는 것'에 대해 살펴보았다. 생각하는 것에서 또 한 가지 중요한 것은 일상 혹은 전문적 영

역에서 문제해결방법을 찾는 것이라 할 수 있다. 인지를 연구하는 심리
학자들은 문제를 해결하는 과정에 대해 이해함으로써 보다 효과적인 문
제해결과정을 찾기를 바란다.

문제해결의 과정

문제해결의 과정은 문제의 확인, 문제의 표상, 계획의 수립, 계획의 수
행, 계획의 평가, 해결평가 등의 6단계로 나뉜다(김현택 외, 2003). 이
과정에서 중요한 것은 문제에 대한 표상과 계획의 수립이라 할 수 있다.

　문제에 대한 표상이란 문제가 무엇인지 해석하거나 정의하는 것을 말
한다. 여러분이 푸는 시험문제에서 가정적, 정치적 문제에 이르기까지
문제에 대한 정의와 특성을 잘못하게 되면 문제를 해결하는 것이 어려
워진다. 문제해결을 어렵게 만드는 한 가지는 기능적 고착(functional
fixedness)이라 부르는 것이다. 기능적 고착이라는 의미는 특정한 대상
이 가지고 있는 일반적 기능만을 생각해서 문제해결에 필요한 다른 기
능을 생각하지 못하는 것을 말한다.

> 옛날 두 스님이 수행을 떠났다. 그때는 추운 겨울이었는데 어느 밤 버려진 사찰
> 에 다다르게 되었다. 배는 고프고 날은 추워서 불을 피우지 않으면 그날 밤을 무
> 사히 지내기 어려운 상황이었다. 그때 한 스님이 나무로 만든 목조불을 도끼로
> 찍기 시작하였다. 다른 스님은 당황하였지만 그 스님은 아무렇지도 않은 듯이 장
> 작으로 변한 부처에 불을 붙이기 시작하였다.

앞의 이야기는 집착의 문제점을 생각하게 하는 우화인데 그 이야기에
서 우리는 문제해결에 대한 한 가지 시사점을 얻을 수 있다. 이 이야기
에서 한 스님은 어떻게 추위를 견딜 것인가로 문제를 표상하였다면, 다
른 스님은 어떻게 따뜻하게 할 것인가로 문제를 표상하였다. 이 두 사람

의 차이는 여러 가지가 있겠지만 한 사람은 기능적 고착에 빠져 있었다면 다른 사람은 그렇지 않았다는 점이다. 우리는 뛰어난 과학자, 철학자, 정치인, 종교인, 경영인들이 이러한 기능적 고착에서 많이 벗어난 사람이라는 것을 알고 있다.

문제의 유형

문제해결을 잘할 수 있는 방법 중의 한 가지는 각 문제를 해결하는 데 필요한 기능을 아는 것이다. Greeno(1978)는 배열, 구조유도, 변형 등의 세 가지로 문제의 유형을 구분하고 있다(Reed, 1988).

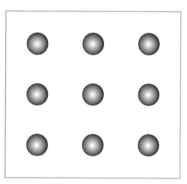

그림 5.11
4개의 직선을 이용해서 9개의 점을 잇기. 연필을 책에서 떼지 않고 4개의 직선을 사용해야 한다. 직선은 점 밖을 벗어날 수 없다는 기능적 고착을 탈피해야 한다.

배 열

배열이란 몇 개의 대상을 배열함으로써 해결되는 문제를 의미한다. 간단한 문자 만들기, 마방진 등의 게임에서 시험공부, 작업의 순서에 이르기까지 다양한 배열의 문제가 존재한다. 이러한 배열의 문제는 주로 시행착오에 의해서 해결된다.

! 실습

※ 각 열에서 2개의 문자를 선택해서 의미 있는 단어를 만들어 보라.

목	명	사	화	제	양	랑
사	오	랑	회	자	미	곰

구조유도

구조유도란 문제에 내재된 특정한 구조를 발견하는 문제이다. 구조유도에는 수열의 구조를 알아맞히거나, '상인 : 판매＝고객 : ?'과 같은 유추를 통해 단어를 완성하는 것 등이 있다.

변형

변형이란 초기상태와 목표상태가 주어진 후에 초기상태를 변화시켜 목표상태에 이르게 하는 문제이다. 목표상태가 주어진다는 점에서 배열이나 구조유도와는 다르다. 빈칸을 채우는 퍼즐이라면 배열의 문제겠지만 공간을 이동하여 그림을 완성하는 퍼즐은 변형의 문제라 할 수 있다. 다음 그림에 있는 선교사와 식인종 문제, 이삿짐 나르기 게임 등도 이러한 변형에 해당하는 문제이다.

사람들은 문제를 해결할 때 차이감소(difference reduction)라는 방법을 사용한다. 즉 자신이 원하는 목표에 대해 점진적으로 접근하면서 차이를 감소시키는 것이다. 방법이 언덕에 오르는 것과 비슷해서 언덕 오르기(hill climbing)라고도 부른다. 이 방법이 효과적일 때도 있지만

그림 5.12

선교사와 식인종 문제. 배를 타고 강 건너로 선교사와 식인종 모두를 보내야 한다. 배에는 두 명만 탈 수 있으며 선교사보다 식인종이 많으면 선교사는 잡아먹힌다. 이 문제를 해결하기 위해서는 강 건너로 갔던 사람이 되돌아올 때(차이 증가)가 있음을 인식해야 한다.

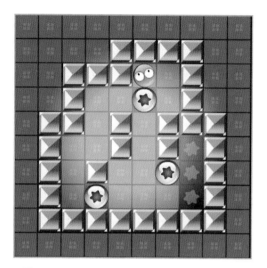 

그림 5.13
이삿짐 나르기 게임과 큐빅. 두 가지 게임 모두 변형문제로 차이증가과정을 이해해야 해결할 수 있다.

일시적인 차이증가가 오히려 문제를 해결하는 방법임에도 불구하고 즉
각적인 차이감소만을 생각해서 문제를 해결하는 것을 방해할 수 있다.
선교사와 식인종 문제에서도 문제풀이의 중간에 강의 건너편으로 갔던
사람들은 다시 이편으로 되돌아오게 하는 과정을 거쳐야 한다. 큐빅과
같은 퍼즐에서도 마지막에 완성하기 위해서는 색깔들이 분산되어야 하
는 과정을 거치게 된다.

토론주제

아래는 제6장 발달에서 함께 논의할 주제들이다.

1. 어린이와 어른의 질적 차이는 무엇이 있을까?

　1.1　유아기, 아동기, 청년기, 성인기, 노년기 등을 구분하는 기준은 무엇일까?

　1.2　당신의 지능은 높음, 보통, 낮음 중 어디에 해당하는가? 당신은 지능이 유전과 환경 중 무엇의 영향을 더 많이 받는다고 생각하는가?

　1.3　사람들은 종종 유대인이 노벨상을 받은 비율이 높다는 것을 예로 들어 유대인의 지능이 높다고 말한다. 인종, 민족에 따른 선천적 차이가 있다고 믿는가? 또한 히틀러의 게르만족의 우월성에 대한 주장에는 어떻게 생각하는가?

2. 선행학습은 도움이 된다고 보는가? 선행학습은 어느 정도까지 가능할까?

　2.1　어린이들은 장난감, 책, 비디오, 강아지 등 특정한 대상을 반복적으로 보는 것을 왜 좋아할까?

　2.2　어린이들이 처음에 강아지를 배운 후에 염소, 고양이 등도 강아지라고 부르는 시기가 있다. 이유는 무엇일까?

　2.3　어린이들이 까꿍 놀이를 좋아하는 이유는 무엇일까? 왜 까꿍 놀이는 성장하면 재미가 없는 것일까?

3. 인간은 유아에서 아동기 사이에 언어를 배우지 않으면 어떻게 될까? 나중에도 언어를 사용할 수 있게 될까, 아니면 영원히 언어발달은 잘 이루어지지 않게 될까? (예를 들어 늑대 등 동물에게 키워진 아동의 경우)

　3.1　침팬지는 인간의 언어를 어느 정도 배울 수 있을까?

4. 아이가 엄마를 좋아하는 이유는 무엇일까?

　4.1　아이들이 특정 시기에 낯을 가리는 이유는 무엇일까?

　4.2　아이들 중 자신이 어렸을 때 사용하던 이불, 인형, 수건 등을 외출하거나 불안할 때 가지고 다니는 경우가 있다. 무엇 때문일까?

　4.3　아동의 성격은 유전 때문일까, 아니면 부모양육태도 때문일까?

　4.4　친구가 다가가면 불편해하거나, 특정한 친구에게 집착하는 등의 대인관계 특성은 부모양육태도와 연관이 있을까?

5. 옳고 그름(도덕성)은 선천적일까 후천적일까? 즉 가르쳐야 하는 것일까, 아니면 가르치지 않아도 저절로 아는 것일까?

　5.1　왜 사람들은 자신의 행동이 나쁘다는 것을 알지만 하게 되는 것일까? 예를 들어 정치인은 자신의 행동이 나쁘고, 나중에 처벌받을 가능성이 높다는 것을 알지만 왜 나쁜 행동을 하는 것일까?

제6장

발달

하느님이 동물을 창조한 후에 수명을 정해 주려 하였다. 먼저, 소에게 말하기를 "너는 60년만 살아라. 단 사람들을 위해 평생 일을 해야 한다." 그러자 소는 30년은 버리고 30년만 살겠다고 하였다. 두 번째, 개에게 말하기를 "넌 30년만 살아라. 단 사람들을 위해 평생 집을 지켜야 한다." 그러자 개도 15년은 버리고 15년만 살겠다고 하였다. 세 번째, 원숭이에게 말하기를 "너도 30년만 살아라. 단 사람들을 위해 평생 재롱을 떨어야 한다." 그러자 원숭이도 15년은 버리고 15년만 살겠다고 하였다. 네 번째, 사람에게 말하기를 "너는 30년만 살아라. 너한테는 생각할 수 있는 머리를 주겠다." 그러자 사람은 하느님께 말하기를 "그럼 소가 버린 30년과 개가 버린 15년, 원숭이가 버린 15년을 다 달라."고 했다. 그래서 사람은 30세까지는 부모님 밑에서 그럭저럭 살고, 소가 버린 30년 동안은(30~60세) 일만 하고, 개가 버린 15년은 퇴직 후 집 보기를 하고 살고(61~75세), 원숭이가 버린 15년은 많은 사람들의 비웃음과 괄시를 받고 살게 된다(76~90세)고 한다.

생명체는 모두 태어나서 일정한 과정을 거쳐 죽게 된다. 그러한 과정에서 사람이나 동물은 변화한다. 어린이에서 어른으로의 변화를 생각해 보자. 어린이와 어른의 차이는 무엇일까? 단지 신체의 크기만 다른 것은 아니다. 어른은 2차 성징을 통해서 어린이와는 질적으로 다른 신체를 가지게 된다. 지식의 차원에서 생각해 보자. 어른은 단지 많은 지식을 가지고 있는 것뿐일까? 어린이에게 아주 간단한 덧셈과 뺄셈을 가르치려고 해도 어려워하는 것을 알 수 있다. 이것은 어린이와 어른이 단지 지식의 양에서만이 아니라 사고할 수 있는 능력에서도 질적으로 다름을 알 수 있다. 이처럼 인간은 질적 변화를 겪게 된다. 그러한 질적 변화에 관심을 가지고 연구하는 것을 발달에 대한 심리학적 연구라고 부른다.

인간발달에 대해 알게 되면 어떠한 점에서 유익할 수 있을까? 먼저 발달단계를 아는 것만으로도 매우 유익할 수 있다. 여러분이 장래에 결혼해서 아이를 출산했다고 생각해 보라. 여러분은 아이에게 주변에서 권유하는 조기교육을 시켜 보고 싶을 수 있다. 하지만 그 교육이 그 시기의 아이들에게 수용될 수 있는지 모른다면 여러분은 그러한 결정을 현명하게 내릴 수 없을 것이다.

그리고 여러분은 자신의 현재 모습이 과거의 경험이나 부모의 유전에 의해 영향을 받았다고 생각할 때가 있다. 오늘의 나의 모습에는 과거의 경험이 중요하다고 생각하는 것이다. 그래서 발달심리학에서는 과거의 어떤 영향, 특히 유아와 아동기의 경험이 이후 행동에 미치는 영향에 관심을 가지고 있다.

어떤 사람은 단지 몸의 크기와 지식 양의 차이만을 어린이와 어른의 차이로 느낄 수도 있다. 옛날에는 어린이와 어른이 단순히 크기만 차이가 있는 줄 알았으나 어린이와 어른에는 질적인 차이가 있다. 발달심리학에서는 사람이 어떠한 단계를 거쳐서 변화하는가를 다룬다. 그러한 변화의 기준은 생리적일 수도 있고, 사회문화적일 수도 있다. 예를 들어 고등학생들은 어린이인가 아니면 어른인가? 지금은 청소년이라고 불리지만 100년 전만 하더라도 어른으로 대우받았다. 청소년이란 시기는 근대의 산물이라 할 수 있다.

한국사회의 암울한 현실을 보여 주는 약어가 있다. 이태백(이십대 태반이 백수), 삼팔선(38세 퇴직), 사오정(45세 정년), 오륙도(56세까지 일하면 도둑) 등, 이런 용어는 한국의 사회상을 반영하는 것으로 서양의 발달심리학자들이 언급한 발달이론만으로 한국사회를 살아가는 사람들의 경험을 다 이해하기 어렵다는 점을 보여 준다. 성격뿐만 아니라 인간에 대한 학문은 인간이 가지고 있는 특성이 선천적인가 후천적인가에 대해 알고 싶어 한다. 심리학이 인간은 선천과 후천의 결합이라는 절충적 답변에 충족하지 못하는 것은 무엇 때문일까? 선천과 후천, 유전과 환경이라는 두 관점은 "인간은 무엇인가?"와 같은 인간의 정체성에 대한 판단에 중요한 역할을 하기 때문이다. 어느 쪽의 답을 선택하든 장점과 단점이 함께 존재하게 된다. 선천이라는 답을 허용할 경우에 인간은 태어날 때 모든 것이 결정되어 있기 때문에 인간의 차이는 가치관에 따라 차별이 정당화될 수 있다. 후천이라는 답을 허용할 경우에 인간이 가지는 한계를 허용하지 않고 인간변화를 무리하게 요구할 수 있다. 특히 전자의 관점은 인종차별과 학살 등에 악용되어 왔다.

선천과 후천, 유전과 환경에 대한 지금까지의 연구결과는 유전과 환경의 영향 정도가 서로 유사한 것으로 나타나고 있다. 쌍생아 연구와 입양 연구를 통해 밝혀진 내용은 지능의 유전가능 추정치는 .52이고, 성격의 유전가능 추정치는 .40 정도이다. 후천적 환경이 인간발달에 유전만큼의 영향을 주지만 동일한 환경에서 자랐다고 동일한 영향을 주는 것은 아니다. 비록 동일한 환경에서 자랐지만 부모의 반응, 형제간의 상호작용 등으로 인해 서로 다른 환경, 곧 비공유 환경에 노출되게 된다. 유전과 환경에 대한 연구는 환경 중 공유된 환경보다 비공유된 환경이 더 많은 영향을 준다고 한다(Shaffer, 1999/2001).

감각 및 지각의 발달

앞 장에서도 다루었듯이 감각 및 지각은 유기체의 생존에 매우 중요하다. 그렇다면 인간의 감각과 지각은 시간의 변화에 따라서 어떻게 발달할까? 특히 갓 태어난 신생아들은 성인과 같은 감각과 지각의 능력이 있는 것일까? 없다면 그러한 기능은 언제쯤 성인과 동일해지는가?

인간에게 시각의 발달은 다른 감각에 비해 늦게 발달하는 편이다. 신생아는 눈의 발달이 미숙한 상태에서 태어나 점차 발달하게 된다. 눈의 여러 가지 구성물들이 완성되는 시기는 각기 다르지만 대략 6~12개월쯤 되면 중요한 구조가 완성된다. 그렇게 되었을 때 성인과 유사한 시력을 갖게 된다. 그러므로 조산하는 경우 또는 신생아 시기에는 시각 발달에 주의를 기울여야 한다.

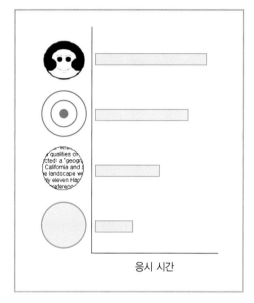

응시 시간

그림 6.1
신생아의 시각실험 결과. 복잡하거나 사람의 얼굴모양에 가까울수록 응시시간이 길어진다.

신생아는 비록 시각이 완전하지는 않지만 독특한 경향성을 보인다. 즉 특정한 형태의 사물을 선호한다. 단순한 것보다는 복잡한 것, 사물보다는 사람을 더 오래 쳐다본다. 이는 자신의 생존에 유리한 대상에 초점을 맞추는 것이 진화적으로 프로그램된 것으로 생각할 수 있다.

청각은 매우 일찍 발달하게 된다. 태어난 지 3일 된 신생아에게 엄마와 다른 여자의 목소리를 들려주었을 때 엄마 목소리에 대한 뇌파에서 더 많은 활동을 보여 주고 있다. 이는 엄마 목소리에 대한 과거의 기억이 활성화되었기 때문으로 생각할 수 있다. 뇌의 활동을 측정할 수 있기 이전에는 엄마 목소리에서 젖을 빠는 행동이 더 빨라지는 것 등을 통해 청각발달을 확인하기도 하였다.

인지발달

인간의 사고능력의 발달은 그 무엇보다 중요하다. 인간의 사고 또는 인지발달에 대한 연구의 기초를 쌓은 사람은 스위스의 Piaget라는 학자이다. 그는 초기에는 생물학자로 동물의 적응과정에 관심을 가졌다. 그러다 인간의 적응에 요구되는 인지과정에 관심을 가지면서 심리학을 연구하게 되었다.

도 식

Piaget는 인간이 세계를 이해하는 능력이 매우 중요하다고 생각하였다. 인간이 세계를 이해하기 위해서는 세계를 이해할 수 있는 사고의 틀이 필요하다. 차가 지나갈 때 빠르다는 속도 개념이 없다면 우리는 차의 움직임을 이해할 수 없을 것이다. 개가 지나갈 때 개, 동물이라는 개념이 없다면 우리는 다른 동물과 구별하지도 못하고 그 대상을 알 수 없을 것이다. 인지발달이란 세계를 이해할 수 있는 도식(schema)의 변화과정이라 할 수 있다.

도식의 변화과정은 크게 두 가지가 있다. 첫째는 동화(assimilation)이다. 동화는 도식의 양적 변화라 부른다. 특정한 도식에 경험들을 통합해 가는 과정이라 할 수 있다. 예를 들어 아이가 '멍멍이'라는 단어를 배웠다면 아이는 여러 가지 종류의 개들을 보면서 '멍멍이'라고 하는 도식을 만들어 나간다. 왜냐하면 멍멍이라고 했을 때 각 종류의 개들이 조금씩 다른 특성들을 가지고 있음에도 불구하고 '멍멍이'로 인식하는 것이 필요하기 때문이다.

다음은 조절(accommodation)이라고 하는 과정이다. 조절이란 기존의 도식으로 더 이상 경험을 통합할 수 없을 때 기존의 도식을 변화시키거나 새로운 도식을 만들어 가는 것을 말한다. 예를 들어 아이는 처음에는 네발 달린 모든 동물을 '멍멍이'라고 불렀다. 하지만 차츰 여러 동물의 특성을 주의 깊게 살피고 알게 되면서 '야옹이'는 '멍멍이' 이와 다르다는 것을 느끼게 된다. 이때 아이는 '야옹이'라는 개념을 어른들로부터 배우게 되고 '야옹이'라고 하는 개념을 만들어 갖게 된다.

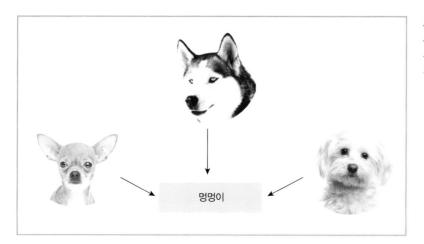

그림 6.2
동화. 멍멍이라는 도식에 구체적 대상, 경험을 통합시킨다.

인간이 발달한다고 하는 것은 이러한 동화와 조절의 반복으로 이루어지게 된다. 이때 중요한 발달은 조절인데 조절은 더 이상 동화되지 않는 상황, 곧 불평형(disequilibrium)에서 나타나게 된다. 불평형은 인지적 갈등과 불편함을 유발하게 되고 사람으로 하여금 불평형을 해결하도록 노력하게 만든다. 인간은 삶의 과정에서 이러한 불평형을 겪어야 인간

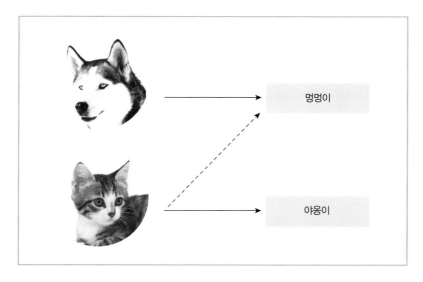

그림 6.3
조절. 고양이를 더 이상 '멍멍이' 라는 도식으로 이해할 수 없을 때 '야옹이' 라는 새로운 도식을 필요로 하게 된다.

그림 6.4
평형화. 동화가 잘
되지 못해 발생하는
인지갈등이 인지적
발달을 촉진시킨다.

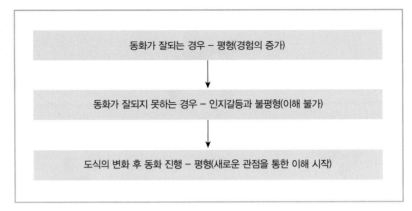

적 성장을 하게 된다. 그래서 옛 선현들은 "장애 속에서 깨달음을 얻으라."고 하셨다.

인지발달단계

Piaget는 인지발달을 크게 네 단계로 나누고 있다. 각 발달단계에 이르는 시기는 개인마다 다소 차이가 있지만 거쳐 가는 순서는 모두 동일하다.

감각운동기(출생~2세)

감각운동기(sensorimotor stage)라는 명칭은 도식이 감각과 운동의 양식을 가지고 있기 때문에 붙여졌다. 이 시기에 유아는 세상에 존재하는 대상을 인식하고 자신을 조절하는 것을 배우게 된다.

그리고 중요한 대상영속성이 나타나게 된다. 대상영속성(object permanence)이란 현재 내 앞에 실제가 없더라도 어디엔가 존재한다는 것을 이해하는 능력이다. 대상영속성을 가졌다는 것은 유아가 대상에 대한 개념적 이해가 시작되었을 뿐만 아니라, 기억능력이 증진되었다는 것을 보여 준다. 그러므로 대상영속성이 발달했다는 것은 이후 아동의 발달을 가능하게 하는 조건들이 충분히 발달되었음을 보여 주는 것이라 하겠다.

전조작기(2~7세)

조작이란 추상적인 개념을 사용하는 정신과정을 의미한다. 그러므로 전 조작기(preoperational stage)란 아직 아이들이 추상적 사고를 하기 이 전 단계임을 말하는 것이다.

엄마나 어린이집 선생님들이 책을 읽어 주거나 사물에 대해 설명할 때 추상적인 단어를 사용하게 되는데 이는 어린이의 사고능력을 모르 기 때문에 발생하는 오류이다. 예를 들어 아이들에게 "개구리는 폐를 통해서 호흡을 한다."고 말한다면 아이는 그 말의 뜻을 이해할 수 없을 것이다. 이는 아이들이 폐나 호흡이라는 단어의 뜻을 이해하지 못하기 때문이다.

자아중심성

자아중심성(egocentrism)이란 다른 사람의 생각, 감정, 태도, 관점 등 이 자신과 다르다는 것을 모르는 것을 말한다. 아이들은 가끔 자신이 생 각하고 있는 것을 엄마가 당연히 알 것처럼 생각하기도 한다. Piaget는 세 산 실험을 통해서 아이들이 반대편에 앉아 있는 인형의 관점에서 대 상을 바라보는 것을 이해하지 못함을 보여 주었다. 이 시기의 유아들에 게 빈 선물상자를 만들어 놓고 "아빠가 오면 이 안에 무엇이 있다고 생 각하실까?"라고 물어보면 "비어 있다고 생각하실 거예요."라고 대답한 다. Piaget는 유아들이 보이는 물활론도 자아중심성으로 인해 나타나는 현상으로 본다.

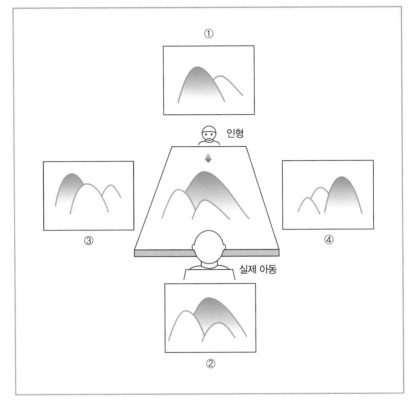

그림 6.5
세 산 실험. 아동은 인형이 보는 풍경과 자신이 보는 풍경이 동일할 것이라고 반응한다.

 대상영속성과 자아중심성, 〈아기성장 보고서 – 3부, 아기는 과학자로 태어난다〉, EBS

구체적 조작기(7~11세)

구체적 조작기(concrete operational stage)에는 인지적 조작을 보다 능숙하게 해 나가지만 구체적으로 경험한 대상, 사건, 상황을 토대로 이루어진다는 특성을 보인다. 즉 추상적 개념을 사용하기는 하지만 아직 구체적 대상과 연관 속에서만 사용하는 것이다. 즉 구체적 대상이 없다면 이해에 한계가 나타난다. 전조작기에는 보이지 않았던 보존개념과 유목화 등의 능력이 나타난다.

보존개념

보존개념(conservation)이란 사물의 외형이 변하더라도 사물의 본질인
수, 양, 길이, 무게, 면적 등의 특성은 유지된다는 사실을 말한다. 전조
작기에는 이러한 보존개념이 형성되지 않다가 구체적 조작기에 들어서
게 되면서 형성되게 된다. 보존개념에는 수의 보존, 양의 보존, 면적의
보존, 길이의 보존 등이 있다.

이 시기의 아동들이 이러한 보존개념 과제를 잘할 수 없는 것은 상보
성과 가역성의 능력이 부족하기 때문이다. 예를 들어 상보성이란 〈그림
6.6〉의 (c)에서 높이와 너비가 서로 관련되어 있다는 것을 아는 것이고,
가역성이란 가느다란 비커로 옮기면 높이가 높아지지만 넓은 비커로 다
시 옮기면 다시 낮아진다는 것을 아는 것이다.

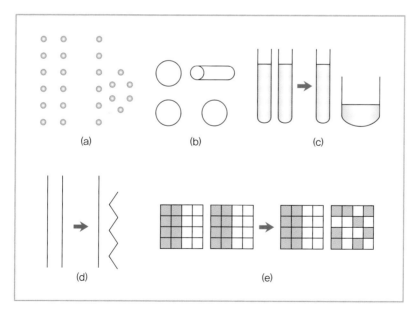

그림 6.6
보존개념 실험

 보존개념 실험, 〈아이의 사생활 2부, 도덕성〉, EBS

형식적 조작기(11세 이후)

'형식'이라는 말은 구체적 대상이나 사실을 전제하지 않은 채 추상적인 개념과 논리만으로도 사유할 수 있음을 말한다. 형식적 조작기(formal operational stage)의 아이들은 자유, 정의, 민주와 같은 정치적 개념과 속도, 에너지와 같은 물리적 개념들을 이해할 수 있게 된다.

Galileo가 알아냈던 진자의 속도문제를 구체적 조작기의 아동들에게 알아내라고 한다면 아동들은 진자를 손으로 밀어 보면서 시행착오적으로 접근할 가능성이 많다. 하지만 형식적 조작기에 이른 청소년들은 진자의 속도에 영향을 줄 수 있는 길이, 무게, 초기 속도 등의 요인을 구분하고 각각의 요인들이 영향을 줄 수 있다는 가설을 세워서 가설을 확인하는 구체적 실험절차를 만들어 시행할 것이다. 이러한 후자의 접근을 가설연역적 접근이라 하는데 이는 형식적 조작기에 가능한 활동이다.

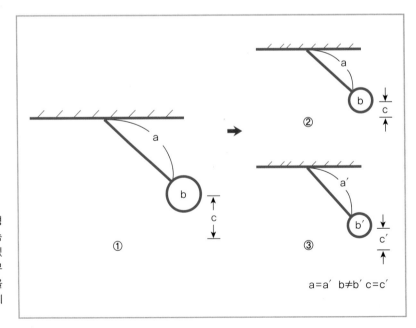

그림 6.7
진자의 속도문제. 형식적 조작기에는 속도를 결정할 수 있는 요소(길이 a, 무게 b, 높이 c)들을 구분하고, 가설을 세워 실험할 수 있다.

우리는 〈토끼와 거북이〉라는 옛이야기를 알고 있다. 토끼는 자신이 잘 달린다는 것을 믿고 자다가 그만 달리기 경주에서 지고 말았다. 이때 초등학생에게 누가 더 빨랐냐고 물어본다면 무엇이라고 답하겠는가? 아마 거북이라고 답할 것이다. 왜냐하면 이 시기의 어린이에게는 눈에 보이는 결과가 중요하기 때문이다. 하지만 중학교 이상의 아이는 이 문제에 다양한 대답을 할 수 있다. 토끼와 거북이라는 두 가지 답을 할 수 있는데 토끼가 빠른 이유는 '순간 속도'가 빠르기 때문이고, 거북이가 빠른 이유는 '평균 속도'가 빠르기 때문이라고 말할 수 있게 된다. 왜냐하면 중학교 이상의 아이는 '속도'라는 추상적 개념을 이해하기 때문이다.

인간의 뛰어난 능력 중 하나는 언어 사용이다. 그렇다면 언어는 어떻게 발달하는가? 언어발달은 후천적이라는 관점과 생득적이라는 관점으로 대별될 수 있다. 학습이론의 관점에서 부모는 유아의 옹알이부터 강화와 처벌을 사용해서 성인 언어로 발달하도록 조형시킨다고 본다. 하지만 언어발달의 후천적 관점에 반대되는 증거가 있는데, 그중 하나는 부모가 아동의 정확한 문법에 강화하는 것이 아니라 정확한 의미에 강화함에도 불구하고, 아동은 정확한 문법을 배우게 되는 현상이다. 둘

그림 6.8
토끼와 거북이 중에 누가 빨랐을까? 구체적 조작기까지의 아동들은 감각적 경험에 근거하여 대답한다. 즉, 보았을 때 빨리 가는 것을 빠르다고 답한다.

째는 아동에게 공통적으로 나타나는 문법적 오류이다. 아동은 "밥 안 먹어."라는 말을 사용하지 않고 "안 밥 먹어."와 같이 중요한 단어를 먼저 사용한다. 이는 성인들이 사용하지 않는 말로서 아동이 창조한 문법이다.

생득론적 관점은 인간이 언어를 습득하도록 준비되어 태어났다고 본다. Chomsky는 그것을 언어습득장치(language accquisition device)라고 명명했다. 이러한 생득론적 관점과 연관된 것이 Lenneberg의 민감기 가설이다. 사춘기 이전에는 언어습득이 쉽게 이루어지지만 이후에는 매우 어려워진다. 실례로 1970년대 시각장애 어머니와 정신장애인 아버지에게 감금되어 약 13년간 언어에 노출되거나 사용하지 못했던 지니가 발견되었는데 이후 장기간의 언어학습에도 불구하고 언어발달이 정상적으로 이루어지지 않았다. 생득론적 관점에 대한 비판 중 하나는 생득론적 관점의 순환론적 특징이다. 즉, 생득론은 언어발달에 대한 인과적 설명이 될 수 없다는 것이다.

 언어발달의 생득적 관점과 후천적 관점, 〈아기성장 보고서 – 4부, 언어습득의 비밀〉, EBS

사회성 발달

인지가 환경을 이해하고 상호작용할 수 있는 능력이라면 사회성은 타인들과 잘 교감하고 상호작용할 수 있는 능력이라 할 수 있다. 사회성은 사회적 관계를 형성하는 것에서 오는 외적 이득 이상으로 심리적 발달과 건강에도 많은 영향을 준다.

당신은 친구들과 얼마나 친밀하게 지냈는가? 혹은 이성과 안정적인 관계를 잘 유지했는가? 만일 현재 반이나 학과에서 친구들이 놀기 위해 사람들을 선택한다면 당신은 몇 명에게 선택받겠는가?

애착의 원인

애착(attachment)이란 보호자와의 정서적 유대를 말한다. 과거에는 정서적 유대가 엄마가 제공하는 젖이나 엄마의 가슴 때문이라고 생각했다. 행동주의 관점은 중성적인 엄마에 대해 아이가 친밀감을 느끼는 것은 엄마가 제공하는 젖 때문이라고 생각했다. 정신분석 관점은 아이의 욕구를 만족시켜 주는 것이 엄마의 젖빨기를 통한 구강만족이라고 보았다. 이러한 것들을 찬장이론이라 부른다.

Harlow는 우연히 원숭이들이 천에 대해 집착하는 것을 보고 접촉의 중요성에 대한 단서를 얻었다. 그리고 실험을 통해서 음식보다 접촉이 보다 중요한 애착 요인이라는 것을 밝혔다. 이러한 것은 유아, 아동에게 제공해야 할 것이 단순히 생존에 필요한 음식 이상임을 말해 준다. 그리고 이것은 어른들 사이에서도 신체적, 정서적 접촉과 위로가 매우 중요함을 말해 주는 것이다. 이를 애착에 대한 접촉이론이라 부른다.

Harlow(1958)는 철사로 만든 가짜 원숭이와 천으로 만든 가짜 원숭이 중에서 아기 원숭이가 어떤 원숭이를 더 선호하는지 실험을 해 보았다.

많은 자녀들은 부모들의 사랑과 애정에 부족함을 많

그림 6.9
Harlow 박사의 실험. 아기원숭이는 수유를 제공하는 대리모보다 접촉만을 제공하는 대리모에서 대부분의 시간을 보냈다.

그림 6.10
캥거루 케어

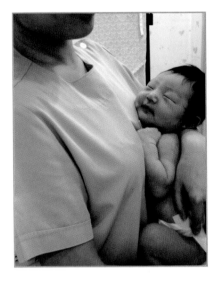

이 느끼고 그에 대해 불만을 이야기한다. 그렇게 자녀들이 말할 때 부모들은 먹여 주고 입혀 주었으면 됐지 뭘 더 바라냐고 한다. 애착을 배운 우리들은 이러한 말이 얼마나 위험한 말인지 알 수 있다. 인간뿐만 아니라 동물도 생존에 필요한 기본적 조건만으로는 건강하게 살 수 없다. 인간은 사회적 관계의 기초가 되는 접촉을 필요로 한다. 또한 접촉은 생리적 효과를 보여 주기까지 한다. 캥거루 케어라는 방법이 있다. 이는 미숙아를 위해 인큐베이터를 사용할 수 없는 남미국가에서 캥거루의 양육방법을 이용하여 인큐베이터를 대신하고자 사용되었다. 이 또한 접촉이 주는 생리적 효과를 보여 준다.

 접촉의 생물학적 효과, 〈생로병사의 비밀 119회-접촉의 기적〉, KBS

애착의 종류

유아기의 경험은 서로 다른 애착유형을 만든다. 이러한 애착은 이후 성인기의 사회적 관계에도 영향을 준다. 크게 안정애착과 불안정애착으로 나뉘는데 불안정애착은 회피적 애착, 저항적 애착, 혼란된 애착으로 다시 세분화된다. 회피적 애착(avoidant attachment)은 대상을 거부하고 피하려고 한다. 즉 아이가 엄마에게 가까이 가려고 하는 것이 아니라 피하고 가까이 다가가지 못한다. 이는 엄마가 아이에게 두려운 대상임을 보여 준다. 저항적 애착(resistant attachment)은 엄마에 대한 접근과 회피가 갈등하거나 번갈아 가면서 나타난다. 이는 엄마가 일관적이지 못해서 아이가 엄마에게 두 가지 감정을 통합하지 못하고 갈등하고 있는 상태이다. 혼란된 애착(disorganized attachment)은 아이가 엄마에게 어떠한 감정을 가져야 할지, 반응해야 할지 혼란되어 무기력해진 상태이다. 이러한 경우는 엄마가 우울, 알코올중독과 같은 심리적 문제를 경험하고 있어서 아이가 엄마로부터 전혀 보호를 받지 못할 때 나타날 수 있다(Ainworth, 1993).

애착의 유형을 결정하는 데 주양육자인 부모의 역할이 매우 중요하다고 보는 관점을 양육가설(caregiving hypothesis)이라 한다. 하지만 이후 연구에서 부모의 양육방식이 부모뿐만 아니라 자녀의 특성에 의해서도 영향을 받는다는 것을 관찰하게 되었다. 즉 부모가 자녀에 대해 애정을 가지고 민감하고 즉각적으로 충분히 반응하더라도 자녀가 까다롭고 다루기 어렵다면 부모는 점차 자녀를 회피하거나 일관성을 가지고 애정 어린 반응을 해 주기 어렵게 된다는 것이다. 이처럼 자녀의 기질이 부모의 양육방식에 영향을 주어 애착유형을 결정한다는 가설을 기질가설(temperament hypothesis)이라 부른다. 기질가설에서는 자녀의 기질을 까다로운 기질, 쉬운 기질, 더딘 기질로 나누어 설명한다.

애착의 영향

어렸을 때의 애착은 이후 사회적 관계에 영향을 주는데 안정애착을 형성한 아이들은 상대방과의 친밀한 관계를 잘 형성하고, 상대방으로부터 신뢰와 인정을 받기 쉬워 친밀한 대인관계를 형성하는 반면에 불안정애착을 형성한 아이들은 친밀한 대인관계를 잘 형성하지 못한다. 회피적 애착은 사람들을 두려워하고 기피하고, 저항적 애착은 가까우면서도 먼

듯하고, 오래 사귀어도 편안하거나 가까워지는 느낌이 잘 들지 않는다. 혼란된 애착은 사람과 정상적 교류를 하고 있지 못하다는 느낌을 들게 한다.

　애착은 아동기와 청소년기에는 친구관계에 영향을 주고, 성인기가 되면 연인관계와 부부관계에 영향을 준다. 연구에서 보면 성인의 연애유형이 자신의 애착유형과 관련성이 매우 높다고 한다. 또한 부부생활에서 상대방과 갈등으로 인해 나타나는 분노의 절반은 부모에게 향하는 것이라고 한다. 아내가 어렸을 때 자신의 친정아버지의 무관심이 서운했었다면 남편의 무관심한 행동에 쉽게 화가 날 것이다. 애착은 출산 후에는 자신의 자녀와의 관계에까지 영향을 줄 수 있다. 어머니가 회피적 애착을 보일 경우에 자녀도 어머니를 회피하게 될 가능성이 있다. 이처럼 어머니의 애착은 현재 자기 자신뿐만 아니라 자식에게도 반복되어 나타날 수 있기 때문에 깊이 있는 이해와 탐색이 필요하다.

그림 6.11
애착실험(낯선 상황 검사). 아이에게 낯선 상황에서 엄마와 이별, 재회 시 보이는 반응을 통해 애착유형을 평가한다.

애착 중요성과 애착유형, 〈아기성장 보고서–3부, 애착〉, EBS
접촉과 애착 그리고 양육, 〈과학카페 193회 유아기 뇌에 관한 보고서 2부–아이의 뇌는 스킨십을 원한다〉, KBS

도덕성 발달

도덕철학은 올바르다는 것은 무엇이며, 인간이 올바른 것이라고 생각한 것이 절대적인가와 같은 질문을 한다. 심리학은 도덕에 대해 무지한 상태로 태어난 유아들이 어떻게 올바른 것이 무엇인지를 알아 가며 행동하는가에 대해 알고 싶어 한다.

인간은 무엇이 올바른가에 대한 인식이 전혀 없는 신생아와 유아의 상태에서 관념적인 도덕판단을 할 수 있는 어른의 상태로 발달하게 된다. 이처럼 인간이 발달에 따라 도덕성을 갖게 되는 것은 무엇 때문일까? 도덕발달에 관한 견해에는 정신분석학적 관점, 행동주의적 관점, 인지론적 관점 등이 있는데 여기에서는 주로 인지론적 관점에서 살펴보도록 하겠다. 인지론적 관점은 도덕성이 내면화되기보다는 발달에 의해서 이루어진다고 본다.

Piaget의 도덕성 발달

Piaget는 도덕성 발달단계를 크게 도덕 이전 단계, 타율적 도덕성 발달단계, 자율적 도덕성 발달단계 등의 세 단계로 나누고 있다.

첫 번째 단계는 도덕 이전 단계로 도덕규칙에 대해서 이해하지 못하는 단계이다. 두 번째 단계는 타율적 도덕성 발달단계로 대략 6~10세 사이에 발달하게 되는데 규칙은 절대적이고 고정적이어서 변경이 불가능한 것으로 생각하는 도덕실재론의 입장을 갖고 있다. 이들은 이러한 규칙에 대해서 일방적으로 순종, 복종하려는 경향성을 보이며, 동기보다는 결과를 더 중요하게 생각한다. 그들은 규칙위반에 대한 속죄적 처벌을 공정한 것으로 생각한다. 그래서 잘못한 아이에 대해 잘못을 설명하는 것보다 처벌했을 때 행동을 더 잘 고칠 것이라고 생각한다(서강식, 2007).

타율적 도덕성 발달단계에 해당하는 초등학교 2학년 아동에게 발을 헛디뎌서, 보지 못해서, 다투어서, 불이 나서 피하려고 등의 이유로 다른 아이를 떠밀어서 팔이 부러진 경우에 얼마나 나쁘고 처벌받아야 되는지를 물어보았을 때, 정당한 행동과 의도적으로 한 행동을 구분하지 못하고, 결과 중심으로 판단하였다(Fergerson & Rule, 1980).

마지막 단계는 자율적 도덕성 발달단계로 10~11세 이후에 발달하기 시작한다. 이들은 규칙은 고정 불변하는 것이 아니라 사람들 상호간의 협의에 의해서 변할 수 있음을 인식하게 된다. 무조건 규칙을 따르기보다는 규칙의 타당성에 의해 행동한다. 결과보다는 동기를 더 중요하게 생각하여 개인적 책임감을 강조한다. 또한 처벌보다는 설명을 통해서 행동의 변화가 잘 이루어질 수 있다고 본다.

Kohlberg의 도덕성 발달

Kohlberg는 Piaget의 도덕성 발달단계를 분명하고 구체적인 형태로 만들었다. Kohlberg는 도덕성 발달단계를 크게 3수준 6단계로 나누고 있다.

인습 이전 수준

인습 이전 수준에서는 사회적으로 부여된 규칙에 따를 뿐이지, 규칙을 내면화하여 판단하지 않는다. 이 수준에서는 도덕을 외부에서 강제된 것이거나, 개인의 만족을 위한 이기적인 형태로 인식한다.

> **1단계 : 처벌과 복종 지향**
> 물리적 결과로서 옳고 그름을 구분한다. 처벌을 받게 되는 것은 그른 것이고 그렇지 않은 것은 좋은 것이다. 그리고 자신보다 힘이 센 사람의 말에 맹목적으로

복종하게 된다.

2단계 : 수단적 쾌락주의

옳은 것은 사람의 욕구를 만족시켜 주는 것이라고 생각한다. 어떤 행위가 자신의 욕구를 만족시켜 주기 위한 도구나 수단으로 사용되었다면 그것은 올바르다는 것이다. 이때는 개인의 욕구만족이 중요하기 때문에 옳고 그름은 상대적이 된다.

인습수준

인습수준은 사회적 차원에서 도덕을 판단하는 단계이다. 타인의 승인이나 사회질서를 유지하는 것을 중요하게 생각한다.

3단계 : 착한 소년, 소녀 지향

다른 사람의 칭찬과 인정을 받을 수 있는 행위가 옳은 행위라고 생각하는 단계이다. 앞 단계에 비해 타인의 관점과 승인을 중요하게 생각하며, 결과보다는 '착하다'는 단어에 포함되어 있듯이 그들의 동기가 중요한 판단기준이 되기 시작한다.

4단계 : 권위와 사회질서유지 지향

사회질서를 유지할 목적으로 만들어진 규칙과 법 등을 옳은 것이라고 생각하는 단계이다. 도덕의 목표는 '헤인즈가 아내를 살리기 위해서 했기 때문에 옳다' 라는 주장처럼 어떤 구체적 이익을 초월하여 존재한다. 이단계에서는 규칙 자체를 지키는 것이 의미 있고 가치가 있는 것으로 여겨진다.

인습 이후 수준

인습 이후 수준은 개인적 양심으로 승화된 보편적 원리에 따라 도덕적 판단을 하는 단계이다.

5단계 : 계약, 권리, 민주적으로 용인된 법 지향
인간의 존엄성, 권리, 가치를 존중해 주는 것을 옳은 것이라고 생각하는 단계이다. 이 단계에서는 법과 규칙은 인간의 존엄성을 지키기 위해 사회적 계약의 형태로 만들어진 것이라고 생각한다. 만일 법과 규칙이 인간의존엄성을 훼손하는 것이라면 올바르지 않다고 여긴다.

6단계 : 양심의 개인적 원칙 지향
사회적 계약 자체를 초월하여 보편적 가치와 윤리 또는 개인적 양심에 따르는 것을 옳은 것이라고 생각한다.

Kohlberg는 도덕성 발달이 인지발달단계에 따라 진행된다고 보고 있다. 그래서 인지발달에 초점을 맞추어 도덕적 대화, 도덕적 의사결정 등과 같은 경험을 제공하여 도덕발달이 잘 이루어지도록 해야 한다고 주장한다. 도덕적 대화와 의사결정의 중요한 도구로서 도덕적 판단을 하기 어려운 다음과 같은 딜레마를 제공하고 있다(서강식, 2007).

Kolhberg가 도덕성 발달단계에 대한 신뢰할 만한 연구결과를 발표하였음에도 불구하고 몇 가지 제한이 따른다. 우선 도덕에 대한 올바른 판단, 추론이 발달한다고 해서 그에 해당하는 도덕적 행동을 하지는 않는다는 점이다. 도덕추론과 도덕행동과의 관계는 보통 정도로 알려져 있다(Bruggerman & Hart, 1996/Shaffer, 1999에서 재인용). 두 번째는 Kolhberg 이론이 문화적으로 성적으로 편향되어 있다는 점이다. 개인의 이익에 앞서 집단 이익과 집단과의 조화를 강조하는 문화는 인습 수준으로 평가되지만 실제로는 도덕에 대해 다른 개념을 지니는 것으로 볼 수 있다. 그리고 전형적으로 남성들은 4단계, 여성들은 3단계 도덕 발달을 보여 남성의 도덕발달수준이 더욱 높다고 주장되지만 이는 도덕성 중에서 정의만을 강조한 것으로 관계성을 고려하지 못한 것으로 비판받기도 한다(Gilligan, 1982). 도덕행동은 도덕추론 이외에 개인적 특성과 상황적 요인 등이 작용한 결과이다.

 도덕성 발달차이에 따른 양상과 그 결과들, 〈아이의 사생활 2부, 도덕성〉, EBS

토론주제

아래는 제7장 성격에서 함께 논의할 주제들이다.

1. 성격을 바꿀 수 있을까?

1.1 당신은 아동기부터 현재까지 성격이 변하였는가, 아니면 변하지 않았는가?

1.2 만일 당신이 내일부터 다른 성격이 되고자 한다면 가능하겠는가?

1.3 성격을 바꾸어 준다는 캠프, 학원 등이 많다. 그것에 대해 어떻게 생각하는가? 효과적인가?

2. 당신의 성격은?

2.1 혈액형과 성격과의 관련성을 믿는가?

2.2 당신은 체형과 성격과의 관련성을 믿는가? 혹 다른 신체적 특징(예 : 관상, 필체)과 성격과의 관련성을 믿는가?

3. 당신은 욕구에 충실한가 아니면 이성에 충실한가?

3.1 사람들은 배우자로 자신의 이성부모와 닮은 사람을 무의식적으로 선택하다는 말이 있다. 그에 대해 어떻게 생각하는가?

3.2 당신은 화가 나면 어떻게 처리하는가? (다른 대상에게 화풀이를 하는지, 참는지, 자학을 하는지 등)

3.3 당신은 초등학교 때 좋아하는 친구에게 쌀쌀맞게 굴거나, 싫어하는 척을 한 적이 있는가? 좋아하는 사람을 오히려 싫어하거나 괴롭히는 원인은 무엇일까?

4. MBTI에서 자신의 성격을 골라 보자. 그리고 Eysenck 성격이론 부분에서 자신의 성격을 하나 골라 보자. 당신은 어떤 성격인가? 친구들과 비교해 보자.

4.1 당신은 자신의 성격에 대해 좋아하는가? 당신이 좋아하는 성격, 싫어하는 성격은 각각 무엇인가?

4.2 서로 같은 성격끼리 결혼하는 것이 더 좋을까, 아니면 반대 성격끼리 결혼하는 것이 좋을까? 이유는?

제7장

성격

성격은 심리학에서 가장 친근하고 관심 있는 영역이라 추측된다. 사람들은 최소한 한 번쯤은 자신과 다른 사람의 성격의 차이점을 느껴 보고, 다른 성격이 보다 훌륭하게 느껴져서 자신의 성격을 바꿔 보고 싶었던 적이 있을 것이다. 그리고 우리는 초등학교 때에는 내성적이었지만 중학교에 가서는 적극적으로 노력해서 외향적으로 바뀌었다는 이야기도 듣곤 한다. 그런 이야기를 들을 때면 자신의 성격에 대해서 문제점을 못 느끼는 것과 성격을 바꿀 만큼 모질지 못한 것 때문에 자기비하감이 들기도 한다. 또는 못마땅한 내 성격이 아빠를 닮은 걸까 아니면 환경 때문일까, 나 자신 때문일까 궁금해하기도 한다. 성격심리는 성격의 분류, 성격의 형성과 변화, 성격의 측정 등을 다루는 학문이다.

일반적으로 심리학은 대상이 누구인가와 상관없이 동일한 상황에서 동일하게 반응할 것이라고 가정하는 경향이 있다. 동일하게 반응하지 못하는 것은 오차로 받아들이지 개별성으로 받아들이지는 않는다. 오래전 학부에서 자극에 대한 반응시간을 측정하는 실험을 했었다. 대부분의 사람들은 자극이 나타나면 1/10초도 되지 않는 아주 짧은 시간에 반응을 하였지만 한 후배는 1초를 넘어서는 반응시간이 나왔다. 그때 우리 조는 그 아이의 실험 자료를 제거할 수밖에 없었다.

성격에 대한 연구는 심리학이 모든 사람에게 보편적인 원리를 찾는 것과 달리 사람들의 개별성을 인정하는 데서 시작한다. 성격의 이러한 관점과 연구 결과는 심리학의 보편적인 접근방식에 따른 문제점을 보완해 줌과 동시에 사회적으로 여러 가지 유용한 기능을 한다. 성격은 그 사람의 행동 예측성을 보다 높게 해 줄 수 있다. 내향적 성격은 주변에 불편한 일이 생기면 혼자 어디엔가 있을 것이라고 예측할 수 있지만 외향적 성격은 어디선가 친구를 불러 술을 한잔 하고 있을 거라고 생각할 수 있다. 이러한 예측은 개인적인 차원뿐만 아니라 산업심리, 건강심리,

범죄심리와 같은 여러 영역에서 도움이 될 수 있다. 또한 서로의 차이점을 분명히 인식하지 못할 때 발생할 수 있는 오해와 갈등을 해소하는 데에도 도움을 줄 수 있다.

성격의 정의

성격의 어원은 고대 희랍에서 연극을 할 때 배우들이 사용하였던 가면, 곧 페르소나(persona)에서 기원한다. 즉 성격이란 그 사람의 본질을 지칭하였다기보다 서로 간에 보이는 외적 특성을 의미하였던 것으로 생각할 수 있다.

성격에 대한 다양한 정의에서 공통적으로 독특성, 일관성, 안정성을 이야기하고 있다. 사람들이 비슷한 성격을 가지고 있을 수는 있다. 하지만 완전히 일치하는 성격을 지니고 있지는 못하다. 각 개인의 성격을 형성하는 특성의 정도들이 각각 다를 수밖에 없기 때문이다. 예를 들어 형철이도 내성적이고 민성이도 내성적이지만 둘은 다른 측면에서는 다를 수 있다. 이를 독특성이라 한다. 독특성이란 사람들을 구별해 주는 사고, 감정, 행동상에서의 특징을 말한다.

우리가 누군가를 내성적 성격이라고 평가하였을 때 우리는 다양한 상황에서 그의 반복된 특성을 보고 평가하는 경우가 많다. 단지 특정한 상황 하나에서 그러한 특성을 관찰하였다면 그의 성격을 내성적이라고 판단하기에 부족하다고 느낄 수 있다. 성격이 되기 위해서는 일관성이 있어야 한다. 성격의 일관성이란 다양한 상황에서 대체로 일치되는 행동을 보이는 것을 말한다. 마지막으로 안정성이란 시간적 흐름에도 불구하고 성격의 변화가 크지 않은 것을 말한다. 오늘 관찰된 행동특징이 내일 혹은 상당한 시간이 흐른 뒤에도 나타나야 한다.

성격에 대한 관점

당신은 성격이 변할 수 있다고 생각하는가 아니면 변할 수 없다고 생각하는가? 성격이 변할 수 있다고 생각한다면 얼마나 변할 수 있을까? 그러한 궁금증에 대한 대답은 여러분이 다음 관점 중에서 어떠한 관점을 취하는가에 따라 달라질 수 있다.

생물학적 관점

성격이 유전, 기질 등에 의해 선천적으로 결정되었다는 관점이다. 이러한 관점에 의하면 인간의 성격은 변화시키기 매우 어렵게 된다. 나의 외향적인 특성은 이미 결정되어 있기 때문에 경험과 노력 등에도 변하지 않는다.

경험론적 관점

경험론적 관점은 후천적 경험에 의해 인간의 성격이 형성된다고 본다. 경험론은 또다시 경험이 중요한 시기가 언제인가에 따라 둘로 나뉠 수 있다. 첫째, 결정론은 인간의 초기경험에 의해 성격이 결정되며 그때 형성된 성격이 평생 동안 거의 변화하지 않는다고 보는 것이다. Freud의 정신역동적 관점이 대표적 관점이다. 다음은 비결정론으로 인간의 지속적인 경험이 성격을 변화시킨다고 본다. 그렇기에 인간은 성인이 되어서도 성격의 변화가 가능하다. 행동주의의 관점이 대표적 관점이다.

고전적 성격이론

체액론

Hippocrates는 의사로서 활동하면서 체액의 양에 따라 사람의 성격이 결정된다고 보았다. 혈액이 많은 사람은 활달하고, 황담즙이 많으면 화를 잘 내고, 흑담즙이 많은 사람은 우울하고, 점액이 많은 사람은 냉담한 성격을 지니고 있다고 생각하였다.

혈액형에 따른 성격유형도 체액론에 속할 수 있다. 세계에서 입사지원서에 혈액형을 적는 나라는 한국뿐이라는 이야기가 있다. 혈액형이 신뢰할 만한 과학적 근거가 없다는 연구에도 불구하고 혈액형에 대한 관심과 신뢰는 의외로 높다. 〈표 7.1〉의 혈액형에 따른 성격을 보면 그럴듯하게 생각되지만 여러분이 어떤 사람의 취미, 친구관계, 스트레스 상황에서의 반응 등 몇 가지 내용을 토대로 얼마나 정확하게 혈액형을 알아맞힐 수 있겠는가 실험해 보라.

혈액형	특 성
A	민감한, 예민한, 분석적인, 소극적, 고집이 센, 독선적인, 신중한, 완벽주의적인, 감정표현이 서툰
B	감정기복이 심한, 기분파, 다혈질, 집중력이 강한, 상상력이 뛰어난, 적응력이 강한, 충성심이 강한, 대범한, 개성이 강한, 사교적인
O	인내심이 강한, 낙천적이고 쾌활한, 자기주장이 강한, 냉정한, 개인주의적인, 순발력이 뛰어난
AB	독특하고 자신만의 세계를 가지고 있는, 냉정하고 지적인, 편견 없이 객관적인, 차가운, 이중적이며 알기 어려운

표 7.1
혈액형에 따른 성격 특성. 한국 사람들이 일반적으로 공유하고 있는 혈액형에 따른 성격 평가

출처 : 오기현(2006).

혈액형과 성격의 관계, 〈SBS 스페셜 51회, 혈액형의 진실〉, SBS

！실험 ▁▁ 행동특성을 듣고 혈액형 알아맞히기

(1) 모든 수강생에게 A4 용지를 한 장씩 나누어 준 후 학번, 학과, 이름, 혈액형, 대인관계의 폭(얼마나 많은 친구가 있는지, 사람들과 잘 사귀는지 등), 취미, 습관, 스트레스를 받을 경우 해소방법 등에 대해 적도록 한다.

(2) 모든 질문지를 걷어서 무작위로 4명의 학생을 뽑는다. 각 4명에게 자신들이 적었던 내용을 앞으로 나와 읽도록 한다.

(3) 나머지 학생들은 발표한 학생들의 설명을 들은 후 그 학생들의 혈액형을 추정해 본다.

(4) 교수는 학생들이 각 혈액형에 대해 추정한 숫자를 칠판에 적는다.

(5) 각 학생에 대해 혈액형을 맞힌 학생의 숫자와 비율 등을 확인한다. 학생들의 혈액형을 모두 맞힌 학생은 몇 명인가? 각 학생에 대해 혈액형을 맞힌 학생의 숫자와 비율 등을 확인한다.

체형론

Kretschmer와 Sheldohn(1940, 1942)은 체형과 성격이 관련이 있다고 보았다. Kretschmer는 마른 체형인 쇠약형, 키가 작고 통통한 단구비만형, 체격이 좋은 근육형, 그리고 전체적으로 균형이 잡힌 이상신체형으로 구분하였다. Sheldohn은 세포가 분열하는 과정에서 어떤 부분이 우세한가에 따라 체형이 달라진다고 보았다. 내장긴장형은 내장이 발달하여 통통하고 사교적이며 온화하고, 신체긴장형은 근육이 발달하여 대범하고 경쟁적이고, 대뇌긴장형은 신경이 발달하여 내성적이고 민감하다고 생각하였다.

Kretschmer와 Sheldohn은 신체의 여러 부위의 수치를 측정해서 성격과의 관련성을 연구하였지만 관련성을 입증할 수 없었다. 그럼에도

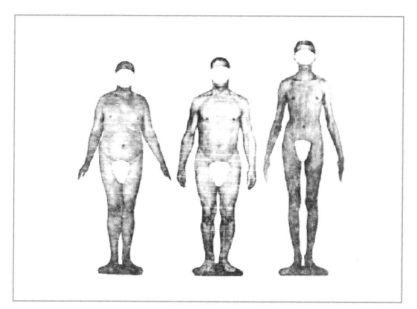

그림 7.1
체형과 성격. 체형과 성격과의 연관성에 대한 타당도는 부족하지만 아직도 사람들은 체형을 통해 성격을 설명하고자 한다.

불구하고 사람들은 여전히 체형이 성격과 관련이 있다고 믿고 있다. 이에 대해 심리학자들은 체형이 직접적으로 성격과 관련성이 없지만 사람들이 대하는 태도 등이 체형에 따라 다르고, 사람들이 대하는 태도가 장기간 반복됨에 따라 특정한 성격을 형성하도록 돕는다고 설명한다. 체형이 왜소한 사람은 본래 성격은 대범하다 하더라도 체격이 좋은 사람들 앞에서 기가 죽거나 경쟁상황을 회피할 수 있다. 그런 모습을 주변 사람들이 본다면 그가 소심하다고 볼 수 있을 것이다. 또한 그러한 사건을 반복적으로 경험한다면 성격 자체가 내성적이면서 소극적으로 형성되어 갈 수도 있다.

  생물학적 관점을 가지고 있는 고전적 성격이론이 과학적으로 타당성이 없다는 것이 연구 결과 밝혀졌지만 현대의 성격이론을 연구하는 학자들에게 생물학적 관점의 연구에 관심을 갖도록 했다는 점에서 의의가 있다.

정신역동적 성격이론

정신역동적 성격이론은 인간의 성격은 태어날 때 가지고 있는 두 가지 본능이 가장 큰 영향을 주며, 성격을 구성하고 있는 세 가지 힘들 간의 상호관계가 결정한다고 본다. 그리고 인간의 성격을 평가하고 이해하기 위해서는 의식적인 차원이 아니라 무의식적 차원에서 해야 한다고 주장한다.

성격의 구조

Freud는 인간에게 '삶의 본능(Eros)'과 '죽음의 본능(Thanatos)' 두 가지 본능이 있다고 하였다. 삶의 본능은 성욕으로 드러나고, 죽음의 본능은 공격욕으로 나타나는데, 정신역동에서 안정적으로 유지되고 있는 '삶의 본능'에 대한 개념을 중심으로 살펴보면 성욕은 리비도(Libido)라고 하는 하나의 심리성적 에너지의 형태로부터 나온다. 본능, 에너지, 구조 등의 용어 등은 Freud가 그 당시의 진화론, 물리학, 화학 등의 다양한 과학적 개념들의 영향을 받았음을 보여 주고 있다.

원초아(Id 또는 It)는 태어날 때 인간이 처음으로 가지고 있는 유일한 성격의 구성물이다. 신생아가 태어날 때 추구하는 것은 오직 자신의 만족이다. 이때는 자신이 원하는 것이 가능한 것인지 또는 그릇된 것인지에 대해서 알지도 못하고 알려고도 하지 않는다. 만족이 지연되는 것을 참지 못하고, 즉각적 만족을 추구한다. 원초아는 쾌락의 원리를 따른다.

이후 자신이 원한다고 이루어지는 것이 아님을 알고, 무엇이 가능한 것이고 원하는 것을 얻기 위해서 어떻게 해야 할 것인가 이해하여, 추구하려고 한다. 이러한 성격의 구성물을 자아(Ego 또는 Ich)라고 하며, 자아는 현실의 원리를 따른다.

마지막으로 발생하는 성격의 부분은 초자아(Superego 또는 Über ich)이다. 초자아는 올바른 것을 추구(도덕, 양심)하고 완벽한 것을 추구(자아 이상)하려는 성격의 한 부분이다. 초자아는 4~5세경에 나타나게 되는데 그 이전에는 옳고 그른 것에 대한 판단이 없다. 옳고 그른 것에 대한 판단은 자신의 내부에서 오는 것이 아니고 자신의 외부, 특히 부모와 같은 중요한 타인에게서 온다. 아이들은 부모의 명령, 훈계, 지시 등을 맹목적으로 따르다가 자신에게 내면화하게 된다. 부모의 규범을 잘 내면화하는 사람은 초자아가 잘 발달할 수 있는 반면에 그렇지 못한 사람은 발달하지 못할 수 있다. 아동들은 이 시기가 되면 규범, 규칙 등을 절대화하여 모든 사람이 지켜야 할 것처럼 이야기하거나, 누군가 시키지도 않았는데 스스로 그림이나 만들기 등을 완벽하게 하려고 노력하는 모습을 보인다.

이러한 세 가지 성격의 구성물 혹은 힘은 서로 타협하기 어려운 특성과 방향을 지니고 있다. 그래서 인간은 죽을 때까지 지속적으로 내적 갈등을 지니고 살게 된다. 어떤 사람은 갈등을 지각하지 못하거나 성격의 한 부분이 다른 부분을 지나치게 배제할 만큼 강력해서 내적 갈등이 첨예하지 않을 수 있다. 하지만 갈등의 정도에서 차이가 날 뿐 모든 사람은 사라지지 않는 갈등을 지니면서 살아가게 된다.

인생에서 중요한 것은 성욕과 공격욕을 어떻게 다루는가이다. 우리가 건강하고 행복해지기 위해서는 이 두 가지를 적절하게 잘 다루어야 한다. 너무 억압해서도 안 되고, 너무 허용해서도 안 된다. 정치인 중 일부는 성욕을 억압하다가 매춘이나 성접대, 외도 등으로 파멸하곤 한다. 성폭력 가해자들은 성폭력 이후 살인이라는 행위를 통해서 두 가지 욕구를 모두 잘못 사용하곤 한다. 2012년 있었던 토막살인사건은 끔찍하고 극명한 예가 될 수 있다. 우리는 그런 끔찍한 범죄를 저지르지는 않지만 두 가지 욕구를 잘 처리하지 못한다는 점에서 유사하다. 간혹 매우 뛰어난 지성을 갖추고 있는 사람도 실수를 한다. 2011년 고려대학교 의과대학 학생들의 동료 여학생 성추행 사건은 우리의 이성이 얼마나 쉽게 마비되고 무감각해질 수 있는지를 보여준다. 이 두 가지 욕구는 단순히 결혼과 스포츠 등으로 해결되는 것은 아니다.

의식의 수준

잠이 부족해서 졸리거나, 독한 감기약을 먹은 후에 어지럽거나, 운동 후에 명료하면서 집중력이 높아지는 등 인간에게는 여러 가지 의식상태가 존재한다. 의식상태 중에서 좁은 의미에서 의식(consciousness)은 대상을 바로 지각하고 이해할 수 있는 상태를 말한다. Freud 이전까지는 주로 의식의 상태만을 관심의 대상으로 삼았다. 하지만 Freud가 나타

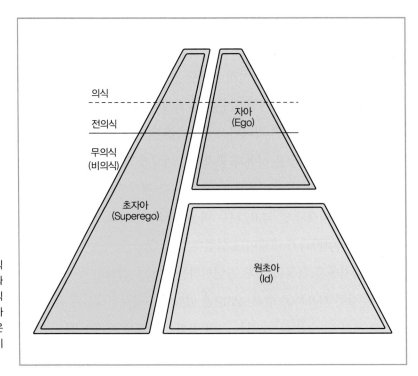

그림 7.2
성격의 구조와 의식의 수준. 초자아와 자아의 일부는 의식할 수 있지만 초자아와 원초아의 많은 영역들은 의식하기 어렵다.

나면서 비로소 비의식의 세계가 있다는 것을 이해하고 접근할 수 있게 되었다.

사람들은 위험하거나 불편한 물건을 창고에 쌓아 놓듯이 심리적으로 불편한 것들을 치워 놓게 된다. 그렇게 치워진 것들은 의식되지 못한 상태로 남겨지게 되는데 그것을 무의식(혹은 비의식, unconsciousness)이라 한다.

전의식(preconsciousness)이란 의식과 무의식의 경계라 할 수 있다. 바로 알 수 있는 것은 아니지만 조금 더 내면을 탐색해 본다면 알 수 있는 생각, 감정, 충동 등이라 할 수 있다.

불안과 방어기제

성격의 세 부분은 내적 갈등을 일으키는 중요한 원인이다. 이러한 갈등이 의식의 차원에서 이루어지고 있다면 사람들은 갈등을 쉽게 인식하고 해결할 수 있을 것이다. 그런데 그러한 갈등이 주로 무의식의 차원에서 이루어지고 있기 때문에 우리는 갈등을 쉽게 인지하고 조절할 수 없다.

갈등은 불안이라고 하는 느낌을 통해서 알 수 있다. 불안은 외부에 실재하는 대상으로 인해 나타나는 경우와 내부의 욕구나 충동 중에서 자신에게 위협이 될 것으로 여겨지는 것이 나타날 때 느껴지는 불안이 있다. 전자를 현실적 불안이라고 하고, 후자를 도덕적 불안, 신경학적 불안이라고 한다. 도덕적 불안은 양심과 이상이 자신에 대한 부정적 평가를 내리려 할 때 발생하는 불안이다. 신경학적 불안은 원초아의 욕구들이 커지면서 자신에게 위협이 될 수 있다고 지각될 때 느껴지는 불안이다.

사람이 살아가기 위해서는 내부에서 발생하는 불안을 적절하게 감소시켜야만 한다. 외부에서 불안을 유발하는 대상은 피하거나 없애면 되지만 내부에서 불안을 유발하는 대상은 없앨 수 없다. 그래서 사람은 불안을 유발하지 않도록 원초아와 초자아의 방향을 무력화시키려고 하는데 그것을 방어기제라 한다. 즉 불안으로부터 자신을 보호하기 위해서 사용하는 자아의 심리적 기제를 말한다. 방어기제로는 억압, 억제, 부정, 동일시, 투사, 치환, 환상, 합리화, 유머, 보상, 승화, 상환, 반동형성 등이 있다. 모든 방어기제는 불안을 감소시킨다는 점에서 동일한 기능을 하지만 심리적 건강성에 주는 영향에 따라 분류할 수 있다. 억압을 적게 하고, 자신의 욕구를 보다 더 많이 충족시키면서, 자신과 사회에 도움이 되는 것이 좋은 방어기제이다. 긍정적인 방어기제로는 승화, 유머, 억제가 있으며, 부정적인 방어기제로는 부정, 투사 등이 있다.

방어기제는 사람들이 현실에 적응하는 데 필요한 것이지만 지나치게 사용되었을 때에 자신의 자연스러운 욕구를 해결하지 못하여 심리적으로 불행한 삶을 살게 한다.

성격의 발달

Freud는 사람의 정신생활에 영향을 주는 리비도(Libido)라고 하는 심리 성적 에너지를 가정하였다. 그러한 에너지가 신체의 특정 기관에 집중되면 사람은 그 기관을 통해 쾌감과 만족을 얻으려 한다. 만일 만족이 이루어지면 욕구는 해소되고 심리적 문제가 나타나지 않지만 해소되지 않으면 만족을 위해 오랫동안 그 욕구에 집착하게 된다. 이를 고착(fixation)이라 부른다.

삶이란 특정한 욕구가 나타나고 행동을 통해 해소하고, 다시 새로운 욕구가 등장하는 연속적인 과정이다. 허기를 느껴서 식사를 하고, 지루함이 느껴져서 책을 보는 것과 같다. 특정한 욕구가 장기간 만족되지 못하거나, 반복적으로 만족되지 못한다면 어떻게 될까? 어떤 이가 오랜 기간 자주 허기를 느꼈다면 그 경험이 이후 행동에 어떤 영향을 줄 수 있을까? 그가 비록 음식섭취를 통해 다시 포만감을 느끼더라도 음식에 대한 갈망은 심리적으로 남게 될 것이다. 이를 고착이라 한다. 성인이 되어서 욕구가 충족되지 못하는 것도 단순한 불만족, 고통을 넘어 인격에 영향을 줄 수 있지만, 어린 시절의 욕구충족 및 불만의 경험이 가장 많은 영향을 준다. 우리의 삶을 욕구충족의 과정으로 보았을 때 얼마나 건강하게 욕구충족이 되었는가, 욕구충족을 얼마나 잘 해결하는가가 삶의 질과 행복을 결정한다고 볼 수 있다. Freud는 각 시기별로 나타나는 욕구의 발생과 그러한 욕구의 해결이 성격 형성에 중요하다는 것을 강조하고 있다.

구강기(출생~2세)

성격발달에 영향을 주는 첫 번째 단계는 구강기(oral stage)이다. 구강기라고 하는 이유는 리비도가 입에 집중됨으로써 입을 통해서 쾌감을 얻으려 하기 때문이다. 유아들은 이 시기에는 충분하면서도 적절한 때에 수유가 이루어짐으로써 만족을 얻게 되는데 이러한 만족이 부족하거나 지나치게 충족되었을 때 입을 통한 만족에 과도하게 집착하게 된다.

유아들은 입을 통한 쾌감을 통해서 외부 세계에 대한 신뢰, 자신감, 잘 베푸는 것과 같은 심리적 특성을 보이게 된다. 하지만 입을 통한 쾌감이 만족되지 않을 경우에는 타인에 대한 불신, 자신감 없음, 자기중심적이고 받으려고만 하기, 폭주와 폭식과 같은 특성을 보인다고 한다. 이러한 특성을 구강인격이라 한다.

항문기(2~3세)

다음은 리비도가 항문에 모여 항문을 통해 쾌감을 얻는 항문기(anal stage)이다. 항문을 통한 쾌감은 두 가지로 이루어지는데 첫째는 배설이고 둘째는 보유이다. 가끔 어린이들이 배 안에 배설물이 있음에도 불구하고 스스로 참고 있음을 볼 수 있다. 이것이 바로 보유를 통해 쾌감을 느끼고 있는 행동이다. 어린이들은 이 시기에 충분한 쾌감을 누리기 어려운데 그 이유는 부모들이 배변훈련을 시키기 때문이다. 배설하고 싶은데 참으라고 하거나, 보유하고 싶은데 싸라고 하면서 아이들에게 항문을 통한 충분한 쾌감을 방해하게 된다.

어린이들은 항문을 통한 쾌감이 만족스럽게 되면 자신의 신체는 스스로 조절할 수 있다는 자주성, 자율성, 독립성에 대한 느낌을 갖게 된다. 반면에 보유에서의 쾌감이 만족스럽지 않게 되면 청결, 정돈을 강조하는 강박적 경향이 나타나게 되고, 배설에서의 쾌감이 만족스럽지 않게 되면 자기절제가 안 되고, 지저분한 특성이 나타나게 된다고 한다. 이를 항문인격이라 한다.

남근기(3~6세)

남근기(phallic)는 리비도가 남녀 각각의 성기에 집중됨으로써 성기를 통해 쾌감을 얻는 시기이다. 이 시기가 성기기와 다른 것은 성기기는 남녀가 직접적인 성교를 통한 쾌감이 중요한 데 반해 남근기에는 자신의 성기 자체에서 오는 쾌감이 중요하다는 것이다. 이 시기의 어린이들은 성기에 대한 관심이 증대하고, 성적 자위행위 등이 나타나게 된다. 또한 이성부모에 대한 애정과 동성부모에 대한 질투를 느끼게 된다. 남근기는 최근 여성도 발달단계에 포함시키자는 의미에서 성기기로 부르기도 한다.

이후 잠재기와 성기기를 거치게 되는데, 잠재기(latent stage)는 7~12세에 나타나며 일시적으로 리비도가 내부에 잠재되어 겉으로 드러나지 않는 단계이다. 이때에는 동성의 부모와의 동일시가 더욱 강해지며,

이성에 대한 관심이 줄어드는 대신에 또래와의 관계에서 사회적 측면들을 배우게 된다. 성기기(genital stage)는 청소년 시기로 리비도가 성생활이 가능한 성기에 모이게 됨으로써 성기를 성생활의 도구로 인식하고 사용하게 된다(이무석, 1995). 남근기를 성기기로 부르는 연구자들은 성기기를 생식기로 부른다(노안영, 2005).

특성론

특성론(trait theory)은 성향(disposition)적 관점이라고도 하는데 성격 형성에 영향을 주는 요인을 탐색하기보다 성격 자체를 구조화하고, 분류하고 측정하는 것에 초점을 둔다. 특히, Cattell은 심리치료, 성격변화를 하기 전에 성격에 대한 올바른 분류체계가 선행되어야 한다고 주장했다. Allport, Cattell, Eysenck, Coata와 McCrae 등은 모두 특성론적 관점을 취하고 있지만 성격의 구조와 요인의 수에 대해서는 서로 다른 의견을 가지고 있다. 특히 Eysenck, Coata와 McCrae 등은 성격의 생물학적 토대를 주장하고 있다.

Allport

Allport(1897~1967)는 특성 중에서 가장 핵심적인 것을 주특성(cardinal traits)이라고 불렀다. 중심특성(central traits)은 주특성만큼 핵심적이지는 않지만 자주 그 사람의 행동에 영향을 주는 것을 말한다. 이차특성(secondary traits)이란 그 사람에게 자주 나타나지 않고 특정한 상황에서만 나타나는 것을 말한다. 만일 당신에게 '미영'이라는 친구가 있다고 하자. 당신은 미영이를 내성적이고, 신념이 분명하고 가

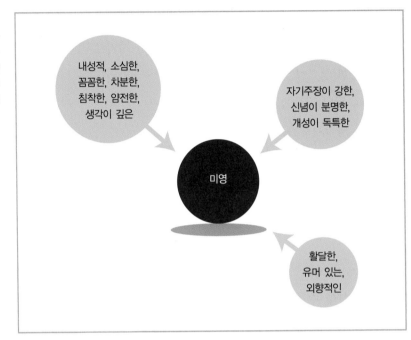

끔은 재미있는 친구라고 기술할 수 있다. 아마 당신 주변에 그러한 친구가 한 명 정도는 있을 것이다. 미영이의 성격에서 가장 '미영이' 다운 것을 고르라고 한다면 당신은 '내성적' 이라는 단어를 떠올릴지 모른다. 그렇다면 '내성적' 이라는 특질은 미영이를 대표할 만한 특성, 곧 주특성이 된다. 내성적이라는 개념만큼은 아니지만 미영이를 생각하면 함께 떠오르는 '신념이 강한' 과 같은 것은 그녀의 중심특성이라 할 수 있다. 반면에 자주 볼 수 없는 특정한 상황에서만 나타나는 활달하고 유머가 넘치는 특성은 이차특성이라 할 수 있다.

Allport는 주특성, 중심특성, 이차특성이라는 세 가지 수준의 특성으로 각 개인의 독특성을 이해할 수 있다고 보았다. 우리가 미영이와 동일한 특질들을 가지고 있는 '가희' 라는 친구를 알고 있다고 하자. 하지만 가희에게는 '신념이 분명한' 이 주특성이라면 '얌전하면서 고집이 센'

！실습 ▃▄▅

심리학 교수님의 특성을 적어 보고 그것 중에서 주특성과 중심특성 등을 분류해 보자. 그것은 심리학 교수님에 대해 무엇을 말해 주며, 어떤 행동들을 예측할 수 있게 해 주는가?

미영이와 달리 '자기주장을 침착하게 잘하는' 것으로 인상을 느끼게 될 것이다. Allport는 바로 이러한 이유로 여러 사람들이 비슷한 특성을 가지고 있지만 서로 다른 독특한 개성을 지니고 있다고 보았다.

Cattell

Cattell은 Allport와는 달리 표면특성과 근원특성으로 구분하였다. 표면특성(surface traits)은 사람들이 쉽게 관찰할 수 있는 특성들이고 근원특성(source traits)은 그러한 특성에 영향을 주는 보다 심층적이고 근원적인 특성이다. 예를 들어 미영이가 동아리 모임에서 말을 하지 않는 것(얌전함), 남자친구를 소개시켜 주겠다고 했더니 거절하는 것(소심함) 등은 내성적이라는 보다 근원적인 특질의 영향일 수 있다. 사람들이 성격을 기술할 때 사용하는 단어들이 많지만 이처럼 분류하고 정리해 보면 매우 적은 수의 특질이 나타나게 된다. Cattell은 이러한 작업을 주관적으로 하기보다는 성격을 기술하는 단어들을 선별한 후에 요인분석(factor analysis)이라는 통계적 기법을 이용하여 객관적으로 확인하고자 하였다. 그 결과 16가지의 특질을 구별할 수 있었다.

　Cattell의 작업은 사람의 성격을 기술하고 이해하는 데 너무나 많은 요인을 사용하고 있다고 비판을 받기도 한다. 사람들은 한 인물에 대해 종합된 특성을 파악하고 싶어하는데 너무나 많은 요인을 사용하다 보면 그러한 종합적 판단이 힘들어진다.

 외향성과 내향성 그리고 각성수준, 〈다큐프라임–당신의 성격 1부, 좋은 성격 나쁜 성격〉, EBS

Eysenck

Eysenck도 Cattell과 마찬가지로 요인분석을 사용하였지만 세 가지 요인만을 추출하여 성격을 설명하고자 하였다. Eysenck가 Cattell과 다른 점은 성격에 대해 생물학적 토대가 중요하다고 주장한 점이다.

　Eysenck가 주장한 세 가지 차원은 외향성-내향성, 신경증적-정서적 안정성, 그리고 정신병적-충동통제이다. Eysenck는 외향성-내향성(extraversion-introversion)은 대뇌피질의 각성수준의 차이 때문에 나타난다고 보았고, 신경증적-정서적 안정성(neuroticism-emotional

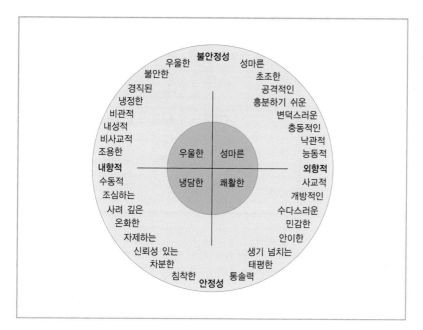

그림 7.4
Eysenck의 이차원적
성격 기술

stability)은 교감신경계의 차이 때문이라고 보았다. 정신병적-충동통제(psychoticism-superego strength)는 호르몬과 신경전달물질 등에 의해서 조절된다고 보았다. Eysenck의 성격이론의 장점은 성격과 생물학적 이론과의 관련성을 제시함으로써 성격과 다양한 생물학적 요인 사이의 관련성에 대한 연구를 촉발시킬 수 있다는 점이다.

5요인 이론

Norman(1963)의 초기 연구로부터 출발하여 McCrae와 Costa는 성격을 크게 다섯 가지로 설명할 수 있는 5요인 이론(Big 5 theory)을 만들었다. 최근 연구자들은 다섯 가지 요인으로 성격이 적절히 설명될 수 있다는 점에 동의하고 있는 경향이 있다.

다섯 가지 요인은 OCEAN이라는 약자로 쉽게 기억할 수 있는데 개

표 7.2
5요인 이론의 성격
특질차원

낮 음	요인	높 음
침착, 이완, 안정, 강건, 자기충족	신경증적 경향	걱정, 초조, 불안, 감정의 불안정
조용하고 냉정함, 과업중심, 억제되고 소극적	외향성	말이 많고 사교적인, 적극적, 사람중심, 자발적
관습적이며 동조적, 비예술적	개방성	호기심이 많으며 독창적, 예술적
냉소적이며 비판적, 의심이 많은	우호성	온화하여 성격이 좋음, 이타적, 신뢰하는, 관대한
게으르고 의지가 약한, 무기력한	성실성	성실하고 약속을 지키는, 체계적이고 정돈을 잘하는, 근면한

방성(openness), 성실성(conscientiousness), 외향성(extraversion), 우호성(agreeableness), 신경증적 경향(neuroticism)으로 구성되어 있다. 다섯 가지 요인에서 외향성과 신경증적 경향성은 Eysenk의 성격이론과 공통된다. 다섯 가지 요인에는 다시 하위 요인들이 나누어져 있어서 개략적인 성격특성과 함께 보다 세부적인 성격특성을 파악할 수 있도록 하고 있다.

현재 국내에서 사용하고 있는 특성론에 기반을 둔 성격검사들은 Cattell, Eysenck, 5요인 이론가들의 이론적 토대를 활용하여 개발된 것들이다. 심리상담 이외에 기업 등에서 선발과 배치 등의 목적으로 많이 사용하고 있다.

성격평가

성격평가에는 다양한 방법이 사용될 수 있다. 행동관찰과 면접은 일반인뿐만 아니라 성격에 대한 이론적 기초를 알고 있는 전문가들에게도 중요한 방법이다. 그들이 일반인과 다른 점은 성격을 판별할 수 있는 보다 정확한 사전지식을 가지고 있다는 점이다. 그 외에 널리 사용되는 성격평가에는 성격검사가 있다. 성격검사에는 질문을 통해 성격을 파악하는 것과 투사를 이용해 성격을 파악하는 방법이 있다. 질문을 통한 성격검사는 특정한 성격을 대표할 수 있는 행동들을 선별하여 피검자가 그러한 행동을 어느 정도 보였는가를 통해서 그 사람의 성격을 구별한다. 그 외에 보다 실제적 상황에서 보이는 성격을 중요하게 고려할 때에는 상황검사(특정한 사회적 압력에서 어떤 행동을 보이는지) 등을 사용하기도 한다.

유형검사

유형(type)은 사람들을 배타적 범주로 분류하는 것을 말한다. 유형의 개념에서 배타적이라는 단어가 중요한데 그것은 내가 한 가지 범주에 속한다면 다른 범주의 특성을 갖지 못하게 된다는 것을 의미한다. 혈액형은 체액론이면서 유형론이라 할 수 있다. 혈액형이 가지고 있는 전제는 A형은 B형과는 매우 다른 사람들이며 내가 만일 A형에 속한 사람이라면 B형의 특성을 가질 수 없다는 것이다. 혈액형 이외에 별자리, 띠 등을 통한 성격분석은 모두 유형론에 포함된다.

유형검사는 사람들을 특성별로 분류하고, 그들의 서로 다른 측면을 비교하거나, 특성 간의 상호작용 등을 살펴보는 데에는 매우 유리하다. 하지만 같은 특성을 가지고 있는 사람들 사이에서 나타나는 차별성을 확인할 수 없다는 점, 특성의 정도를 비교하기 어렵다는 점이 있다. 즉 동일한 A형이면 더 내성적인 사람과 덜 내성적인 사람을 모두 A형이라고만 할 수 있지 더 이상의 구분을 하지 못한다는 것이다. 또한 분류가 정확하지 않다면 각 특성을 배타적으로 구별하지 못하게 된다. A형이면서 활달한 면을 보일 경우, 다른 사람들이 나를 B형이라고 하는 대신에

표 7.3

MBTI의 성격유형

ISTJ	ISFJ	INFJ	INTJ
책임감과 집중력이 강하고 신중하며 침착하고 철저하며 인내력이 있고 보수적인 경향이 있다.	조용하고 차분하며 성실하고 정확하다. 동정심이 많고 헌신적이며 분별력이 있고 표현력이 약한 경향이 있다.	창의적, 독창적이며 원리원칙을 중요시한다. 신념이 강하고 내적 독립심이 강하다. 자기 안의 갈등이 많고 복잡하다.	독창적이고 추진력이 강하다. 직관과 통찰력이 강하며 목적달성과 능력을 중요시하고 고집스런 면도 있다.
ISTP	**ISFP**	**INFP**	**INTP**
조용하고 과묵하여 인간관계에 관심이 적다. 기계조작이나 원칙에 따른 조직화에 관심이 많다.	말없이 다정하고 겸손하고 관용적이다. 인간관계에서는 충돌보다 인화적이다.	정열적이고 충실하나 쉽게 드러내지 않는다. 완벽주의 경향이 있고 인간이해와 인간복지에 관심이 많다.	조용하고 과묵하며 통찰력과 지적 호기심이 강하다. 분석적 · 논리적이나 사교성이 적고 비평적 경향이 있다.
ESTP	**ESFP**	**ENFP**	**ENTP**
개방적이고 현실적인 문제해결에 능하며 적응을 잘하고 친구를 좋아한다. 순발력이 강하고 논리분석을 좋아하지 않는다.	사교적이고 활동적이며 친절하고 낙천적이며 재미있다. 상식이 많고 주위에 관심이 많다.	창의적이고 열정적이며 재능이 많고 상상력이 풍부하다. 즉흥적이고 새로운 것을 좋아한다.	독창적이고 다방면에 관심과 재능이 많고 달변가다. 문제해결능력과 솔선력이 강하고 경쟁적이다. 현실에 태만하기 쉽다.
ESTJ	**ESFJ**	**ENFJ**	**ENTJ**
현실적이고 계획력과 추진력이 강하다. 지도력과 행정능력이 있다. 속단속결과 업무위주 경향이 있다.	동정심이 많고 양심적이며 인화적이고 인기가 있다. 참을성이 많으며 칭찬받기 좋아하고 상처받기 쉽다.	사교적이고 적극적이며 인화적이고 동정심이 많다. 지도력과 충성심이 강하나 지나치게 평가에 민감하다.	솔직하고 단호하고 열정적이며 통솔력이 있다. 지적인 욕구와 관심이 많고 자신만만한 경향이 있다.

출처 : 김정택, 심혜숙, 제석봉 역(1995)의 『MBTI 개발과 응용』 참조.

'특이한 A형'이라고 지칭하는 것은 분류의 정확성이 부족함을 합리화시키는 방법일 뿐이다.

현재 국내에서 이론적 기반을 가지고 있으면서 가장 보편화된 검사 중에 MBTI(Myers-Briggs Type Indicator)라고 하는 검사가 있다.

MBTI 검사는 Jung의 성격이론을 기초로 Myers와 Briggs라는 두 사람이 만든 검사이다. 에너지의 방향, 감각과 인식의 기능, 생활양식 등의 네 가지 차원에서 어떤 것에 포함되어 있는가에 따라 16가지 성격유형 중에 한 가지에 해당된다.

에너지의 방향은 크게 내향과 외향으로 나누어진다. 내향(introversion)은 에너지의 방향이 자신의 내면을 향하는 것이다. 그러므로 생각하는 것을 좋아하며, 차분하고 조용하고, 혼자 있는 것을 선호한다. 외향(extraversion)은 에너지의 방향이 외부를 향하는 것이다. 활동하는 것을 좋아하며, 활발하고 에너지가 넘치며, 사람들과 함께 있는 것을 선호한다. 이때 주의할 점은 내향이 에너지의 수준이 떨어지는 것이 아니라 에너지의 방향이 내면을 향한다는 점이다. 내향은 외향을 산만하고, 나댄다고 부정적으로 평가할 수 있고, 외향은 내향을 침울하고, 속을 모르겠다고 평가할 수 있다. 자동차를 타고 여행을 하면서 좋은 음악을 들으면서 감상하고 있는 나를 외향형의 아내가 화를 냈다. 서로 대화도 없이, 우울하다는 것이다. 내향은 차분히 느끼려 한다면, 외향은 함께 즐기려 하는 경향이 있다.

두 번째는 인식의 차원이다. 감각(sensing)은 감각에 따른 명증한 사실 인식을 선호한다. 꼼꼼하며 현재에 초점을 둔다. 직관(intuition)은 내적 사고, 상상, 아이디어 등에 대한 인식을 선호한다. 사고가 비약적이며, 가능성, 미래에 초점을 둔다. 감각형은 인식형을 일처리가 꼼꼼하지 못하며, 비현실적이라고 부정적 평가를 한다. 인식형은 감각형을 변화를 싫어하며, 지엽적인 것에 지나치게 신경을 쓴다고 평가를 한다.

세 번째는 판단의 차원이다. 감정(feeling)형은 좋고 싫음을 기준으로 평가를 한다. 그러므로 일의 성과보다는 관계를 중요하게 생각한다. 사고(thinking)형은 옳고 그름을 기준으로 평가한다. 관계보다는 일과 정의가 더욱 중요하다. 감정형은 사고형을 보고 냉정하고, 비판적이라고 평가한다. 사고형은 감정형을 보고 공과 사를 구분하지 못하고, 자기주장을 못한다고 평가한다. 각 유형은 다른 유형에 대해 부정적 관점을 가지곤 하지만, 유형 간에 좋고 나쁨은 없다.

MBTI와 같은 유형검사는 심리적 어려움의 판별, 취업 준비 등을 위해 사용하기에는 적절하지 않고 현재 자신의 대인관계양식, 업무양식, 생활양식 등을 이해하기 위해서 활용하는 것이 적절하다.

 외향성과 내향성, 〈다큐프라임 – 당신의 성격 3부, 나는 내성적인 사람입니다〉, EBS

특성검사

특성검사는 여러 가지 특성들에 대해 각 사람이 보여 주는 정도를 측정함으로써 그 사람의 개성을 보다 구체적으로 이해하고자 한다. 예를 들어 16PF는 16가지 특성들에 대한 점수 프로파일을 제공한다. 각각의 점수를 보면 그 사람의 독특한 특성을 이해할 수 있게 된다. 만일 학생들이 현재 심리적 어려움이 없고, 취업이나 진학을 준비하고 있다면 일반적 성격검사나 취업 관련 기업에서 개발한 인·적성 검사 등을 활용할 수 있다.

다요인 인성검사

다요인 인성검사(Minnesota Multiphasic Personality Inventory, MMPI)는 임상장면에서 정상성격과 이상성격을 분류하고 이상성격의 중요한 종류를 파악하기 위한 목적으로 만들어졌다. 제작된 방법이 각 임상집단(정신과 환자)의 중요한 증상을 토대로 문항을 만든 것이 아니라 정상집단과 임상집단에서 서로 다른 반응을 보이는 문항을 선별하여

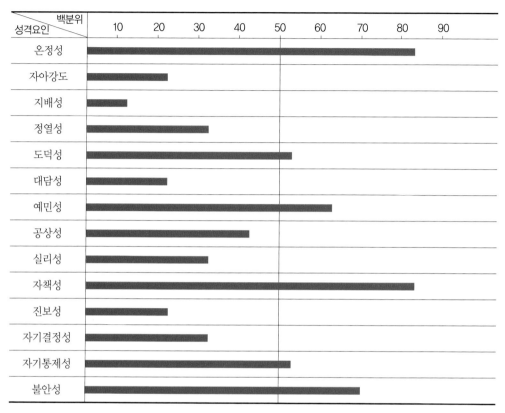

그림 7.5
16PF를 이용한 다요인 인성검사. 온순하지만 자율적이지 못하고 수동적인 성격을 보이고 있다.
(출처 : 다요인인성검사실시요강, 한국가이던스 저)

만들어졌다. MMPI는 네 가지의 타당도 척도와 9개의 임상척도들로 구성되어 있다. 타당도 척도는 피검자가 검사반응을 통해서 검사를 해석해도 될 만큼 타당하고 신뢰로운가를 말해 준다. 임상척도는 9가지 임상척도들의 점수를 각각 보여 주는데 일반적 해석에서 단 한 가지의 척도만을 가지고 해석하기보다는 여러 척도들의 상호관계를 통해서 해석하는 프로파일 해석을 활용한다. 만일 학생이 현재 심리적 어려움에 처해 있다면 일반적 성격검사보다는 MMPI를 해 보는 것이 적절하다. 최근에는 MMPI 개정

그림 7.6
MMPI. 하단 좌측의 ?, L, F, K가 타당도 척도이며, 건강염려증에서 내향성까지가 임상척도이다.

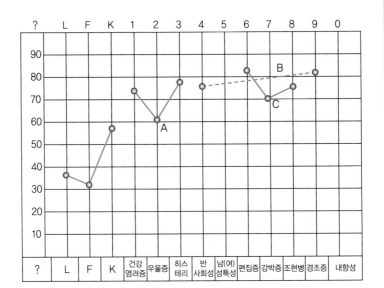

| ? | L | F | K | 1 | 2 | 3 | 4 | 5 | 6 | 7 | 8 | 9 | 0 |

A 프로파일은 신체형 장애, B는 반사회적 인격장애, C는 조현병 등에서 나타나는 일반적인 형태들이다.

판인 MMPI-II가 사용되고 있다.

투사검사

투사란 모호한 자극을 지각할 때 자신의 감정이나 사고 등의 심리적 상태를 반영하는 것을 말한다. 예를 들어 우리가 어렸을 때 구름을 보면서 '토끼', '호랑이', '빵'이라고 서로 다르게 지각했던 것과 같다. 질문을 이용한 성격검사가 다소 의식적 수준에서 성격을 측정한다면 투사적 성격검사는 무의식적 수준에서 성격을 측정하는 경향이 강하다.

투사검사에는 모호한 그림이나 모양을 보고 떠오르는 것을 말하는 방법, 그림을 그리는 방법, 문장을 완성하는 방법 등이 많이 사용된다. 그림이나 모양을 통해 성격을 알아보는 검사로는 TAT(Thematic

그림 7.7
TAT 유사 자극. "이 검사는 상상력 검사이고 일종의 지능 검사입니다. 그림을 보면서 극적인 이야기를 만들어 보십시오."라는 요청을 받는다.

그림 7.8
로르샤흐 유사 자극. "이 잉크카드가 당신에게 무엇처럼 보이는지 이야기해 주시기 바랍니다."라고 질문을 받는다.

Apperception Test)와 로르샤흐(Rorschach) 검사가 대표적이다. 그림을 그리는 방법으로는 집, 나무, 사람을 그리기(HTP), 가족 그리기(KFD) 등이 있다.

HTP 검사에서 지붕은 정신기능, 공상과 연관이 된다. 지붕의 크기가 적절하다면 적절한 사고활동을 하면서 균형 있게 살고 있을 가능성이 높다. 반면에 지붕이 지나치게 크거나 진한 선으로 강조하는 경우에는 공상을 통한 만족을 추구하는 것으로 볼 수 있다. 문은 환경과의 접촉을 의미한다. 지나치게 큰 문은 과도한 의존심을, 너무 작은 문은 대인관계에 대한 회피, 위축 등을 나타내는 것일 수 있다. 창문도 환경과의 접촉을 의미한다. 잠겨 있는 창문, 커튼 등도 타인과의 접촉회피로 볼 수 있다. 굴뚝의 연기는 따뜻한 가정과 남성성에 대한 욕구로 본다. 지나치게

그림 7.9
HTP 검사. 집, 나무,
사람(남과 여)을 그린
후 질문을 한다.

많은 연기는 가정 내 갈등, 가는 연기는 따뜻함의 결여, 연기가 바람에 기울어 있는 것은 환경으로부터 압력 등으로 볼 수 있다. 기둥은 자아의 강인함을 나타낸다. 가늘게 그렸다면 약한 자아와 불안을, 지나치게 굵게 그렸다면 약한 자아에 대한 보상, 공격성 등으로 볼 수 있다.

그림검사를 해석할 때는 이런 그림은 이런 성격을 나타낸다고 단순하게 해석해서는 안 된다. 불안하면 나무의 기둥을 가늘게 그릴 가능성이 많지만, 나무기둥을 가늘게 그리는 이유는 다양할 수 있다. 투사검사는 해석하는 사람의 주관적 평가가 반영되므로 매우 주의해야 한다.

! 실습 ᴵᴵᴵ

※ 다음 문장을 읽고 생각나는 것을 적어 문장을 완성해 보라.

어린 시절 _____

_____

아버지는 _____

_____

일이 힘들게 되면 _____

_____

가족은 _____

_____

내가 좋아하는 것은 _____

_____

여자 _____

_____

지금도 기억되는 것은 _____

토론주제

아래는 제8장 동기에서 함께 논의할 주제들이다.

1. **배고픔은 우리 몸 어디에서 느끼는 것일까? 우리는 적당한 식사량을 포만감만으로 판단할 수 있을까?**
   1.1 우리는 왜 과식을 하는 것일까? 배부름을 잘 판단하지 못하는 것일까, 배가 부른데도 불구하고 먹는 것일까? 그 이유는 무엇일까?
   1.2 다이어트를 한 사람들이 종종 물만 먹어도 살이 찐다고 한다. 그것은 사실일까? 만일 사실이라면 원인은 무엇일까?
   1.3 폭식증과 거식증의 원인은 무엇일까?

2. **각자 자신이 좋아하는 스타일의 이성은 어떤 신체적 특징을 가지고 있는지 이야기 나누어보자. 이유는?**
   2.1 아름답다는 것은 보편적일까? 예를 들어 내가 아름답다고 생각한 대상은 다른 사람들도 아름답다고 느낄까? 아니면 다양한 견해차이가 존재하는가?
   2.2 아름다움에 대한 기준은 선천적일까, 문화적일까? 예를 들어 고대와 현대는 아름다운 몸매에 대한 기준이 같을까, 다를까?
   2.3 S라인 등이 매력적으로 느껴지는 것은 진화적으로 어떤 가치가 있을까?
   2.4 남녀가 이성을 선택하는 신체적 기준은 다를까?
   2.5 포르노, 야동에 대한 기호는 남녀가 다를까?
   2.6 선정적 동영상은 이성에 대한 성적 태도에 악영향을 줄까? 예를 들어 성희롱, 성추행 등을 증가시킬까?

3. **특정한 활동, 예를 들어 수학, 미술, 축구 등에 대한 흥미는 선천적일까, 후천적일까?**
   3.1 좋아하던 활동, 예를 들어 피아노, 축구 등이 갑자기 싫어졌던 때가 있는가? 이유는 무엇일까?
   3.2 왜 우리는 작심삼일이 될까? 목표가 있지만 실천하지 못하는 이유는?
   3.3 왜 산악인은 목숨을 걸고 고산을 도전하는 것일까? (기타 익스트림 스포츠도)
   - 다큐 〈생활의 달인〉에 나오는 사람들의 공통점은 무엇일까?

제8장

동기

사람들의 행동에는 원인이 있는데 그러한 원인을 알아보고자 하는 것이 동기에 대한 학문이다. 사람들의 행동에는 '왜'라고 하는 질문이 필요 없는 — 배가 고파서 식사하는 것과 같은 — 당연한 것으로 여겨지는 것이 있는가 하면, '왜'라고 하는 질문을 깊이 있게 하게 만드는 — 배가 고픈데도 먹지 않는 — 특이한 것도 있다. 동기에서는 일반인이 당연하게 여기는 행동에서 기이하게 여기는 행동 모두를 다루게 된다.

행동을 유발하는 내적 힘이 생겼을 때, 그러한 힘이 지속될 때, 그러한 힘이 특정한 하나의 방향으로 나타날 때 동기가 유발되었다고 말을 한다. 즉 동기는 인간으로 하여금 행동유발, 방향제시, 유지의 역할을 한다. 인간동기의 주요한 원인이 무엇인가에 대한 설명은 고대에서부터 지금까지 다양하게 변해 왔다.

! 실습

※ 자신의 의지력에 대해 평가해 보기

(1) 다음 세 가지 영역에서 당신의 의지 정도를 평가해 보기 바란다. 당신이 계획했던 것을 어느 정도 실행하는지 점수(10점 만점)를 표시한 후 내용을 적어 보기 바란다.
   1. 학습
   2. 운동
   3. 기타. 당신이 통제하기 어려운 생활습관 중 하나(예 : 흡연, 수면 등)

(2) 학습에 대한 의지, 운동에 대한 의지를 높이기 위해서 당신이 해야 할 것이 무엇일까 생각해 보기 바란다. 그리고 '의지'라는 개념이 자신의 행동을 설명하는 데 있어서 장단점을 생각해 보기 바란다.

의 지

다윈의 진화론이 나타나기 이전까지는 인간의 행동원인은 그가 어떤 행동을 하고자 하는 '마음'을 먹었기 때문이라고 생각했다. 즉, 그의 의지를 통해서 그의 행동을 설명하였다. 담배를 끊지 못하는 남편, 다이어트에 실패한 아내, 성적을 올리지 못하는 자녀, 어려운 환경을 극복하지 못하고 자살하는 청년들에 대해 의지력이 부족하다고 비난하곤 한다. 의지라는 관점에서 행동 원인은 의지에 있었기 때문에 인간의 미덕과 악덕이 모두 당사자의 책임이 된다. 의지 개념으로 인해 인간에게 책임은 커졌지만 어떻게 그러한 의지를 갖게 하고, 바꿀 수 있는가에 대해 대답하지는 못했다.

본 능

본능이론은 인간의 행동 원인을 인류의 오래된 진화 경험과 유전이라고 하는 생물학적 토대로 설명한다. 자신이 특정한 시기에 특정한 행동을 하게 되는 것은 자신도 모르는 인류의 오랜 조상들의 유전적 정보에 의한 것이라는 주장이다. 짝짓기, 출산, 육아, 집짓기, 이동(철새이동, 조류회귀) 등과 같은 행동은 대표적인 본능이다. 본능이론은 인간의 모든 미덕과 악덕을 본능으로 설명한다. 하지만 이번에는 그러한 미덕과 악덕이 자신 때문이 아니다. 본능론은 인간에게서 모든 책임을 가져갔다. 그뿐만 아니라 서로 반대되는 본능이 어떻게 나타날 수 있는지 설명하기 어려웠다. 예를 들어 공부를 열심히 하는 사람과 게으른 사람의 본능이 어떻게 서로 다를 수 있을까?

> 부 : 그놈이 공부를 하려고만 해 봐! 뭘 못하겠어. 내가 필요한 건 다 해 줄텐데.
> 그놈은 의지가 부족해서 탈이라니까!
>
> 모 : 공부하기가 싫은가 보죠. 어떤 녀석은 부모가 시키지 않아도 열심히 하잖아
> 요? 자기한테 안 맞는 걸 어쩔 수 없잖아요? 자기 싫어하는 걸 안 하는 건 모
> 든 사람이 다 똑같아요.

부모님은 자식에 대해서 위와 같은 이야기를 하곤 한다. 아버지는 '의지'라고 하는 개념으로 자식의 행동원인을 이해하려고 하고 있는 반면에 어머니는 '본능'이라고 하는 개념으로 행동의 원인을 이해하려 하고 있다. 의지라는 개념을 통해서 행동의 원인을 이해했을 때에는 그의 잘못된 의지를 탓할 수밖에 없다. 본능이라는 개념을 사용할 때에는 인간 자체를 탓할 수밖에 없다. 두 가지 개념이 나름대로 인간행동의 원인을 설명하고 있지만 더 깊이 있는 이해를 하는 데 어려움이 있고, 인간의 행동을 변화시키는 데 한계가 있다.

추 동

추동(drive)이란 내적 긴장상태를 해소하기 위해 활동화시키는 것을 말한다. 'drive'라는 용어가 국내에서 처음 번역되었을 때에는 본능(instinct)이라는 말로 잘못 번역될 때도 있었다. 본능이 생물학적 프로그램에 의한 행동이라면, 추동이란 생물학적 균형이 상실됨으로써 나타나는 심리적 욕구를 말한다. 예를 들어 인간은 생존하기 위해서 일정한 체온, 일정한 수분, 일정한 영양분 등 다양한 내적 상태를 필요로 한다. 이처럼 안정된 내적 상태를 동질정체(homeostasis)라 한다.

그림 8.1
햇님과 바람의 내기
－동질정체. 바람은
사람이 체온을 동질
정체 상태로 유지하
고자 하였기에 내기
에서 졌다.

각성수준

각성수준(level of arousal)은 수행과 함께 정서에도 영향을 준다. 각성수준이 낮을 때에는 지루함이 나타나고, 높을 때에는 불안이 발생한다. 가장 유쾌한 정서를 경험할 때는 중간 수준의 각성상태이다. 그런데 사람에게는 타고난 기저 각성수준이 개인마다 다르다. 기저 각성수준이 낮은 사람은 적절한 각성수준에 도달하기 위해 외적 자극을 적극적으로 추구하게 된다. 외적 자극은 감각자극, 활동, 정서적 반응 등을 통해서 유발될 수 있다(Hebb, 1955; Berlyne, 1967).

우리가 외향형은 신경계가 활성화되어 있을 것으로 생각하지만 오히려 그 반대이다. 그들은 자극에 덜 민감하게 반응하는 경향이 있다. 내향형은 기저 각성수준이 오히려 높기 때문에 각성을 강화시키는 외적 자극을 피하는 행동을 하게 된다. 감각발탁이라고 하는 특이한 실험에 참가하는 사람들의 공통된 특성에 주의를 기울이다가 발견한 감각추구형(sensation seeking)이라고 불리는 사람들이 있다. 그들은 스릴과 모험을 추구하고, 새로운 경험에 도전하고, 탈억제를 보이고, 지루함이나 권태를 잘 이기지 못하는 특성을 보인다. 그들은 암벽등반이나 과속 등

그림 8.2
암벽등반과 각성수준. 감각추구형의 사람은 각성을 높이는 활동에 몰입하는 경향이 있다.
〈사진제공 : 김홍빈〉

을 즐기고, 처음 보는 사람의 차를 타거나, 만취상태에 빠지거나, 학교나 학원과 같은 반복적인 것을 싫어한다(Zuckerman, 1979). 그들은 절도, 공격, 성행동, 약물사용, 기타 법률적 일탈을 상대적으로 자주 보이는 것으로 보고되고 있다.

이처럼 각성수준은 신체가 적절한 각성수준에 도달하도록 하기 위해서 인간의 활동성을 유발하는 역할을 하고 있다. 이러한 활동성은 외향성, 감각추구형처럼 인간의 지속적 특성으로 유지되고 있다.

배고픔과 섭식

우리는 일정 기간 식사를 하지 않으면 배고픔을 느끼게 되고, 그러한 경험은 섭식을 시작하는 데 중요한 작용을 한다. 하지만 배고픔과 섭식이 꼭 대응하지는 않는다. 어떤 경우에는 거식증처럼 배고프지만 섭식을 충분히 하지 않고, 또 어떤 경우에는 과식이나 폭식처럼 이미 충분히 먹었음에도 불구하고 섭식을 지속한다. 인간의 섭식에는 단순히 배고픔 이상의 것이 영향을 준다. 인간으로 하여금 배고픔을 느끼게 하는 기제는 무엇일까?

사람들은 배가 고플 때 '속이 비었다'라는 말을 한다. 즉, 위장이 비면 배가 고프다고 생각하는 것이다. 위장의 수축은 배고픔에 대한 지각에 중요한 역할을 한다. 위에 수축을 측정하는 장치를 한 후 수축과 배고픔의 느낌의 연관성을 확인해 본 결과 위의 수축과 배고픔의 시기는 대체적으로 일치하는 것으로 나타났다(Canon & Washburn, 1912). 하지만 위 절제수술을 받은 사람이 배고픔을 경험하는 등의 현상은 위의 수축만이 배고픔의 중요한 원인이 아님을 말해 주고 있다.

시상하부에 전기적 자극이나 손상을 줄 경우에 섭식행동이 변한다고 한다. 시상하부는 외측과 복내측으로 나뉘는데 외측 시상하부(lateral hypothalamus, LH)에 전기자극을 주었더니 먹는 행동이 지속되었다. 반면에 외측 시상하부를 파괴하였더니 먹는 행동이 중지되었다. 이러한 결과는 외측 시상하부가 섭식행동을 유발하는 섭식중추라는 것을 알게 해 준다. 복내측 시상하부(ventromedial hypothalamus, VMH)에 전기자극을 준 경우에는 먹는 행동이 감소되고, 파괴되었을 때에는 먹는 행동이 증가하였다. 이러한 결과는 복내측 시상하부가 포만감을 유발함으로써 먹는 행동을 중지하게 하는 포만중추임을 알려 준다.

위장의 수축과 배고픔, 〈KBS 특선 다이어트, 오해와 진실〉, KBS

섭 식

배고픔은 생물학적 현상이다. 하지만 먹는 것은 생물학적 현상과 함께 후천적 학습과 환경에 의해서 영향을 받는다. 배가 고프다고 익숙하지 않은 음식을 먹지는 않는다. 자신이 지금까지 무엇을 먹었는가에 따라 배가 고플 때 먹는 음식의 종류가 달라진다.

한국을 비롯한 동양인은 굴, 미역 등과 같은 해산물을 좋아하며, 특히 한국인은 멸치, 내장탕, 보신탕 등을 먹곤 한다. 같은 나라 안에서도 경상도 사람들은 자장면에 고춧가루를 넣어서 먹고, 전라도 사람들은 콩물국수와 팥죽에 설탕을 넣어서 먹는다. 이처럼 학습에 의해서 먹는 대상과 방식이 달라지는 것은 인간으로 하여금 제한된 환경에서 가용한 식자원에 적응할 수 있도록 하는 기제로 이해할 수 있다.

사람들의 먹는 행동은 심리적으로도 이해해 볼 필요가 있다. 사람들은 일반적으로는 배가 고플 때 먹는다. 하지만 인간은 배가 고프지 않거나 혹은 배가 아주 많이 부름에도 불구하고 먹기를 계속한다. 잔치나 회식에서 맛있는 것이 많을 때 더 먹기도 하고, 비싼 돈을 주고 산 음식을 남기기 아까워서 먹기도 한다. 또는 지루하거나, 스트레스를 받거나, 사회적 관계를 맺기 위해서 먹기도 한다. 이처럼 먹는 행동은 생물학적 요인 이외의 많은 것의 영향을 받는다.

그렇다면 섭식의 양은 어떻게 결정되는 것일까? 영양결손에 따른 배

표 8.1
먹는 사람과 맛의 수에 따른 아이스크림 섭취량

		사회적 장면		
		혼자		집단	
		맛의 수 1	맛의 수 3	맛의 수 1	맛의 수 3
남성		113.8	211.1	245.6	215.6
여성		76.9	137.7	128.5	170.8

고픔의 강도 이외에 다른 시각적 정보, 함께 먹는 사람의 숫자, 음식 종류의 다양성, 기억 등이 섭식의 횟수, 양에 중요한 역할을 한다. 섭식의 정도는 시각적 정보에 의해서 많은 영향을 받는다. 큰 밥그릇에 밥을 먹게 되면 더 많은 양을 먹지만 작은 밥그릇에 밥을 먹게 되면 더 적게 먹게 된다. 큰 밥그릇에 동일한 양의 밥을 담았을 때 더 적은 양으로 보이기 때문이다. 그래서 다이어트를 위해서 만든 다이어트 공기(밥그릇)는 상대적으로 그 크기가 작다.

섭식의 정도는 함께 먹는 타인의 존재에 영향을 받는다. 혼자 먹을 때에 비해서 함께 먹는 사람의 숫자가 증가되면 섭식의 양이 증가한다. 이는 혼자서 자취하는 사람이 식사량이 줄어드는 현상을 설명해 준다. 동물에 대한 연구에서도 인간과 동일한 현상이 발견되었다. 그리고 음식의 수가 늘어나면 먹는 행동이 증가하게 된다. 이때 음식의 수는 음식의 종류와 다양한 색깔에 따른 분류까지 포함한다. 〈표 8.1〉에 나와 있는 것처럼 아이스크림의 종류가 증가하자 섭취량이 증가하였다. 뷔페처럼 여러 음식이 나오는 경우에 사람들은 과식을 하게 된다.

인간에게는 음식의 부족뿐만이 아니라 특정한 영양물질의 결핍에서 유발되는 배고픔이 있는데 이를 특수기아라 한다. 동물에게 당분이 부족한 음식물을 제공한 후에 다양한 음식물을 제공하면 그중에서 당분이 풍부한 음식을 선택한다. 유기체에게는 맛이 그 음식의 영양을 말해 주는 것으로 인식되어 맛있는 것을 선택하게 되는데 패스트푸드와 정크푸드 등에는 인체에 꼭 필요한 영양소가 없는 경우가 많다. 현대인은 단 것, 짠 것, 고소한 것 등을 선호하게 됨으로써 균형 잡힌 영양섭취를 방해받고 있다.

섭식에 영향을 미치는 시각정보, 〈다큐프라임 – 아이의 밥상 2부, 과식의 비밀〉, EBS

비 만

먹는 것과 관련된 한 가지 문제가 비만이다. 비만은 과식으로 인해서 나타나는데 심혈관 질환, 당뇨병, 관절염 등 다양한 질병을 유발하기 때문에 사회적으로 심각한 문제가 되고 있다.

비만이란 단지 몸무게가 많은 것을 지칭하는 것이 아니고 몸 안에 얼마나 많은 지방이 있는가를 의미한다. 일반적으로 몸무게에서 체지방이 차지하는 비율이 여성의 경우 20~25%, 남성의 경우 15~20%를 정상으로 본다. 그래서 여성의 경우 체지방이 30% 이상, 남성의 경우 25% 이상이면 비만으로 평가한다. 비만의 정도를 알기 위해서는 체내 지방조직인 체지방량을 알아야 하는데, 여러 방법 중 체지방과 상관이 높다고 알려진 체질량지수를 활용한다. 체질량 지수(Body Mass Index, BMI)는 (몸무게/키2)이다. 만일 몸무게가 55kg인 사람이 키가 160cm라면 $55/1.6^2 = 21.5$가 된다. BMI가 25 이상이면 비만으로 판정한다(김영설, 최웅환, 2009).

비만은 최근 건강, 직업 및 사회활동 등에 다양한 영향을 주고 있는 것으로 알려지면서 주요한 개입대상으로 인식되고 있다. 비만은 과식, 식사습관, 운동부족, 유전 등의 여러 가지 이유가 있지만 본 교재에서는 유전과 관련된 생물학적, 심리적 원인에 대해서 알아보고자 한다.

외적 단서에 대한 민감성

Schachter(1968)는 비만인 사람은 보통 사람에 비해 배고픔에 영향을 주는 외적 단서에는 민감한 반면에 내적 단서에는 둔감하다고 가정하였다. 그래서 비만인 사람은 자신이 이미 충분히 배가 불렀음에도 불구하고 외적 단서에 의해서 촉발된 배고픔 때문에 먹기를 계속한다는 것이다. Schachter는 비만인 사람들을 정상적인 시계와 정상보다 빨리 가도록 조작한 시계를 보면서 먹는 행동이 어떻게 차이가 나는지를 비교해 보았다. 결과는 예상했던 것처럼 비만인 사람들은 빨리 가도록 조작한 시계 조건에서 두 배 가까운 크래커를 먹었다.

하지만 이후 Rodin(1981)은 비만인 사람이 특별히 외적 단서에 민감하다는 증거는 충분하지 않으며 비만인 사람들이 내적 단서에 민감할 수 있음을 주장하였다. 그는 비만인 사람은 외적 자극에 의해서 침과 인슐린과 같은 내적 단서를 촉발할 수 있는 반응이 더 강하게 나타남으로써 먹는 행동이 유발된다고 보았다.

유전적 소인

부모와 자녀 간 체중의 상관이 높은 점은 비만이 유전일 수 있음을 보여 준다. 유전이 되는 요인으로는 첫째, 비만인 사람은 지방세포의 수와 크기 등이 유전된다고 한다. Hirsch와 Knittle(1970)는 비만인 사람의 지방세포 수가 그렇지 않은 사람의 두 배가 된다는 것을 발견하였다. 그 이외에 Garrow(1986)는 비만인 사람은 기본 신진대사율이 다른 사람에 비해 낮다고 한다. 즉 그들은 적은 양의 에너지만을 소비하기 때문에 더 많은 여분의 에너지가 남게 되고 그것이 지방으로 비축된다고 한다.

하지만 아버지와의 상관보다 어머니와의 상관이 더 높게 나타나거나, 쌍둥이의 경우 나이가 들어감에 따라 체중의 유사성이 감소되는 것 등은 유전만으로는 비만을 설명하는 것이 충분하지 않음을 보여 준다(Garn & Clark, 1976). 그러한 현상이 나타나는 원인으로는 어머니가 가족들의 식습관을 통제하기 때문으로 여겨진다.

조절점 이론

사람들은 단식이나 과식 이후에 점차 자신의 이전 체중으로 되돌아가는 현상을 경험한다. 이처럼 자연적으로 회귀하여 안정되는 체중을 항상체중이라 한다. 사람들에게 3개월간 이전 체중의 75%까지 체중을 감소시켰던 실험(Keys, Brozek, Henschel, Michklsin, & Taylor, 1950), 이전 체중에서 9~14kg을 증가시키는 실험(Sims, 1974)을 하였다. 실험 후 다시 이전 생활로 돌아갔을 때 대부분의 사람이 정상체중으로 돌아갔다. 단 기아실험에서는 일부 사람들이 체중이 약간 증가하였고, 비만실험에서는 비만의 가족력이 있던 사람들의 경우 이전 체중으로의 회복이 실패하였다.

Keesy와 Powley(1975)는 시상하부가 자신의 체중에 대한 조절을 한다고 주장하였다. 이들은 신체가 지방의 저장수준을 감시해서 지방의 수준이 감소하면 시상하부에 영향을 주어 정상체중으로 회귀하도록 작용한다고 보고 있다.

요요효과

다이어트를 해 본 사람들은 체중조절에 성공한 후에 체중이 이전보다 더 늘어 버리는 요요현상을 경험하곤 한다. 반복적으로 다이어트를 하는 사람은 이러한 요요현상으로 인해서 다이어트를 할수록 체중이 증가하게 되는 역설적 현상이 나타나기도 한다.

연구자들은 이러한 요요현상을 기근 가설(famine hypothesis)로 설명한다. 현대를 살아가는 사람들에게 기근, 기아는 익숙하지 않지만 과거 인간의 역사는 기아와의 투쟁의 역사였다고 한다. 기아환경에서 생명을 유지하기 위해 에너지의 효율적 활용, 비축과정 등이 진화되어 왔다. 인류는 음식이 부족할 때 생존하기 위해 최소로 요구되는 기본신진대사율을 낮춤으로써 적은 에너지를 가지고 생활할 수 있도록 진화되었다. 그런데 이후 음식이 풍족할 때에도 기본신진대사율이 유지됨으로써 여분의 에너지가 생기고, 그 에너지가 지방으로 변환되어 저장된다. Bray(1969)의 실험에 의하면 약 한 달간 칼로리 섭취량을 1/10(90%)로 줄여도 몸무게 감소는 단지 6%(당신이 60kg이라면 56kg이 됨)에 머무른다. 이는 기본신진대사율의 감소가 크기 때문에 나타나는 현상이다.

현대사회는 지나치게 마른 것을 이상적 체중으로 생각하는 경향이 있다. 북미에서 자신이 비만이라고 생각하는 여성의 비율은 70%인데 실제로 비만인 여성은 23%에 불과하다(Brownell & Rodin, 1994). 이상적 체중이라고 하는 것을 맞추기 위해서 건강을 해치는 등 부정적 현상이 나타나게 된다. 실제로 발생한 비만을 줄이기 위한 노력은 필요하지만 비만하지 않음에도 불구하고 비만이라고 평가하고 지나치게 감량하려는 행동은 고려해야 할 점이다.

성추동과 성행동

인간의 성적 욕구는 어떤 과정을 통해서 발현되는 것일까? 성추동은 배고픔과 먹기처럼 박탈에 의존하지 않는다. 즉 신체 내의 영양물질이 결핍되어 배고픔을 느끼듯이 성적 추동을 느끼지는 않는다. 인간의 성적 추동은 생물학적 요인과 환경적, 심리학적 요인으로 나누어 생각해 볼 수 있다.

생물학적 요인으로는 호르몬, 페르몬 등이 있다. 인간의 경우 시상하부와 뇌하수체에서 분비되는 여성호르몬(에스트로겐)과 남성호르몬(안드로겐)에 의해서 성적 추동이 유발될 수 있다. 각 호르몬이 여성과 남성에게만 있는 것은 아니고 여성, 남성 모두에게 두 가지 성호르몬이 분비되며, 상대적 분비량은 개인마다 차이가 있는 것으로 알려져 있다. 설치류와 같은 동물들은 호르몬의 억제와 투입에 따라 성적 행동이 급격하게 변하는 반면에, 영장류와 같은 진화된 동물은 호르몬에 의한 효과가 극적이지 않다. 곤충과 동물들은 페르몬이라는 외부에 발산하는 무색무취의 화학물질을 통해서 짝짓기 행동을 유발하곤 한다. 인간에게는 페르몬의 효과가 분명하게 드러나지 않지만 땀을 이용한 실험에서 월경일이 유사해지는 현상이 나타나고, 서로 다른 면역체계를 지닌 남성의 땀에 대해 보다 매력을 느끼는 것 등은 페르몬이 영향을 줄 수 있는 가능성을 잠재적으로 보여 주고 있다.

새로움

새로운 이성은 성적 각성의 중요한 요소이다. 인간의 경우 성반응은 흥분(excitement), 고원(plateau), 오르가슴(orgasm), 해소(resolution) 등의 네 단계를 거친다. 해소단계에서는 더 이상 성적 자극에 대해 반응하지 않는 불응기가 나타난다. 하지만 새로운 이성을 보게 되면 불응기가 짧아지거나 사라진다. 이를 일명 쿨리지효과라 부른다. 새로움에 대해 매력을 보이는 것은 한 여성에게서 출산할 수 있는 자녀의 수가 제한이 되기 때문에 여러 여성을 통해서 보다 많은 자녀를 출산할 수 있는 확률을 높이기 위한 진화론적 수단으로 보고 있다(Symons, 1979). 하지만 이러한 주장은 서로에게 성적으로 충실할 것을 요구하는 일반적인 경향과 일부일처제도 아래에서 남성의 외도에 대한 정당성을 지지하기 위한 논리로 받아들이기에는 어려움이 있다.

건강과 젊음

Symons(1979)는 여성의 건강이 자손을 건강하게 낳고 키울 수 있기 때문에 성적 매력에 중요하다고 주장한다. 좋은 안색, 청결함, 맑은 눈, 단

Coolidge 대통령과 영부인이 농장을 방문하였다. 닭장을 지나가면서 영부인이 관리인에게 수탉이 하루에 몇 번이나 교미를 하는지 물어보았다. 관리인은 수탉이 하루에 몇십 번 교미를 한다고 말했다. 그러자 영부인이 관리인에게 그 내용을 자기 대신 대통령에게 말해 줄 것을 부탁하였다. 관리인의 말을 들은 대통령이 관리인에게 그 수탉이 매번 같은 암탉과 교미를 하는지를 물었다. 관리인이 매번 다른 암탉과 한다고 하자 대통령은 그 내용을 자기를 대신해 영부인에게 전해 줄 것을 부탁하였다.

단한 근육, 건강한 치아, 아름다운 머릿결 등이 건강의 중요한 지표가 될 수 있다고 본다. 건강과 함께 젊음도 매력에서 매우 중요하다. 젊은 여성일수록 가임기간이 길기 때문에 남성은 젊은 여성에게 보다 강한 매력을 느낀다는 것이다.

선정적 자극

선정적인 시각자료(포르노, 사진, 만화, 게임 등) 혹은 청각자료 등은 성적 각성을 증가시킨다. 자료들은 단순히 누드일 때보다 성적 관계를 맺고 있을 경우에 각성을 더욱 많이 일으킨다. 일반적으로 여성들이 이러한 자료를 혐오하지만 생리적 반응은 남자들과 유사하다. 한때 여성들은 낭만적인 소재에 대해서, 남성들은 성적 소재에 대해서 더 각성을 일으킨다는 주장이 있었지만 충분히 지지받지 못하고 있다. 이러한 반응의 차이는 주로 여성들에 대한 문화적 제약 때문인 것으로 추론된다(Gebhard, 1973).

선정적 자극은 성적 각성에 도움을 주지만, 이성관계에서 부정적 영향도 유발시킬 수 있다. 남성의 경우 공격적 형태의 포르노를 보는 경우 공격적 형태의 성관계 경향성이 높아질 수 있다. 실험에서 남성에게 공격적 포르노에 일정 시간 노출시킨 후 가상적인 게임을 하게 할 경우 대

상의 머리를 가격하는 비율이 비공격적 포르노에 비해 상대적으로 높았
다. 또한 선정적 자극은 남성과 여성 모두에게서 현재 자신의 교재 상대
에 대한 매력을 감소시킨다(Zillmann, 1989).

신체적 특징

> 원숭이는 편저와 한 쌍이 되며, 큰 사슴은 사슴과 교미하며, 미꾸라지는 물고기
> 와 함께 헤엄친다. 모장과 여희는 모든 사람이 미녀라 하는 여인들이다. 그런데
> 그들의 모습을 보면 물고기는 두려워서 물속으로 숨고, 새는 하늘 높이 날아오
> 르며, 사슴은 필사적으로 달아난다. 과연 이들 넷 가운데 누가 천하의 미를 아는
> 것일까?
>
> 〈장자 제물편 설결, 왕예 문답편〉 중

성추동에서 중요한 한 가지 요소는 상대방의 신체에서 아름다움, 매력
을 느낀다는 점이다. 사람들은 오랜 옛날부터 인간이 경험하는 신체적
매력이 인간을 초월하여 존재하는지 아니면 단지 인간에게만 경험되는
지에 대해 궁금해했다. 여러분은 예쁜 여성은 인간뿐만 아니라 다른 동
물들도 예쁘다고 지각하고 선호할 것이라고 생각하는가, 아니면 단지
인간에게만 예쁜 것으로 지각될 것이라고 생각하는가? 과거 철학자, 수
학자, 예술가들은 인간과 자연 모두를 포함한 매력의 보편적 신비를 찾
고자 했다. 황금비를 잘 나타내고 있다는 레오나르도 다빈치의 '비트루
비우스적 인간' 등은 그러한 관점을 잘 대변하고 있다. 연구자들은 비율
이 아름다움을 체험하게 하는 데 한 가지 요소라고 제안하였다. 매력적
인 얼굴은 이목구비의 적절한 비율과 조화 때문이며, 매력적인 체형은
키, 가슴, 허리, 골반 등의 비율 때문이라는 것이다.

최근까지도 S라인이라는 용어가 유행하고 있다. 허리는 잘록하고 엉

덩이는 큰 여성을 선호하게 된 것이다. 이것을 엉덩이 대 허리비율(waist-to-hip ratio, WHR)이라고 하는데 0.7에 가까울수록 매력적인 것으로 지각한다(Singh, 1995). Singh은 WHR이 여성의 건강과 임신율과 관련이 있다는 정보를 탐지하기 때문에 매력을 느끼는 것이라고 주장한다. 여성들의 허리와 엉덩이의 비율이 매력 단서로 작용하였다면 남성들에게는 가슴 대 허리비율(waist-to-chest ratio, WCR)이 더 중요하다는 주장이 있다(Fan, 2007).

　신체비율을 선호하는 것이 유전적으로 프로그램되어 있다는 주장도 있지만 Luria와 그의 동료들(1987)은 사회적으로 학습된 결과라고 주장한다. 시대에 따라서 여성에 대한 이상적 체형이 변해 왔으며, 하위계층은 WHR이 보다 큰 여성을, 상위계층은 WHR이 작은 여성을 선호하는 것으로 나타나고 있다. 즉, 하위계층은 마르기보다는 체중이 더 나가

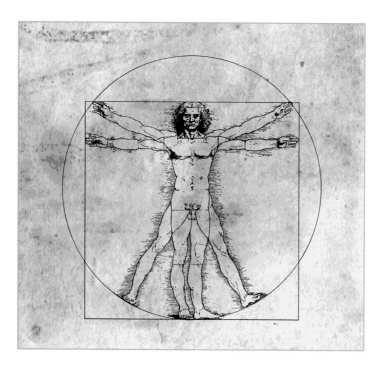

그림 8.3
비율과 신체적 매력, 비트루비우스적 인간. 레오나르도 다빈치와 같은 예술가들은 인간이 아름다움을 경험할 수 있는 이상적 비율을 알고자 하였다.

는 여성을 선호하는 것이다. 이는 체중이 부유함을 나타내기 때문이다.

그 밖에 좌우대칭과 동안 등이 성적 매력을 증가시키는 신체적 특징으로 주장되고 있다. 어린이에게서 나타나는 동안의 특징으로는 큰 눈, 작은 코, 작은 턱, 갸름한 볼, 매끈한 피부 등이 있다. 생물학적으로 이러한 대상에 대해서 성적 매력을 느끼는 것은 유전학적으로 그러한 특징이 우수한 유전학적 정보를 가지고 있음을 전달하기 때문으로 보고 있다.

성추동에 영향을 주는 요소, 〈Naked science-섹시함의 비밀〉, National Geographic
성추동에 영향을 주는 요소, 〈EBS 특선 다큐멘터리-성의 비밀, 남자와 여자의 매력〉, EBS
성추동에 영향을 주는 요소-얼굴, 〈Human face 3부〉, BBC

성적 스크립트

누구나 낭만적인 사랑을 꿈꾸며, 언젠가는 낭만적 사랑도 성관계에 이르게 된다. 일반적으로 성인이 되면 자신의 성관계의 가능성을 염두에 둔다. 하지만 성관계에 이르는 것은 쉬운 일이 아니며, 사람마다 자신만의 방식을 사용하게 된다. 이처럼 개인의 성적 행동을 유도하는 데 사용되는 도식을 성적 스크립트라고 한다. 사람들은 각자 서로 다른 도식을 가지고 있기 때문에 서로 다른 성적 행동을 보이게 된다. 간혹 정상적인 교재가 아닌 폭력을 통해 성관계에 도달하고자 하는 범죄자들은 정상적이며 성숙한 성적 스크립트가 없기 때문에 가장 단순하며 손쉬운 방식으로 성관계에 도달하고자 하는 것이다.

성적 스크립트는 지역, 문화, 종교, 성에 따라 차이를 나타낸다. 우선 남녀에게서 나타난 성적 스크립트의 차이를 알아보자. 남녀의 성적 스크립트의 차이는 이차성징 이후 자위행위의 정도가 중요하다는 가설이 있다. 대부분의 남성은 청소년기가 되면 자위행위를 시작하는데 이때 느껴지는 성적 흥분은 성적 스크립트에 쉽게 통합된다. 그 결과 남자들은 성적 스크립트에 성적 행동을 포함시키는 것을 어렵지 않게 달성한다. 반면에 여성들은 청소년기가 되더라도 성적 흥분을 간접적으로 경험하는 것이 적기 때문에 성적 스크립트에 성적 행동보다는 사랑에 빠지는 것을 포함시키게 된다.

이러한 남녀 간의 성적 스크립트 차이는 연애와 결혼과정에서 남녀 간의 오해와 갈등을 유발시킨다. 즉, 남성은 사랑과 성관계가 동반되는 것은 아니라고 생각하거나, 이성관계에서 성적 행동을 과도하게 요구하게 되고, 여성은 낭만적 사랑과 성관계가 동반된다고 생각하고, 지나친 성적 요구를 혐오하거나 기피하게 된다(Gagnon, 1974).

 남녀의 성적 스크립트 차이, 〈KBS 대기획 남자의 몸 제2부-아담의 본능, 리비도〉, KBS

Maslow의 욕구위계이론

인본주의 심리학자들은 동물과 인간이 질적으로 차이가 없다는 행동주의, 정신분석 등의 관점을 비판하였다. 인본주의 심리학자들은 인간은 동물과는 다른 '자아실현'과 같은 인간만의 고유한 동기가 존재하며, 동물과 공유하는 욕구마저도 인간의 궁극적인 목적에 이바지한다고 주장하였다.

인본주의 심리학자들은 인간에게 자기실현욕구가 있으며 그것을 계발해야 한다고 주장한다. 특히 Maslow는 자기실현욕구를 중심으로 다양한 다른 욕구와의 구조에 대해 체계적으로 정리하였다.

Maslow는 인간에게 다섯 가지의 욕구가 있는데 각 욕구들은 위계를 가지고 있다고 보았다. 위계에서 가장 아래에 속한 욕구들은 가장 먼저 충족되어야 할 것들이며 또한 욕구 강도가 가장 강하다. 〈그림 8.4〉의 피라미드 모양이 욕구의 강도를 나타내고 있다. 만일 특정 단계의 동기들이 충족되지 않으면 해당 욕구가 충족될 때까지 만족을 추구하게 된다. 충족이 되어 해당 욕구가 감소하게 되면 다음 단계의 욕구를 충족시키기 위해서 동기화된다. 이렇듯 하위 단계의 욕구들이 충족되게 되면 가장 상위의 자기실현욕구에 도달하게 된다.

가장 아래에 있는 욕구는 생리적 욕구(physiological needs)이다. 배고픔, 갈증, 성, 수면 등 인간의 생존에 있어서 필수적인 부분들이다. 모든 욕구 중에서 가장 강한 욕구로 일단 만족이 되면 잠재된 형태로 남게 되고 상위의 욕구로 넘어가게 된다. 다음은 안전욕구(safety needs)로 환경이나 타인 그리고 삶의 여러 가지 조건에서 안전함을 추구하는 것이

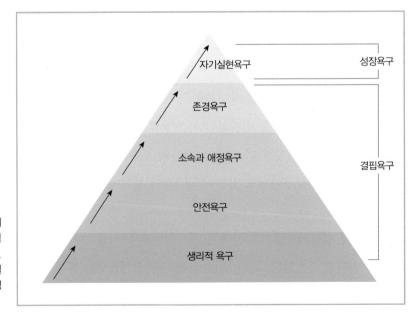

그림 8.4
Maslow의 욕구위계도. 하위욕구는 더 기본적이며 강하다. 하위욕구가 충족될 때 상위욕구가 발생한다.

다. 과거에는 맹수나 싸움에서의 안전이 중요했지만 현대에는 사고, 질병, 환경오염 등 사회적 위험으로부터 안전이 더 중요해졌다. 안전욕구는 생리적 욕구처럼 생존과 관련된 것이지만, 심리적 욕구라는 점에서 차이가 있다. 안전욕구는 심리적 욕구 중에서는 가장 강한 욕구이다. 사람들은 생존을 위해서라면 안전도 포기하지만, 생존이 보장된 이후에는 안전을 우선하게 된다. 세 번째는 소속과 애정욕구(love needs)로 타인들과 친밀한 관계를 맺음으로써 사랑, 소속감을 느끼고자 한다. 소속과 애정욕구는 친구와의 우정, 애인이나 아내와의 사랑, 가족들과의 애정 등 다양한 형태로 나타나게 된다. 네 번째는 존경욕구(esteem needs)로 타인으로부터 인정받고, 존경을 받는 것과 자신이 잘하고 있다는 자신감 등을 얻고자 하는 것이다. 부부나 친구도 소속과 사랑의 욕구충족 단계가 지나면 상호 간에 존경의 욕구가 나타나게 된다. 만일 부부와 친구관계에서 존경의 욕구가 충족되지 않으면 더 이상의 만족과 발전이 나타나지 않게 된다. 생리적 욕구에서 존경욕구까지를 결핍욕구라고 한다. 왜냐하면 그러한 욕구들은 욕구충족이 결핍될 때 나타나며, 결핍이 발생하면 인간적 성장과 발달을 이루지 못하기 때문이다. 마지막은 자기실현욕구(self-actualization needs)로 본래 자신이 지닌 잠재력을 실현하려는 욕구이다. 이 욕구는 성장욕구라고 하는데 충족이 되면 감소하는 것이 아니라 더욱 성장을 추구하게 만들기 때문이다. Maslow(1954)는 역사적으로 위대하다고 평가된 13명의 인물을 가려내어 자기실현을 이룬 사람들의 공통된 특징을 발견하였다.

　인본주의적 동기이론은 인간에 대한 낙관적이면서 자기실현 경향성과 같은 보다 고차원적 욕구를 강조함으로써 인간사회의 정신적 발달을 촉진시켰다.

자기결정

자기결정을 주장하는 연구자들은 인간에게 행동의 주체를 자신으로 인식하고 싶은 기본적 동기가 있다고 본다. 자기가 결정했다는 느낌의 정도는 자신의 행동의 이유가 자기 내부에 있는지 혹은 외부에 있는지에 대한 평가(Heider, 1958), 선택의 다양성이 얼마나 주어졌는지에 대한 평가, 강요되었는지 아니면 자발적인가에 대한 평가(Deci, Ryan, & Williams, 1995) 등에 의해 영향을 받는다. 선택의 다양성이 충분하고, 선택이 자발적이며, 선택이 자신의 욕구에 근거할 때 자기가 결정했다고 느끼게 되고, 자기결정 욕구가 충족된다.

인간이 아닌 쥐도 평소에는 약간 어두운 밝기를 좋아하지만 연구자가 약간 어두운 밝기로 조정해 놓으면 다른 밝기로 변화시킨다. 요양원의 환자들도 동일한 내용의 건강서비스를 받지만 활동을 어떻게 할 것인지 스스로 계획하도록 했을 때 건강상태가 더 좋았다. 사회적으로도 자기결정권한이 많은 사람이 일과 삶에서 만족도가 높다. 만일 학습과 노동에서 자기결정이 더 효율적이라면 학생과 근로자에게 자기결정권한을 더 확대시켜 줄 필요가 있다. 하지만 교사와 부모 그리고 사업주는 자신들의 자기결정권한은 확대하려고 하는 반면, 학생과 노동자의 자기결정권한은 인정하고 싶어 하지 않는다.

아동들을 행동주의에 따라 보상할 경우 동기가 강화되지 않고 감소되는 현상도 자기결정이론으로 설명이 가능하다. 아동들에게 그림을 그리게 한 후 보상을 주지 않은 집단에서는 보상이 중단된 이후에도 그림 그리기를 선호하지만, 보상을 준 집단은 보상이 중단된 이후에는 그림 그리기에 흥미를 덜 보인다. 즉, 외적 보상에 의한 통제는 동기를 훼손시킨다.

성취

성취동기란 개인 및 집단 그리고 지역 등의 성공과 관련되기 때문에 매우 관심을 받고 있는 주제이다. 성취동기란 성공을 달성하려는 비교적 안정된 경향성으로 정의한다. 조금 더 구체적으로 정의해 보자면 나름대로 탁월성에 대한 기준을 설정한 후에 그것을 달성하려는 욕구를 갖는 것을 말한다(한덕웅, 2004).

McClelland(1962)에 의하면 성취동기가 높은 사람들은 특정한 과제의 결과보다는 과제 자체를 성취하는 것을 좋아하며, 자발적으로 모험을 즐기며, 성취에 대한 자신감이 높고, 정력적이고 혁신적으로 대처하며, 자신의 수행과 결과에 대한 피드백을 알려는 경향이 높다고 한다.

Atkinson(1964, 1966)은 성취동기에 대해 보다 구체적으로 설명할 수 있는 모델들을 제안하였다. 구체적 성취지향행동으로 나타날 수 있는 정도를 성취행동 경향성(resultant tendency, T_{res})으로 정의하였다. 성취행동 경향성은 성공을 성취하려는 성공성취행동 경향성(tendency to achieve success, T_s)과 실패를 회피하려는 실패회피행동 경향성(tendency to avoid failure, T_{-f}) 두 가지에 의해서 영향을 받는다. 만일 성공성취행동 경향성이 보다 높으면 성취행동이 나타날 것이고, 실패회피행동 경향성이 높으면 성취행동은 나타나지 못할 것이다.

성공성취행동 경향성은 크게 성공을 바라는 정도, 곧 성공 동기(motive to success, M_s), 지각된 성공확률(probability of success, P_s), 성공으로 얻게 되는 유인물의 가치(incentive value of success, Ins) 등이 영향을 주게 된다. 성공에 대한 지각된 확률은 주관적으로 0에서부터 1까지의 값을 갖는다. 그리고 유인물의 가치는 +1에서 −1의 값을 갖는다. 유인물의 가치는 '1−(성공에 대한 기대)'가 된다. 즉 성공

표 8.2
성공성취행동 경향성
모형에 따른 예측표.
지각된 성공확률이
중간(0.5)일 때 성공
성취행동경향성이 최
대가 된다.

과제 종류	P_s	In_s	$M_s = 2$	$M_s = 8$
1	0.9	0.1	0.18	0.72
2	0.7	0.3	0.42	1.68
3	0.5	0.5	0.50	2.00
4	0.3	0.7	0.42	1.68
5	0.1	0.9	0.18	0.72

에 대한 기대가 높으면 유인가는 낮아지게 되고, 성공에 대한 기대가 낮
으면 유인가는 높아지게 된다. 실패회피행동 경향성은 실패를 회피하려
는 동기, 지각된 실패 확률, 실패가 지니는 유인물의 가치 등이 영향을
주게 된다.

$$T_{res} = T_s + T_{-f}$$
$$T_{res} = (M_s \times P_s \times In_s) + (M_f \times P_f \times In_f)$$

앞의 공식에서 성공성취행동 경향성은 성공의 확률이 0.5로 중간일
때 가장 높다는 것을 예언한다. 〈표 8.2〉는 공식에 수치를 대입해서 나
온 결과를 제시하고 있다. 과제 3번의 경우에 모든 성공동기에서 성공
성취행동 경향성이 가장 높다는 것을 알 수 있다. 이는 성취동기가 강한
사람이 중간 정도의 어려운 과제를 선택한다는 결과와 일치한다. 성취
동기가 낮은 사람은 보람은 없지만 지나치게 쉬운 과제를 선택하거나,
실패하더라도 책임을 회피할 수 있는 지나치게 어려운 과제를 선택하는
경향이 있다.

성취동기는 학습과 환경의 영향으로 나타난다고 보았고, 특히 부모의
영향을 많이 받는다고 하였다. 먼저 부모가 온정적이고 수용적이어서 부

모와 애착관계가 잘 형성되어야 하고, 학습경험과 기회를 제공할 만큼의 환경이 있어야 하고, 자녀가 성취해야 할 다소 높은 기대를 설정하여 자녀가 독립성과 자율성을 가지고 성취하도록 관리하고 고무해야 한다.

자기효능감

특정한 활동에 대해 흥미를 가지고, 지속적으로 노력(수행)을 기울이기 위해서는 능력 이외에 자신의 능력에 대한 믿음이 필요하다. 자기효능감(self-efficacy)이란 특정한 목표를 달성하기 위해 요구되는 자신의 능력에 대한 믿음으로 정의된다. 효능감은 과거에 얼마나 많은 성취를 이루었는가, 자신과 유사한 타인들의 성공을 관찰하는 것, 잘할 수 있는 능력이 있다는 주변사람들의 설득, 생리적으로 과도하게 긴장하지 않는 것 등에 의해서 조절된다. 효능감이 높은 사람들은 관련 영역에 대한 흥미가 높으며, 좌절이나 실패에 대한 인내심이 강하며, 실패 이후 회복이 빠르다.

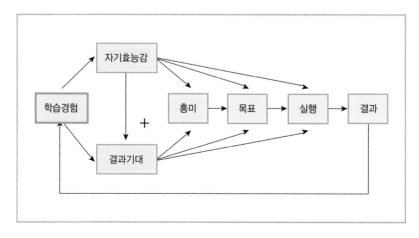

그림 8.5
자기효능감과 동기. 효능감은 결과기대와 함께 흥미에 영향을 주며, 이후 목표설정, 수행 등에도 영향을 준다.

목표

단순한 흥미, 의지만으로는 성취에 필요한 수행을 유발하거나 유지시킬 수 없다. 앞에서 언급한 자기효능감과 결과에 대한 기대가 높아서 흥미가 유발되었다면, 흥미가 수행으로 연결되기 위해서는 목표설정이 필요하다.

목표가 있는 사람이 목표가 없는 사람보다 높은 수행을 보여 준다(Locke & Latham, 1986). 단순히 다이어트를 위해 운동을 하는 여성보다는 체중을 어느 정도 줄일 것인지를 정한 여성이 보다 열심히 운동을 하며, 오늘 도서관에서 책을 읽어야지라고 막연하게 생각한 학생보다는 어떤 교재를 얼마만큼 공부할 것인지를 정한 학생이 보다 집중력 있게 공부한다. 이는 목표를 설정하는 것이 목표와 현재 수행의 차이를 확인시켜 주고, 무엇을 어느 정도 해야 할 것인가를 생각하게 하고, 현재의 고통과 어려움에 대해서는 덜 집중하게 해 주기 때문에 나타나는 현상이라 볼 수 있다.

우리가 경험해 보았듯이 모든 목표가 수행을 유발하거나 지속시키지는 않는다. 작심삼일이라고 목표만 세우고 결과에 도달하지 못한 경우가 얼마나 많은가? 그때 많은 사람들은 '의지'라는 개념을 사용하는데 그보다는 목표설정에서 중요한 몇 가지 요인을 고려하지 못했기 때문일 수 있다. 목표는 구체적이어야 하며, 어려워야 한다. 그리고 수행 결과

	장기목표	중기목표	단기목표
표 8.3 장기목표와 단기목표의 예	원하는 회사에 취업하기	자격증 획득 학점 관리 영어 점수 향상시키기	이번 학기 동안 독서실에서 매일 3시간씩 공부하기 영어학원 등록

에 대한 즉각적 피드백이 있어야 한다. 목표가 적당히 좋은 성적이어서는 전혀 동기를 유발하지 못한다. 각 과목에서 몇 점을 맞을 것인지, 각 과목의 세부 영역과 난이도에서 어느 정도까지 달성할 것인지 정해 놓고 스스로 실시한 모의고사 등을 통해서 평가해 보는 것이 효과적이다.

　목표는 일반적으로 장기목표와 단기목표로 나눌 수 있는데, 장기목표는 중간에 정적 강화가 부족하기 때문에 목표를 상실하기 쉽다. 그러므로 장기목표를 단기목표가 이어지는 과정으로 변환시키면 잦은 강화를 제공하게 되어 장기목표를 상실하지 않도록 하는 데 도움이 된다.

몰입

몰입(flow)이란 특정한 활동에 완전히 집중함으로써 즐거움을 느끼는 상태라 할 수 있다. 몰입상태에서는 걱정도 사라지고, 시간의 흐름도 잊어버리고, 자아에 대한 의식마저 약해지면서 오직 과제 자체에 대한 집중만이 나타난다. 몰입은 긍정적 정서상태와 함께 과제에 대한 효과적 수행을 동시에 나타낸다. 그 결과 몰입은 특정한 활동에 대한 만족도를 높임과 동시에 수행에서 높은 성취를 만들어낸다. 그래서 Czikszentmihalyi는 사람들이 소유나 지위 그리고 순간적 쾌락이 아닌 자신이 하는 일이나 활동에서 즐거움을 얻는다면 개인과 사회 모두가 긍정적 방향으로 변화될 수 있을 것이라고 생각하고 몰입의 조건에 대해 연구하였다.

　그는 사람이 몰입을 경험하기 위해서는 상호연관성 있는 두 가지 조건이 중요하다고 보고 있다. 첫째는 도전하려고 하는 과제의 난이도(challenges)이고, 두 번째는 자신이 가지고 있는 기술의 수준(skills)이

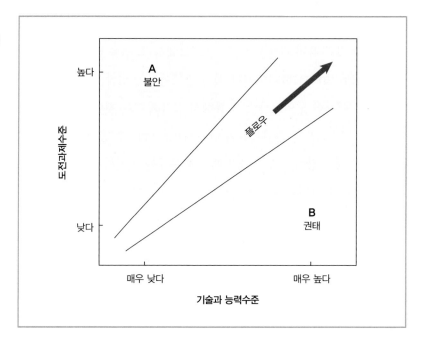

그림 8.6
플로우 모형

다. 즉, 과제 난이도에 적절한 기술을 가지고 있을 때 몰입이 발생한다.
만일 과제 난이도가 기술에 비해 상대적으로 높으면 불안이 나타나고(A
영역), 과제 난이도가 기술에 비해 상대적으로 낮으면 지루함이 나타나
게 된다(B영역). 만일 대학 입학 후 전공내용이 너무 어렵다고 느껴지는
학생은 불안을 경험하게 되면서 학업과 학교생활을 기피하게 될 가능성
이 높으며, 입학 후 전공내용이 너무 쉬우면 재미없게 느껴져서 성취도
는 유지될지 모르나 학과나 학교생활에 대한 만족도는 떨어질 수 있다.

각 영역에서 성공적인 삶을 살아가고 있는 사람들의 공통점은 불안이
나 지루한 조건에서 스스로 몰입경험을 창조한다는 것이다. 그들은 과
제가 어려워 불안을 유발할 경우 과제의 난이도를 스스로 낮춤으로써
(이전의 쉬운 수준으로 돌아가거나, 과제를 쉬운 단위로 단순화시키거
나) 몰입경험을 만들고, 과제가 쉬울 경우에는 과제의 난이도를 높이거

나(스스로 어려운 문제를 만들어서 풀어 보거나), 능력수준을 낮춤으로
써(다리에 모래주머니를 차듯 자신에게 핸디캡을 부여하거나) 몰입을
만들어낸다. 몰입은 하나의 행위중독으로 일단 특정한 활동에서 몰입을
체험하게 되면 그 활동을 지속적으로 하게 만드는 경향이 있기 때문에,
장기적 성과에 집착하기보다는 몰입경험 자체를 만들어 보는 것에 노력
을 기울일 필요가 있다.

 몰입과 생활의 달인, 〈SBS 생활의 달인 145회〉, SBS

토론주제

아래는 제9장 정서에서 함께 논의할 주제들이다.

1. 영화 〈이퀴블리엄〉 등을 보면 인간의 감정이 전쟁을 일으키는 원인으로 언급된다. 감정은 인간갈등의 주요한 원인이거나, 이성적 판단을 방해한다는 말이 타당한가? 감정은 인간에게 왜 필요할까?

   1.1 감정을 억압하면 병일 생길까?

   1.2 표정을 짓지 못한다면 어떤 일이 벌어질까?

   1.3 표정을 보고 거짓말을 알아맞힐 수 있을까? 당신이 거짓말을 알아차리는 방법은?

2. 공포영화를 보면 뒷골이 서늘해진다는 말을 한다. 공포는 사람의 체온을 낮출까?

   2.1 거짓말 탐지기의 원리는 무엇일까?

   2.2 약물을 통해 행복해질 수 있을까? 특정한 약물을 먹어서 생물학적 변화가 생긴다면 기분도 자동으로 좋아지겠는가?

3. 여자 친구와 공포영화를 보면 더 친밀해질 수 있다고 한다. 근거가 있는가?

   3.1 상황에 대한 해석이 달라지면서 감정이 달라진 경우가 있는가? (예를 들어 깜짝 파티처럼)

4. 남자와 여자는 감정의 강도, 기복, 표현 등에서 차이가 날까?

제9장

정서

고대 철학자들은 감정을 올바른 판단을 방해하는 요소로 생각했었다. 현대를 사는 우리도 어느 한 순간 통제할 수 없는 부정적 감정에 휩쓸릴 때면 고대 철학자들의 이성을 통한 감성의 통제를 충분히 수긍하게 된다. 하지만 철학자들의 논리와는 다르게 감정은 이성과 완전히 분리된 또는 상반적인 체계가 아니다. 감성 또한 하나의 정보처리체계로 감정을 통제하기보다는 정보처리 또는 판단의 과정을 검토해봄으로써 인격을 성숙하게 하는 도구로 활용할 수도 있다.

특히 도피나 움츠림과 같은 즉각적인 반응이 필요한 상황에서 감정은 철학자들의 주장과 달리 중요한 역할을 한다. 예를 들어 갑자기 큰 개가 자신에게 다가올 때 무서운 감정은 우리에게 급히 개를 피할 수 있게 한다. 하지만 그때 우리가 공포를 느끼지 못한다면 우리는 저 개가 나를 물 것인지, 나를 물려고 한다면 나는 어떻게 해야 하는지 등을 생각한 후에 비로소 피하게 된다. 이는 매우 비적응적이다. 인간의 감정을 제거함으로써 보다 평화적인 세계를 만든다거나, 보다 전투적인 군인을 만든다는 고대 철학자들의 상상을 재현하고 있는 영화들은 현실성이 떨어진다고 볼 수 있다.

심리학에서는 감정(feeling) 또는 기분(mood) 등을 포괄적으로 정서(emotion)라고 부른다. 우리가 경험하는 어떤 것을 정서라고 했을 때 요구되는 것은 슬픔, 기쁨이라고 하는 주관적 경험, 그리고 눈물, 빠른 심장 박동과 가쁜 호흡, 흐르는 땀과 같은 신체적 변화, 그러한 현상을 일으키는 사고 등이다.

정서 = 주관적 경험 + 신체반응 + 인지

정서의 기능

정서는 인간에게 어떤 기능을 하는가? 먼저 동기를 유발한다. 인간은 특정한 정서를 경험하게 되면 그 정서에 적절한 또는 그러한 정서를 유발한 환경에 적응하는 데 필요한 행동을 유발하게 된다. 무언가 자신의 목표를 방해하게 되면 화를 내고 파괴적 행동을 한다. 만일 분노가 유발되지 않았다면 파괴적 행동이 쉽게 나타나지 않았을 것이다.

둘째, 정서는 자신의 상태에 대한 정보를 제공하고 있다. 만일 친구의 특정한 행동에 화가 났다면 화가 난 것에는 이유가 있다. 시간이 지난 후 그 이유를 생각해 보면 그 친구의 행동이 자신을 무시한 것이며 그로 인해 자신의 자존심이 상했다는 것을 알 수 있다. 정서는 자신이 처한 상황이 무엇이며, 무엇이 문제인지 알 수 있게 해 준다. 그러므로 자신이 경험하는 정서가 무엇인지 이해하는 것은 매우 중요하다.

마지막으로 정서는 의사소통의 기능을 한다. 인간이 사용하는 언어는 매우 발달된 의사소통 수단이다. 언어가 발달하기 이전에는 보다 단순한 형태의 수단이 사용되었을 것이다. 그러한 의사소통이 바로 정서이다. 누군가 이유를 설명하지 않은 채 공포에 질린 표정으로 도망간다면 당신도 그를 따라서 도망가는 것이 바람직하다. 정서는 주로 표정과 자세 등의 비언어적인 형태, 목소리의 고저와 빠르기, 음색, 크기 등과 같은 부언어적 형태로 전달된다.

사람들은 서로 대화를 할 때 상대방이 나의 말, 행동 그리고 나 자신에 대해 어떻게 느끼는지 알고 싶어 한다. 당신이 누군가에게 즐거운 이야기를 했는데 그 사람이 아무런 표정도 없이 즐겁다고 이야기했다면 즐겁지 않다고 이야기하는 것보다 더 불쾌할 수 있을 것이다. 이처럼 정서의 표현과 이해는 대인관계에서 빠질 수 없는 필수적인 부분이다.

감정을 느끼는 것은 우리들이 어떤 문제에 처해 있는지, 어떻게 해결해야 할지를 알려 주며, 상대방의 감정을 이해하는 것은 우리가 어떻게 대해야 하는지를 알려 줌으로써 사회적 관계를 유지하는 것에 도움을 주며, 감정을 표현하는 것은 우리의 문제를 직접적으로 해결하는 데 도움을 준다.

 정서의 기능, 〈Human face 1~2부〉, BBC

정서의 종류

현대의 심리학자들 대부분이 정서는 생득적이라는 주장에 동의하지만 불과 몇십 년 전까지만 해도 정서는 후천적이라는 관점이 우세하였다. 특정한 상황에서 웃지 않는다거나, 슬픔을 표현하지 않는 등 여러 문화에서 상황에 따른 감정표현이 다르다는 관찰은 감정이 학습과 문화에 의해 형성된다는 관점을 충분히 인정할 만했다.

정서가 생득적이라는 관점은 정서가 생존에 도움을 주었기 때문에 진화적으로 발달했다고 본다. 만일 진화에 따라 정서가 형성되었다면 기본정서라 부르는 인간에게 공통적이며 기본적인 소수의 정서로 분화되었을 것이라고 가정할 수 있다. 이러한 가정을 증명하기 위해 정서 연구자들은 몇 가지 다른 접근법을 사용하였다. 가장 간단한 형태는 인간이 사용하는 감정 관련 용어들을 통계적 기법을 통해서 분류해 보는 것이다. 둘째는 인간의 얼굴표정에 따라 감정을 분류해 보는 것이다. 셋째는 감정에 따른 생리적 상태의 유사성과 차별성에 근거하여 감정을 분류해 보는 것이다.

첫째, 정서언어를 통한 분류는 Averill(1975)이 약 351개, Clore, Ortonry, Foss(1987)가 585개, Storm, Storm(1987)이 약 350개로 300~500개 정도의 정서언어가 있는 것으로 나타났는데, 이러한 정서 단어의 분류는 일관되게 나타나지는 않는다. 이것은 정서단어가 지니는 함축성, 모호성 때문으로 생각할 수 있다. 둘째, 표정을 통한 분류에서 Izard(1972)는 흥미, 기쁨, 놀라움, 고통, 분노, 혐오, 경멸, 수치, 죄책 감, 두려움 등의 10가지 기본정서가 있다고 주장하였고, Ekman(2003) 은 공포, 분노, 슬픔, 기쁨, 혐오, 놀라움, 경멸 등의 7가지 기본정서를 주장하였다. 그는 1967년 파푸아뉴기니의 고원지대에 사는 포레족을 연구하였다. "친구가 와서 기쁘다, 화가 나서 싸우려 한다, 냄새가 지독 한 무엇인가를 보고 있다."와 같은 문장을 읽어 준 후에, Tomkins가 제 안한 6가지 기본정서에서 해당하는 표정이 담긴 사진 묶음 중에서 이야 기 상황에 적절한 표정을 고르게 하였다. 기쁨은 92%, 화는 56%, 슬픔 은 55% 등으로 높은 일치율을 보였다. Ekman은 표정에 대한 연구는

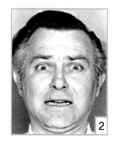
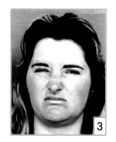
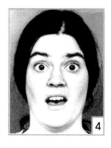

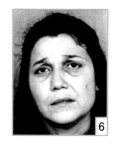

그림 9.1
기본정서 6가지에 해당하는 표정. ① 분노 ② 공포 ③ 혐오 ④ 놀람 ⑤ 기쁨 ⑥ 슬픔

사회적 관계증진을 위해 표정을 학습시키거나(https://www.paulekman.com, http://www.artnatomia.net/uk/artnatomiaIng.html), 상대방의 진술이 거짓말인지를 탐지해내거나, 소비자들의 제품에 대한 선호의 진실성을 파악하거나(http://www.nviso.ch/), CCTV를 이용해서 범죄를 예측하고 예방하는 등의 다양한 영역으로 확장되어가고 있다. Ekman의 거짓말에 대한 탐지는 〈Lie to me〉라는 드라마로만들어지기도 하였다.

정서의 종류와 표정, 드라마 〈Lie to me' season 1, 4편〉, FOX

정서발생에 대한 이론

정서가 발생하는 과정에 대한 몇 가지 중요한 이론들이 있다. 정서과정을 이해하게 되면 정서의 조절이 가능하게 될 것이다. 그렇다면 우울이나 분노, 불안 등이 지나쳐서 자신과 타인에게 피해를 주는 사람들에게도움을 줄 수 있을 것이다.

일반적 상식

일반적 상식은 사건이 발생하면 감정이 나타나고 그러한 감정에 수반하는 신체적 반응이 일어난다고 보고 있다. 예를 들면 화가 나니까 폭력적행동을 하고, 슬프니까 울음이 나오고, 부끄러우니까 얼굴이 빨개진다고 말하는 것들이다. 이는 우리가 책에서 그리고 대화를 할 때 너무나당연한 것으로 이야기하는 것들이다.

사건 → 정서 → 신체반응

James-Lange 이론

James와 Lange는 감정이 신체반응을 유발한다고 생각하지 않았다. 오히려 신체반응이 감정을 유발한다고 보았다. 즉 신체반응을 지각하여 자신의 감정을 느끼고 알게 된다는 것이다. 여러분은 이러한 주장을 납득할 수 없겠지만 이러한 이론을 지지하는 증거들이 있다.

사건 → 신체반응 → 정서

　첫째, 척추손상 환자들은 손상의 정도와 위치에 따라 감각정보를 받아들이는 양이 다르다. 손상위치가 뇌에 더 가까울수록 감각정보의 양이 적어진다. 손상의 위치가 높은 환자는 James-Lange 이론이 예상한 대로 여러 가지 감정을 덜 강하게 지각하였다(Hohmann, 1966). 둘째,

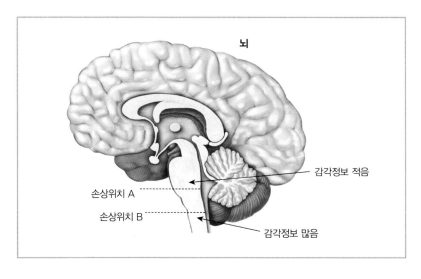

그림 9.2
척추손상위치와 감각정보의 양. 손상위치가 낮을수록(B) 감각정보가 많아 더 강한 정서를 경험한다.

안면피드백 가설(facial feedback hypothesis)은 이러한 가정을 지지한다. 안면피드백 가설이란 자신의 얼굴 근육의 움직임, 온도, 땀의 분비 등의 정보를 자각하여 정서와 정서의 강도를 느끼게 된다는 것이다(Tomkins, 1962). 이는 음악 연주자들이 자신의 음악을 연주하면서 왜 얼굴 표정을 심하게 짓는지 이해할 수 있게 해준다. 즉, 그들은 자신의 표정을 만듦으로써 감정의 강도를 조절하면서 연주를 보다 효과적으로 한다. 정서는 표정을 만들고, 표정은 정서를 조절함으로써 순환적 과정을 만들게 되는데, 자신의 표정을 의도적으로 확인하고, 조절함으로써 감정을 조절해 보는 노력도 도움이 될 수 있다.

최근 들어서 웃음치료가 인기를 얻고 있는데, 바로 이 치료의 원리가 James-Lange 이론에 바탕을 두고 있다. 즉, 즐거운 일이 많지 않아 웃을 일이 없다면 웃음을 유발해서 즐거움을 만든다는 것이다. 우리의 뇌는 즐거워서 웃는 것과 인위적으로 웃는 것을 구분하지 못하기 때문에 인위적으로 웃는 것이 즐거워서 웃는 것과 동일한 현상을 가져온다는 것이다.

물론 이러한 이론에 대한 비판도 있다. 첫째, 신체반응은 느리기 때문에 신체반응 후에 그것을 지각한다는 것은 적응적이지 못할 수 있다는 것이다. 예를 들어 호흡이나 맥박의 변화 그리고 내장의 긴장 등은 즉각

그림 9.3
우리 앉아서 이야기해요. 각성수준을 낮추면 분노를 조절하는 것이 용이해질 수 있다.

적 감정에 비해 느릴 수 있다. 둘째, 서로 다른 정서임에도 불구하고 유사한 신체반응이 나타난다. 예를 들어 놀이동산에서 무서운 놀이기구를 탈 때와 뜻밖의 선물을 받아 즐거울 때의 신체반응은 별다른 차이가 나지 않는다는 것이다(Canon, 1927). 이후에 후속연구에서는 피부전도, 혈압, 심장박동률, 피부온도 등 자율신경계의 반응에서 정서에 따른 차이가 발견됨으로써 정서와 신체반응 간의 대응에 대한 지지가 나타났다. 예를 들어 분노와 공포는 유사한 것으로 보이지만 분노는 심장박동률과 손가락 온도를 증가시키는 반면에 공포는 심장박동률은 증가시키지만 손가락 온도는 감소시켰다. 비록 James-Lange 이론이 감정의 발생을 모두 설명할 수는 없지만 신체적 변화에 대한 지각이 매우 중요하다는 점은 충분히 지지받고 있다고 한다.

James-Lange 이론을 현실적으로 적용하는 방법 중의 한 가지는 정서를 조절하기 위해서 신체반응을 조절하는 것이다. 당신이 화를 내야 한다면 화를 내는 행동—소리 지르기, 던지기, 때리기—을 해야 한다. 만일 당신이 화를 내지 않으려면 신체반응이 이완되도록 해야 한다. 예를 들어 서서 이야기하지 않고 앉아서 이야기하거나, 길게 심호흡을 하거나, 잠시 산책을 하면서 신체가 이완될 수 있도록 한다.

우리는 가끔 화가 날 때 참는다. 처음에는 화가 많이 났다가 참고 있으면 시간이 지남에 따라 가라앉는 것을 느끼게 된다. 그러나 처음에는 화가 별로 나지 않았는데 화를 내다가 점점 더 화가 나는 것을 느끼게 되는 경우도 있다. 우리들의 신체적 각성정도가 우리의 감정체험의 강도를 변화시키는 것이다.

Canon-Bard 이론

Canon-Bard는 외부의 감각정보가 시상을 거쳐 가게 되는데 한 정보는 대뇌피질로 전달이 되어서 정보를 인지적으로 해석하게 되고, 다른 정보는 자율신경계로 전달이 되어서 신체적 반응을 유발하게 된다고 보았다. Canon-Bard의 이론에 의하면 외부 사건에 대한 인지적 해석이 우리의 신체적 반응에 영향을 주지 않는 것이 된다. 하지만 일상적 경험을 보더라도 사건에 대한 해석이 우리의 감정발생에 큰 영향을 주는 것을 알 수 있다.

사건→시상 ⟨ 자율신경계→신체반응
대뇌피질→정서경험

Schaschter 이론

앞의 두 연구자의 이론은 정서체험 과정을 매우 단순하게 생각하고 있다. 앞의 두 이론에 의하면 인간은 외적 사건에 의해 정서가 유발되는 것이지 인간의 생각은 정서를 체험하는 데 중요하지 않게 된다. 하지만 Schaschter는 인간은 단지 기계적으로 정서를 체험하는 것이 아니라 사건에 대한 평가와 같은 사고과정, 해석과정을 통해서 정서를 체험한다고 보고 있다.

Schaschter와 Singer(1962)는 정서경험에 신체반응과 자신의 신체반응이 무엇 때문에 일어났는지에 대한 인지적 해석이 필요하다고 보았다. 즉 신체반응만으로 정서경험이 유발되지 않으며 인지적 해석이 반드시 필요하다는 것이다. 동일한 신체반응이라도 인지적 해석이 다르면 다른 정서를 경험할 수 있다는 것이다. Schaschter의 주장이 타당하다면 우리는 인지적 해석을 변화시킴으로써 정서경험을 조절하는 것이 가능하다고 볼 수 있다.

사건 → 신체각성 → 인지적 해석 → 정서

Schaschter는 자신의 주장이 타당함을 다음과 같은 실험을 통해 검증하였다. 피험자들에게 비타민이 기억에 주는 효과를 알아보는 실험이라고 속인 후 아드레날린 주사를 준다. 그 피험자와 함께 가짜 피험자들이 대기실에 있을 때 한 집단의 가짜 피험자들은 즐거운 듯한 행동을 하였고, 다른 집단의 가짜 피험자들은 화난 듯한 행동을 하였다. 대기실에 있던 진짜 피험자들의 신체적 각성상태는 같았음에도 불구하고 옆에 있는 사람이 무슨 행동을 했는가가 그들의 정서경험을 결정하였다. 즉 즐거운 가짜 피험자들이 옆에 있었던 경우에는 진짜 피험자들도 즐거웠다고 보고한 반면에, 화난 가짜 피험자들이 옆에 있었던 경우에는 기분이 나빴다고 보고했다. 물론 그들의 보고는 연구자들의 관찰에서도 일치하였다.

Schaschter의 이론은 우리들의 일상적 경험 속에서도 쉽게 발견할 수 있다. 아이들이 걸음마를 조금 하게 되면 바깥나들이를 많이 나가게 된다. 이때 아이들은 아장아장 잘 걷다가도 곧잘 넘어진다. 그렇다고 넘어지고 바로 우는 것은 아니다. 아이들은 넘어지면 주변에 있는 어른의 얼굴을 살핀다. 그래서 엄마가 놀라고 걱정하는 표정으로 달려오면 그때서야 운다. 하지만 엄마가 걱정스러운 표정을 참고 태연한 척하면서 "괜찮아."라고 하면 아이도 아무렇지 않다는 듯이 다시 일어서서 걷기 시작한다.

아마 아이는 넘어지면서 깜짝 놀랐을 것이다. 즉 신체적으로 각성을 일으켰을 것이다. 하지만 그 신체적 각성을 어떻게 해석해야 할지 잘 몰랐다. 그래서 아이는 그 상황을 잘 해석할 수 있는 어른을 쳐다본 것이

그림 9.4
각성을 유발하는 다
리. 높은 다리는 높
은 각성수준을 유발
한다.

다. 만일 어른이 걱정스러운 표정을 짓는다면 자신은 나쁜 상황에 처한 것이고 따라서 슬퍼해야 하는 것이다. 반대로 어른이 태연한 표정을 짓는다면 자신은 나쁜 상황에 처한 것이 아니므로 그냥 넘어진 사건을 무시하면 되는 것이다. 아이는 자신의 각성이 무엇 때문에 일어났는지 해석해야 하는데 그러한 해석을 제공해 주는 것이 바로 부모의 반응이다. 부모가 놀라면 아이들은 자신의 각성을 공포나 놀람 때문이라고 생각하게 되는 것이다.

Duoton과 Aron(1974)은 두 가지 서로 다른 형태의 다리를 조건으로 실험을 하였다. 한 다리는 구름다리로 사람들로 하여금 각성을 유발하였고, 다른 다리는 평범한 다리로 각성을 유발하지 않았다. 여자 실험자는 다리를 지나가는 남자들에게 간단한 설문을 하고 궁금한 점이 있으면 연락을 하라고 명함을 주었다. 결과는 흥미롭게도 구름다리에서 만난 남자들에게서 더 많은 전화가 왔다. 이는 피험자들이 자신이 느낀 정서적 각

그림 9.5
각성과 호감. 상대방의 높아진 각성상태를 자신에게 호감을 갖도록 활용할 수 있다.

성을 여자에 대한 호감으로 해석했기 때문에 나타나는 현상이다.

　중·고등학교 때 단체로 기합이나 체벌을 받는 경우가 있다. 기합이나 체벌이 고통스러운 것이기 때문에 화가 나거나 두려워야 한다. 하지만 학생들에게 화가 나지 않았는지, 부당함을 호소하고 싶지 않았는지 물어보면 많은 학생들이 "저만 체벌을 받은 것은 아니잖아요."라고 말한다. 학생들은 그 고통스러운 상황을 동료들을 보면서 해석하게 된다. 주변 학생들이 선생님이 자신들을 위해 한 것이라고 믿고 당연한 것으로 여긴다면 오히려 고마움이나 미안함을 느낄 것이고, 주변 학생이 비인간적인 모욕이라고 화를 낸다면 억울함이나 분노가 더 많이 생길 것이다.

　사람들은 상황이나 사건에 대해 정서적으로 반응하는 것이 다르다. 어떤 사람은 사소한 일인데도 불구하고 화를 내지만, 어떤 사람은 큰 사건에도 별로 놀라지 않는다. 이러한 일들은 오랜 경험을 통해서 사건을 해석하는 방식을 익힘으로써 특정한 정서를 학습한 것으로 생각할 수 있다.

토론주제

아래는 제10장 사회심리학에서 함께 논의할 주제들이다.

1. 개인의 행동은 성격과 환경 중 무엇의 영향을 더 받을까?

    1.1 방송에서 보여지는 연예인의 모습은 진짜 자신의 성격일까? 정치인은 어떻다고 보는가?

    1.2 화장을 안 하면 외출을 못한다는 학생이 있다. 알아보는 사람도 없는데 외출을 안 하는 이유는 무엇일까?

2. 당신은 첫인상을 믿는 편인가?

    2.1 다른 사람들에게 자신의 인상에 대해 오해받은 경험이 있는가? 혹시 불쾌한 경험은?

    2.2 자신이 다른 사람에 대해 가졌던 인상이 틀렸다는 것을 나중에 알게 된 경우가 있는가?

    2.2 쇼핑할 때 댓글을 보는가 그리고 중요하게 생각하는가?

3. 당신을 낙관주의자라고 생각하는가, 아니면 비관주의자라고 생각하는가?

    3.1 무언가에 성공했을 때(예 : 시험) 주로 무엇 때문이라고 생각하는가?

    3.2 무언가에 실패했을 때(예 : 시험) 주로 무엇 때문이라고 생각하는가?

    3.3 〈성공하면 내 탓, 실패하면 남의 탓〉은 좋은 것인가, 나쁜 것인가?

    3.4 '내로남불(내가 하면 로맨스, 남이 하면 불륜)' 했던 경험이 있다면 이야기 나누어 보자.

4. 초 · 중 · 고 시기에 선생님은 싫은데 과목은 좋았던 (선생님은 좋은데 과목은 싫었던) 적은 없는가? 혹은 맛있는 식당인데 청결하지 않거나 친절하지 않아서 갈등한 적은 없는가? 유사한 갈등 사례를 찾아보고, 그때 어떤 방식으로 결정했는지 이야기 나누어 보자.

5. 수업시간에 교수님이 오지 않는다. 십여 분 이상의 시간이 지나고 친구들은 한두 명씩 교실을 나간다. 당신은 몇 명의 학생이 나가면 따라 나가겠는가?(전체 학생은 20명)

    5.1 지진이 느껴진다. 친구들은 이 정도면 아무렇지도 않다고 웃으면서 교실에 남아 있다. 하지만 당신은 위험하게 느껴진다. 당신은 친구들의 반대나 놀림을 무시할 수 있을까?

    5.2 당신이 공무원이 되었다고 가정하자. 직속상사가 정치인에 대한 악성댓글을 달라고 한다. 그리고 이것은 윗선에서 내려온 명령이니 걱정하지 말라고 한다. 그리고 만일 발설하거나 거부하면 인사상 불이익을 받게 될 것이라고 한다. 당신은 거절할 것인가?

제10장

사회심리학

우리의 행동에 영향을 주는 다양한 요인들이 있다. 원인 중 일부는 우리들 자신 안에 있는 것으로, 일부는 외부에 있는 것으로 가정한다. 이전에 우리가 배운 것들 중에서 기질이나 성격, 기억 등은 내부에 존재하는 원인이 될 수 있으며, 행동을 조작하는 결과 등은 외부에 존재하는 원인이 될 수 있다. 우리는 단순한 물리적 자극뿐만 아니라 사람 자체가 우리의 행동에 영향을 준다는 것을 안다. 하지만 타인의 존재가 자신에게 얼마나 지속적이고 커다란 영향을 주는지는 잘 파악하지 못한다.

당신은 집에서 공부하는 것을 좋아하는가, 아니면 도서관에 가서 공부하는 것을 좋아하는가? 많은 학생들은 이른 새벽 도서관에 나와서 긴 줄을 서서 기다려야 함에도 불구하고 도서관에 자리를 잡으려 한다. 왜일까? 학생들은 자신이 아무리 공부하고자 하는 마음이 간절하다 하더라도 집에서 혼자 공부하면 오래 공부하지 못하고 잘 집중하지 못한다는 것을 안다. 즉 도서관에서 다른 사람들과 함께 공부를 하는 것이 자신의 공부와 관련된 행동에 영향을 준다는 것을 알고 있다.

우리는 '항상'이라고 할 만큼 자주 타인을 의식한다. 선생님이나 부모들은 아이들이 싫어하는 무언가를 시킬 때 자주 경쟁이라는 도구를 사용한다. 아이들이 놀고 난 장난감을 치우게 할 때 아이스크림을 보상으로 사용할 수 있다. 아이들이 아이스크림이라는 보상에 청소를 할 수도 있지만 어떤 경우에는 그다지 효과가 없을 수 있다. 하지만 다른 친구나 가족과 경쟁을 시킨다면 그들은 맹렬한 속도로 치우기 시작한다. 아이들은 부모의 계략에 넘어갔다는 것도 인식하지 못한 채, 그리고 아이스크림과 같은 그들이 받을 수 있는 실재적 이익이 아무것도 없다는 것도 무시한 채 승리에 마냥 즐거워한다. 이러한 경쟁은 옆에 꼭 실재적이고 가시적인 사람이 있어야만 하는 것은 아니다. 내가 20여 년 전 고

그림 10.1
도서관과 학습행동. 도서관에서는 함께 공부하는 타인들의 존재가 공부하는 행동을 강화시킨다.

등학생이었을 때도 그랬듯이 지금의 학생들도 수많은 경쟁자들을 상상하며 매일의 힘든 전쟁 같은 공부를 이겨 나가고 있다.

자신에게 주어지는 수많은 타인들의 영향과 자신이 주는 영향을 안다면 보다 부적절한 사회적 영향으로부터 보다 편안하고 자유로울 수 있을 것이다. 사회심리는 다른 심리학 영역과 달리 타인들의 존재가 개인의 사고, 감정, 행동에 어떤 영향을 주는지를 연구한다.

대인지각

타인에 대한 우리의 행동은 첫째, 타인에 대한 평가에 의해서 결정된다. 그를 선한 사람이라고 평가한다면 우리는 그에게 우호적 행동을 하게 된다. 반면에 불량한 사람이라면 우리는 적대적 행동을 나타낸다. 여기서 재미있는 것은 객관적으로 그 사람이 우리가 지각하고 있는 특성을 가지고 있는 것이 아닐 수 있다는 것이다.

그리고 둘째, 그들이 왜 그러한 행동을 했는지에 대한 우리의 이해에 의해 결정된다. 우리는 사람들의 행동의 원인을 나름대로 생각하게 되는데 무엇을 원인으로 생각하는가에 따라 그 사람에 대한 태도가 달라질 수 있다. 만일 자신의 자녀 성적이 성실하지 못했기 때문이라고 생각한다면 화가 나서 꾸짖겠지만, 자녀의 실수나 능력 때문이라고 생각했다면 오히려 측은하게 생각되어 위로할 수 있을 것이다.

! 실험 .ılıl 인상형성의 오류

1. 옆 사람과 간단한 인사를 나누어라. 서로 학과, 학년, 이름에 대해서만 이야기를 나누어라. 그런 후 서로에 대한 인상 세 가지를 노트에 기록하라.
2. 다음은 옆 사람과 취미, 습관, 대인관계양식 등에 대해 조금 더 자세하게 이야기를 나누어라(약 3분 정도). 그런 후 처음 적은 첫인상 목록 아래에 수정하거나 추가하고 싶은 인상을 적어라.
3. 한 사람씩 아까 자신이 적었던 내용을 읽어주어라. 그런 후 각자 자신이 생각하는 자신의 특성에 대해 말하라.
4. 다음 주까지 강의실 밖에서 1시간 정도 차를 마시면서 대화를 해보기 바란다.
5. 총 3번의 대화에서 인상이 어떻게 변했는지 기록해서 보고서로 제출하기 바란다.(참고 : 여건이 어려우면 실험은 3단계까지 해도 된다.)

인상형성

인상형성은 '상대방이 어떤 사람인가'에 대한 종합적 평가라 할 수 있다. 종합적 평가란 상대방에 대해 '지적이며, 얌전하며, 부드럽다' 등으로 세부적 평가를 한 후, 상대방에 대해 '좋다' 또는 '싫다'로 결론짓는 것을 의미한다. 그러한 인상은 내가 상대방에게 어떻게 대응해야 할지를 결정하는 데 중요한 기준을 제공한다. 만일 상대방이 성실하고 착한 사람이라고 느껴지면 나는 순수하고 개방적인 태도로 대할 것이다. 하지만 그가 교활하고 욕심이 많다고 평가하게 되면 나는 방어적이고 의심스러운 태도로 임할 것이다. 나의 상대방에 대한 인상은 이처럼 관계를 시작하고 유지하고 발전시키는 데 매우 중요하다.

인상을 짧은 순간에 형성하는 것은 몇 가지 이로운 점을 제공한다. 우리는 모든 사람에게 동일한 태도로 대할 수 없을 뿐만 아니라 그러한 것이 별로 도움이 되지 않는다. 백화점 등에서 일을 하는 판매자들은 고객이 물건을 살 사람인지 아닌지를 일반인보다 더 잘 판단한다고 한다. 그들의 고객에 대한 인상은 그들이 물건을 살 가능성이 있는 고객에게 정성을 쏟음으로써 매상을 올릴 가능성을 높게 한다. 만일 그러한 판단을 잘하지 못하는 판매자라면 자신이 하는 일에서 너무 많은 에너지를 소비하게 될 것이다.

내가 누구에겐가 좋은 인상을 준다면 그 사람과 가까워질 수 있고, 신뢰를 얻을 수 있으며 여러 가지 심리적, 사회적 지원들을 받을 수 있을 가능성이 높아진다. 예를 들어 고등학교에 입학한 한 학생이 모범생으로 보였다면 그는 선생님의 관심과 배려를 받으면서 학교적응을 잘하겠지만, 불량학생이나 공부를 잘 하지 못하는 학생으로 보였다면 의심과 지나친 훈계로 학교에 대한 적응에 장애를 경험할 수 있게 된다.

이렇듯 평가하는 사람, 평가받는 사람 모두에게 인상형성은 매우 중

그림 10.2
인상형성과 판매. 짧은 순간 이루어지는 인상형성은 타인에 대한 태도에 영향을 준다.

요함에도 불구하고 인상형성의 부정확, 오류가 자주 발생한다. 사람들에게 물어보면 자신은 타인을 매우 짧은 시간에도 파악이 가능하다고 생각하는 반면에, 타인이 자신에 대해서 알기까지는 오랜 시간이 걸릴 것이라고 생각한다. 타인에 대한 평가는 장기간 다양한 상황에서 주의 깊게 이루어질 필요가 있다.

외 모

외모는 다른 특성에 비해 매우 중요한 인상형성의 수단이 된다. 특히 외모가 뛰어난 사람은 성격마저도 좋은 것으로 인식된다.

동일한 범죄를 저지른 여성들을 미모가 뛰어난 집단과 그렇지 않은 집단으로 나누어 형량을 비교한 결과 미모가 뛰어난 집단의 여성이 평균적으로 낮은 형량을 받았다. 이는 미모가 뛰어난 사람이 그러한 범죄를 저지를 만한 성격의 소유자가 아닌 것으로 보았기 때문일 수 있다. 특히 여성의 경우에 아이의 얼굴 특성을 지닐 경우 아이들이 가지고 있는 순진함과 진솔함 등을 가진 것으로 지각하는 경향이 있다. 커다란 눈, 둥그런 턱, 하얀 피부 등이 그러한 단서들이 된다.

첫인상

사람의 인상형성은 일반적으로 알고 있듯이 그리 오랜 시간이 걸리지 않는다. 또한 여러 가지 정보를 종합하여 정확한 인상을 형성하는 데 과도한 노력을 기울이지 않으려 한다는 것도 알고 있다. 그래서 사람들은 첫인상은 몇 초 만에 형성되기 때문에 첫인상을 잘 가꾸라고 충고하곤 한다.

첫인상의 또 다른 특징은 다음과 같은 것이 있다. 첫인상은 오랫동안 유지되며 잘 변하지 않는다. 이것은 사람들이 자신이 형성한 인상에 대해 자신감을 가지고 있기 때문이다. 둘째, 우리는 새로운 정보를 처리할 때 원래의 인상과 일치하는 방식으로 해석한다. 셋째, 우리는 반대되는 정보보다는 일치되는 일반적 도식을 더 잘 기억한다. 넷째, 사람들은 자주 다른 사람의 인상과 일치하는 방식으로 행동하게 된다. 결국 첫인상이 자기충족적 예언(self-fulfilling prophecy)이 된다. 누군가를 매우 친절하다고 느끼는 사람은 그 사람에게 친절하게 대하게 되고 그도 역시 친절해진다.

우리는 간혹 인사담당자라든가, 사람들을 많이 상대해 보았다거나, 감이 뛰어나다고 자신의 첫인상에 과도한 신뢰를 보이는 사람들을 본다. 하지만 타인에 대한 인상은 쉽게 과신하지 말아야 한다. 특히 그 사람에 대한 새로운 정보를 이전의 인상과 일치하도록 해석하는 것을 주의해야 한다.

고정관념

우리는 다른 사람의 모든 측면을 인식하지는 않는다. 대신 지름길을 택하거나 도식을 활용한다. 여기서 도식(schema)이란 기억에 저장된 일반화된 관점 또는 표상을 말한다. 도식은 제한된 정보만 가지고 다른 사람의 여타의 부분을 추론할 때 사용한다. 즉 부족한 정보를 장기기억에 있는 정보를 통해서 보완하는 것이다. 이것이 우리가 인상을 형성하는 방법이다. 이때 정확한 것도 있지만 부정확한 것도 있다.

도식 중에서 특정한 범주에 속한 사람들이 공통적으로 가지고 있다고 믿어지는 성격특성을 고정관념(stereotype)이라고 한다. 당신은 아래 그림의 두 사람 중에서 누가 고시공부를 하는 학생이라고 생각하는가? 우리는 고시생이라고 하면 두꺼운 안경, 트레이닝복, 덥수룩한 수염, 지저분한 머리, 슬리퍼 등을 생각하게 된다. 하지만 고시준비를 하는 학생

그림 10.3
고정관념

이 모두 그런 것은 아니며 오히려 예쁘고 깔끔하게 차려입은 학생이 고
시생일 수도 있다.

한국에서 생활했던 미국 사람들은 백인과 흑인에 따라서 한국 사람들
이 대하는 태도가 다르다고 말한다. 백인이 길을 묻거나 부탁을 할 경우
에는 매우 친절한 반면에, 흑인이 그러한 도움을 요청할 때에는 기피하
거나 잘 도와주지 않는다고 한다. 이러한 태도는 한국 사람이 인종에 대
해 가지는 고정관념 또는 편견 때문에 발생한다.

이러한 고정관념은 대중매체를 통해서 많이 확산되는데 할리우드 영
화에서 백인은 영웅으로 나오는 반면에 흑인은 하층민, 노예, 강도 등으
로 묘사되곤 한다.

한국은 인종, 국가에 대한 고정관념과 함께 지역에 대한 고정관념, 편
견이 사회통합을 훼손할 만큼 심각한 상태이다.

확증적 편향

확증적 편향이란 자신이 가지고 있던 첫인상에 일치하는 정보는 수용하
지만 일치하지 않는 정보는 부정함으로써 자신의 첫인상을 확신하는 것
을 말한다. 대학교에 입학했을 때 처음 본 친구가 말이 없고 다른 사람
들을 쳐다보지 못하고 아래만 쳐다본다면 당신은 그 친구를 내성적이라

고 생각할 것이다. 학교를 어느 정도 다니다가 우연히 캠퍼스에서 그 친구를 다시 보게 되었는데 다른 사람들과 웃으며 이야기를 하고 있었다면, 당신은 그 친구가 변했다고 생각하기보다는 '무슨 좋은 일이 있나 보구나.' 라고 생각하면서 특별한 상황으로 간주할 것이다. 그리고 다른 어느 날 그 친구가 혼자서 조용히 있는 모습을 보면 '역시 내 생각이 맞았어!' 라고 확신을 가질 것이다. 우리는 이러한 과정을 거치면서 자신이 실수했을 것이라는 것을 반성하지 않고 살아간다. 우리의 가정은 맞을 수도 있지만 틀릴 수도 있다. 하지만 사람들은 자신이 형성한 첫인상의 오류를 의심하지 않는다. 이러한 것은 전문가에게도 일어날 수 있다. 상담자나 경찰, 보호관찰관 등 사람을 대하는 많은 사람들은 그들이 만나는 사람을 잘못 평가할 수 있다. 그리고 전문가들의 평가는 본인뿐만 아니라 그러한 평가의 대상이 되는 사람의 인생에 큰 영향을 줄 수 있다.

게임 중에 '마피아' 라는 게임이 있다. 그 게임에서는 사회자 1명, 마피아 2명, 그리고 나머지는 시민의 역할을 맡는다. 사회자는 모든 사람들의 눈을 감긴 채 마피아를 몰래 지명한다. 그런 후에 시민들은 마피아를 찾아야 한다. 그리고 마피아는 자신의 신분을 최대한 숨긴 채 다른 시민이 마피아로 의심을 받도록 해야 한다. 사람들은 다른 사람들의 흔들리는 눈빛과 어색한 웃음, 더듬거리는 말, 그리고 자신의 입장에 대한 비논리적 설명 등을 보면서 마피아를 찾기 위해 혈안이 된다. 이때 재미있는 것은 마피아인지 아닌지를 떠나서 처음에 마피아로 의심되는 사람은 그 사람이 어떤 말을 하더라도 결국 마피아로 보인다는 것이다. 예를 들어 "내가 마피아가 아닌 것으로 판명이 나면 내 옆에 있는 사람을 마피아로 지목해 주세요." 라고 말했다면 그것마저 더욱 의심스러운 증거가 된다. 반면에 시민으로 인식된 사람은 "제가 마피아예요." 라고 말해도 결코 마피아로 인정받지 못한다.

실험 📊 마피아 게임과 확증적 편향

1. 학생 중에서 약 6~10명의 지원자를 모집하여 교실 앞으로 나오게 한다.
2. 사회는 교수가 진행할 수도 있고, 학생 중 마피아 게임을 잘 아는 학생이 있다면 학생에게 진행을 맡길 수도 있다.
3. 사회자는 모든 참여자에게 눈을 감으라고 한 후 걸어다니다 한 명의 어깨를 가볍게 접촉하여 마피아를 선정한다. 마피아가 아닌 나머지 사람들은 시민이 된다. 사회자가 마피아를 선정할 때 다른 참여자들은 누가 마피아로 선택되었는지 알 수 없어야 한다.
4. 모두 눈을 뜨게 한 후 진짜 마피아가 누구인지 찾아보도록 한다. 마피아는 시민을 마피아로 몰아야 되고, 시민은 진짜 마피아를 찾아야 한다.
5. 일정한 토론이 진행되면 누가 마피아라고 생각하는지 손가락으로 가리키도록 한다. 사회자는 가장 많은 선택을 당한 사람을 잠정적으로 마피아라고 지정한 후 다른 참여자들에게 이 사람을 죽일 것인지 살릴 것인지 투표를 제안한다. 엄지손가락을 아래로 돌리면 사형이다. 이때 죽이자는 쪽이 많으면 잠정적 마피아는 죽게 되고, 살리자는 사람이 많으면 살게 된다. 만일 그가 진짜 마피아이면 게임은 끝이 나며, 시민을 마피아로 선택한 것이면 그 시민은 죽고 게임은 다시 계속된다.
6. 1회의 마피아 선정이 끝나면 모든 참여자가 밤이 되어 눈을 감고 마피아만 눈을 떠서 한 명의 시민을 손가락으로 선택해서 죽이게 된다. 마피아는 이런 방식을 통해서 자신을 마피아로 선택하려는 사람을 미리 제거할 수 있다.

부정성효과

부정성효과(negativity effect)란 나쁜 정보가 인상형성에 더 큰 영향을 주는 현상을 말한다. '옥에 티'라는 말이 있다. 사람들은 아무리 많은 장점이 있더라도 마음에 들지 않는 한 가지 단점 때문에 상대방에 대한 전반적 인상이 나빠지는 경우가 있다. 딸이 남자친구를 소개했을 때 부모들이나, 회사에서 사원을 뽑을 때 면접관들이 그러하다. 인터넷에서 물건을 구매할 때 구매후기를 보게 되는데 좋은 평이 많더라도 부정적 댓글이 하나라도 있게 되면 쉽게 물건을 구매하기가 힘들어진다.

그래서 인터넷 판매자들은 부정적 댓글을 되도록 쓰지 않고 말로써 해결하고자 노력한다. 이는 긍정적인 측면에서 얻게 되는 것보다 부정적인 측면으로 인해 받게 될 피해를 피하려는 동기가 더 크기 때문으로 생각된다.

후광효과

후광효과(halo effect)란 사람들이 가지고 있는 한 가지 특정한 장점 때문에 다른 장점들이 있는 것으로 보이는 것을 말한다. 우리는 같은 반 아이의 내성적인 모습을 전교 1등이라는 사실을 안 후에는 겸손함으로 볼 수 있다. 또한 그의 행동 하나하나를 긍정적 가치와 의미가 있는 것으로 볼 수 있다. 부모들은 전망이 밝은 직업을 가지고 있다는 사실만으로 좋은 신랑감으로 생각할 수 있다. 후광효과는 객관적이고 종합적인 판단을 방해할 수 있다.

내현성격이론

내현성격이론이란 특정한 성격 간에 관련성이 있다는 개인적 믿음을 말한다. 중학교 때 매우 활달한 친구가 있었다. 나는 그 친구가 고민이라고는 없거나 하지 않는 줄 알았다. 하지만 어느 날 그 친구 집에서 이야기를 하면서 그 친구가 매우 예민하고 걱정이 많다는 것을 알고 나의 평가가 잘못되었음을 알게 되었다. 즉 사람들은 A라고 하는 성격특성을 가지고 있는 사람은 당연히 A′라고 하는 성격특성을 지니고 있다고 생각한다. 이러한 개인적인 성격에 대한 가정들이 타인에 대한 평가를 왜곡하게 만들 수 있다. 예를 들어 지능이 높은 사람은 냉정할 것이라고 생각하거나, 비만인 사람은 느긋하고 관대할 것이라고 보거나, 여성들은 직관적일 것이라고 보거나, 외향적인 사람은 밝을 것이라고 보는 것은 사실과 다른 자신만의 판단일 수 있다.

귀인

！실험 📊 **귀인양식 확인하기**

1. 다음 상황에서 그 원인이 무엇이라고 생각할 것인지 적어 보라.

   (상황 1) 심리학 성적이 예상보다 한 등급 낮다. 그 이유는 무엇이라고 생각하는가?

   (상황 2) 심리학 성적이 예상보다 한 등급 높다. 그 이유는 무엇이라고 생각하는가?

   (상황 3) 졸업 후 바로 취업을 하였다. 그 이유는 무엇이라고 생각하는가?

   (상황 4) 호감 있는 이성에게 거절을 당하였다. 그 이유는 무엇이라고 생각하는가? 각 기록을 점수로 환산한다.(학습된 낙관주의 참조)

2. 자신에게 중요한 성공과 실패에 대해서 각각 세 가지를 적어 본다. 다음으로 각각의 성공과 실패가 무엇 때문이라고 생각했는지 원인, 이유를 적어 본다.

자신이나 타인의 행동에 대한 원인을 찾는 과정을 귀인(attribution)이라 한다. 사람들은 자신의 경험으로 미루어 보아 누군가 다소 특별한 행동을 한다면 왜 그러한 행동을 했는지 이해하려고 노력하게 된다. 그리고 그러한 이해가 종결되었다면 앞으로 그와 같은 일이 일어날 때마다 동일한 해석을 하게 되고, 해석에 따른 행동을 하게 된다.

한 미국 사람이 후진국에서 자원봉사를 하게 되었다. 그는 사거리에서 한 남자가 자동차에 치여 쓰러진 것을 보았다. 동일한 장면을 경찰관도 보고 있었지만 아무런 대응도 하지 않았다. 그는 경찰관의 태도가 이해가 되지 않아서 왜 응급조치를 취하지 않느냐고 물었더니 경찰관은

그림 10.4
귀인과 행동. 귀인은
다양한 대처행동에
영향을 준다.

"모든 것은 운명이다. 그는 교통사고를 당할 운명이었다. 그가 살 것인
가 죽을 것인가도 그의 운명에 달려 있다. 만일 그가 살 운명이라면 내
가 응급차를 부르지 않아도 살 것이다."라고 말했다. 그 경찰관이 처음
부터 그러한 결론을 가지고 있지는 않았을 것이다. 그는 누군가 사고를
당하는 것을 목격하고 많은 고민들을 했을 것이며, 주변 사람으로부터
그러한 설명을 들으면서 나름대로 올바르다고 생각하는 결론을 내렸을
것이다. 그리고 그러한 결론을 내리고 난 후에는 또다시 그러한 고민을
할 필요가 없어졌고, 결론에 따라 자신이 취해야 할 행동만 하면 되었을
것이다.

귀인이 행동에 영향을 주는 과정 1

경험한 사건 − 사건의 원인을 이해하려는 노력 − 결론 − 행동

(1) 경험한 사건 − 사고

(2) 이해하려는 노력 − 왜 저 사람에게 사고가 났지?

(3) 결론 − 저 사람에게 사고가 난 것은 운명이야!

(4) 행동 − 내가 할 수 있는 것은 없으므로 놔두자!

이러한 과정은 꼭 타인에게만 해당하는 것은 아니고 자신이나 자신이 속한 집단에게도 똑같이 일어난다. 즉 자신에게 어떠한 일이 일어났거나 경험하게 되면 그 원인이 무엇인지에 대해 고민하게 된다. 그리고 그러한 고민에 대한 해답을 얻게 되면 다양한 심리적 결과와 행동들이 나타나게 된다.

우리나라가 한때 너무나 가난하게 살 때 사람들은 왜 우리나라가 이렇게 가난하고 못사는가에 대해서 이야기할 때가 있었다. 그때 사람들은 일본, 미국 사람들과 한국 사람들을 비교하면서 자신들의 국민성과 문화가 열등하기 때문이라고 생각했었다. 그런데 그때 사람들은 마치 그러한 원인이 우리들의 피나 유전자 속에 있어서 없어지지 않고 영원히 지속될 것처럼 여겼었다. 그러한 신념(식민지적 사관)은 사람들로 하여금 자신과 자국을 자학하고 절망하고 무기력하게 만들었다.

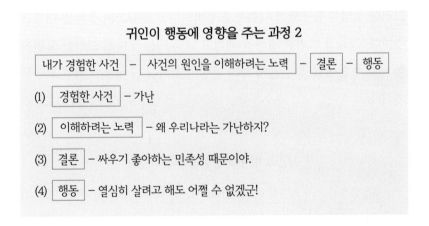

귀인이 행동에 영향을 주는 과정 2

내가 경험한 사건 ― 사건의 원인을 이해하려는 노력 ― 결론 ― 행동

(1) 경험한 사건 ― 가난

(2) 이해하려는 노력 ― 왜 우리나라는 가난하지?

(3) 결론 ― 싸우기 좋아하는 민족성 때문이야.

(4) 행동 ― 열심히 살려고 해도 어쩔 수 없겠군!

'귀인이 행동에 영향을 주는 과정 1, 2'를 살펴보면 사람들은 행동의 원인을 크게 내적 귀인(internal attributions)이나 외적 귀인(external attributions)으로 나누어 생각한다. 운명이 외적인 것이라면 민족성은 내적인 것이 된다. 두 가지가 내부인가 외부인가는 다르지만 둘 다 잘 변하지 않는 특성을 가지고 있다는 점은 공통적이다.

Weiner(1974)는 귀인을 안정성과 불안정성으로 더 자세하게 나누어 설명하려 했다. 안정적인 것은 고정되어 잘 변하지 않는 것이며, 불안정한 것은 쉽게 자주 변할 수 있는 것을 말한다. 운명이나 팔자는 잘 변하지 않는 것인 반면에, 일시적 운이나 재수는 잘 변할 수 있는 것이다.

다음으로 귀인의 차원을 통제 가능과 통제 불가능으로 구분할 수 있다. 통제 가능한 것은 자신의 의지나 노력으로 변화가 가능한 것을 말하며, 통제 불가능한 것은 자신이 아무리 노력한다 하더라도 실현 불가능한 것을 말한다. 이때 불가능하다는 것은 객관적이라기보다 주관적인 것에 가깝다. 《열자》에 우공이산과 관련된 이야기가 나온다. 한 노인이 산을 옮기려 하자 처음에는 마을에 있는 모든 사람이 비웃었다고 한다. 하지만 그 사람이 포기하지 않자 모든 마을 사람들이 도와주었고, 결국 그 마을에 사는 신이 두려워서 스스로 산을 옮겨 주었다고 한다. 결국 통제 가능한지 불가능한지는 그 사람의 주관적 평가에 달려 있다.

주관적으로 통제가 가능하다고 인식할 때 심리적으로 건강하고 적극적으로 행동하게 된다. 전쟁에서 포로들에게 가장 괴로운 것은 자신들이 살아서 고향으로 돌아갈 수 없다고 느끼게 될 때라고 한다. 하지만 마지막까지 살아서 갈 수 있다고 생각하는 사람은 신체적으로도 건강을 유지한다고 한다.

귀인양식과 대처행동, 〈KBS 특선 사랑의 기적 1부〉, KBS

기본적 귀인오류

사람들은 귀인을 할 때 인지적 지름길을 선택하거나 순간적 판단으로 귀인오류를 범하게 된다. 귀인오류에서 가장 두드러지는 것은 타인의 행동을 그 사람의 성격이나 능력과 같은 내적인 것으로 귀인하는 것이다(Ross, 1977). 이러한 기본적 귀인오류(fundamental attribution error)는 타인에 대한 충분하지 못한 정보로 적절한 대응을 하지 못할 수 있다. 우리는 자녀가 공부를 하지 못하는 경우에 "저놈은 정말 이해가 안 돼."라고 말하곤 한다. 이 말에는 자녀가 공부를 하지 않거나 못하는 것은 나의 교육방식에 문제가 있어서가 아니라 자녀의 성격이나 그밖에 내가 알지 못하는 그 무엇인가에 원인이 있다고 생각하는 것이다. 그리고 우리는 친구나 친척, 애인 등이 보이는 행동에 대해서도 기본적 귀인오류를 일으키곤 한다.

Ross는 기본적 귀인오류에서 관찰의 효과를 증명하기 위하여 관련된 실험을 하였다. 실험에서는 동전 던지기를 해서 질문자와 도전자(응답자)를 결정하게 했다. 모두 지적 수준에서 동일하였지만 도전자와 관찰자의 입장에서는 질문자가 보다 지적 수준이 높은 것으로 평가되었다. 반면에 질문자는 자신과 도전자가 비슷한 수준일 것이라고 평가하였다.

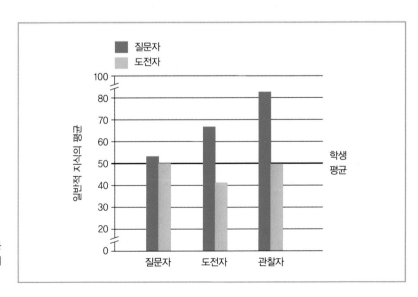

그림 10.5
귀인과 행동. 귀인은 다양한 대처행동에 영향을 준다.

만일 당신이 기본적 귀인오류를 이용하여 똑똑하게 보이고 싶다면 상대방에게 많은 질문을 하는 것도 좋은 방법이 될 것이다.

행위자–관찰자 편향

사람들은 타인의 행동을 설명할 때 기본적 귀인오류를 많이 보이지만 자신의 행동을 설명할 때는 이러한 기본적 귀인오류를 피한다. 이것을 행위자–관찰자 편향이라 한다. 나의 행동이 부적절하거나 실패할 경우에는 상황 때문이라고 생각한다. 예를 들어 자동차사고가 나면 타인은 부주의해서 그런 것이고 내가 그러면 앞 차가 급정거를 해서 어쩔 수 없이 그런 것이다. 타인이 숙제를 늦게 내면 게을러서 그런 것이고 내가 숙제를 늦게 내면 너무 바빠서 그런 것이다. 남이 시험점수가 나쁘면 공부를 싫어해서(열심히 하지 않아서) 그런 것이고 내가 시험점수가 나쁜 것은 오늘 따라 잘 생각이 나지 않아서이거나, 컨디션이 나빠서이다. 이는 사람들이 자신에 대한 정보를 많이 지니고 있을 뿐만 아니라, 자신에 대한 부정적 평가를 피하려는 동기 때문으로 볼 수 있다.

자아고양편파

사람들이 자신의 행동을 외적인 것으로 돌리는 것은 사건이 긍정적인가 부정적인가에 따라 다르다(성공하면 내 탓, 실패하면 남의 탓). 대체로 긍정적이면 자신의 것으로, 부정적이면 외적인 것으로 돌리는데 이러한 것을 자아고양편파(self-serving bias)라 한다. 시험을 잘 보면 영리하고, 열심히 했고, 전략을 잘 짠 것이지만, 그렇지 못하면 시험문제가 어려웠거나, 운이 나빴다고 생각한다. 그런데 자아고양편파는 여성보다는 남성이 높다고 한다.

사회적 관계

근접성

근접성(proximity)이란 공간적으로 가까울수록 호감이 증가하는 것을 말한다. 1930년대 필라델피아에서 결혼한 5,000쌍을 확인해 본 결과 1/3이 다섯 블록 범위 안에 있었다. 단순히 근접한다는 것만으로 호감이 증가하는 것은 아니며 자주 접촉할 수 있다는 점, 서로를 쉽게 도와줄 수 있다는 점 등이 영향을 주는 것으로 생각할 수 있다.

근접성과 관련된 개념이 '단순노출효과(mere exposure effect)'이다. 즉 접촉한 빈도가 증가할수록 호감이 증가한다는 것이다. 무의미철자에 대한 실험에서도 단순히 얼마나 자주 보았는가에 의해 철자에 대한 호감이 달라지는 것으로 나타났다(Zajonc, 1968). 이를 친숙함 호감유발효과(familiarity-breeds-liking effect)라고도 한다.

한국 사람들은 "얼굴도장을 찍는다."는 말을 자주 하곤 한다. 즉 누군가에게 부탁이나 설득을 하기 위해서는 친해져야 하고, 친해지기 위해서는 역시 자주 찾아가서 얼굴을 보이고 인사를 하는 것이 좋다는 것이다. 현대와 같은 인터넷 시대에 정치인들이 이곳저곳을 돌며 사람들과 만나려 하는 것도 이러한 이유 때문일 수 있다.

유사성

유사성(similarity)이란 서로의 특성, 태도 등이 비슷할수록 호감이 증가하는 것을 말한다. 사람들은 자신과 다른 특성, 태도, 가치관을 가지고 있는 사람에게 끌린다. 자신이 내성적이라면 활달하고 외향적인 사람이 매력적으로 보일 수 있다. 하지만 자주 자신의 생각이나 행동에 반대되는 것을 주장하는 사람에 대해 지속적으로 호감이 느껴질지는 의문이다. Hill(1986)은 202쌍의 연인 중에서 수년 후 관계가 지속된 쌍이 그렇지 못한 쌍에 비해서 가치관에서 차이가 적음을 발견하였다.

사람들은 자신과 유사할수록 자신이 지지받고 정당하다는 것을 확인받게 된다. 그러므로 다른 사람과의 관계를 위해서라면 자기 주장을 하기보다 타인의 주장에 호응해 주는 것도 좋은 방법이 될 수 있다. 그래서 이성을 잘 사귀는 사람은 상대방의 취향에 대해 잘 동의해 주는 사람일 가능성이 많다. 그리고 성인남자들은 고향, 고등학교, 군대 등을 중심으로 서로를 동일한 범주에 포함시킴으로써, 곧 내집단을 형성함으로써 서로의 유사성을 인위적으로 만들어 가기도 한다.

호혜성

게임 중에 '마니또'라는 게 있다. 한 사람이 다른 사람에게 신분을 밝히지 않은 채 도와주는데 이때 도움을 받는 사람이 자신을 도와주는 사람이 누구인지 궁금증을 가지고 알아맞히는 게임이다. 이때 사람들은 실제로 자신을 도와주는 사람이 누구인지와 상관없이 자신을 도와주는 것으로 믿겨지는 사람에 대해서 호감이 증가하게 된다.

사람들은 자신을 좋아한다고 하는 사람에 대해서 호감을 느끼게 된다. 즉 다른 원인이 있다기보다 자신을 좋아한다는 것 자체가 상대방에 대한 호감을 유발하고 증가시키는 것이다. 그리고 그러한 호감을 얻은 사람이 상대방을 좋아하게 되면 상대방의 호감이 더욱 증가하게 되는 상호작용이 나타나게 된다.

자기노출

나만의 개인적 경험 등을 상대방에게 전달하는 것을 자기노출(self-disclosure)이라 한다. 이러한 자기노출은 관계를 발전시키는 데 있어서 매우 중요하다.

나를 노출한다는 것은 매우 어려운 일이다. 자기노출은 상대방을 친하게 여기고 신뢰할 때 나타나는 것이므로 상대방으로 하여금 나의 친밀함과 신뢰를 간접적으로 전달하는 수단이 될 수 있다. 다른 한편으로 상대방으로 하여금 나에 대한 깊이 있는 이해를 할 수 있게 한다.

노출이 관계를 발전시키는 데 긍정적 역할을 하지만 노출의 시기가 중요하다. 즉 관계가 진행되는 과정 혹은 속도에 맞춰 자기노출이 이루어질 필요가 있다. 간혹 어떤 사람들은 만난 지 얼마 되지 않았음에도 불구하고 자신의 과거 잘못과 단점 등을 너무 쉽게 말함으로써 오히려 상대방을 당황하고 불편하게 하여 결국 상대방과 멀어지게 하는 경우가 있다. 반대로 남자들은 동성의 남자친구 혹은 여자친구와 자신의 생각과 느낌 그리고 경험 등에 대해서 말을 하지 않는다. 남자들은 내면을 드러내는 것을 유약하다는 의미로 받아들이는 경향 때문인지 몰라도 오랜 시간을 사귀었음에도 불구하고 서로에 대해 깊이 모르는 경우가 있다.

가까운 친구, 가족 그리고 동료들과 관계를 발전시키고 싶다면 조금씩 자신의 내면을 표현해 보고 또 다른 사람의 경험에 관심을 기울여 주는 것이 필요하다.

태도 변화

태도란 특정 대상, 상황 등에 대해 갖는 호오(好惡)를 말한다. 우리의 태도는 어떻게 형성되었을까? 특정한 정치적 입장을 지지하고, 특정한 회사와 브랜드를 선호하고, 특정한 부류의 사람들에게 호감을 갖는 것은 선천적인 것인가 아니면 학습 등에 의한 후천적인 것인가? 또는 자신에게 이익이 되는지 손해가 되는지에 대한 평가에 따른 매우 계산적인 것인가?

사람들은 대상에 대한 호오(好惡)의 태도를 가지고 있고, 그러한 태도가 행동으로 나타나게 된다는 가정을 한다. 내가 특정한 대학교에 대해 호감을 가지고 있다면 그 대학을 지원할 것이고, 내가 특정한 정당이나 인물에 대해 호감을 가지고 있다면 선거에서 그 사람에게 투표할 것이다.

그런 관점에서 다른 사람의 행동을 변화시키려는 사람들은 태도에 관심을 가지게 된다. 대학 관계자는 자신의 대학에 대한 홍보에 관심을 기울이고, 기업은 자사의 물건에 대한 감정이나 인식을 변화시키려고 노력하며, 정치인은 자신의 긍정적 측면을 강조하려고 유세를 한다.

설 득

설득은 태도를 변화시키기 위한 가장 대표적이고 일반화된 방법이다. 설득을 잘하는가와 못하는가, 설득을 잘 당하는가와 안 당하는가는 삶에서 중요한 역할을 할 때가 있다. 설득이 중요하고 대표적 태도변화 방법이지만 구체적으로 배운 적이 없기 때문에 피해를 보는 경우가 종종 있다. 불필요한 물건을 구매하거나, 피해가 큰 조건에 계약하는 등의 사건은 대표적인 예이다. 그러면 의사소통모델에 기초하여 설득에 영향을 주는 전달자, 메시지, 수신자의 세 가지 요소를 살펴보자.

전달자 요인

말은 누가 하는가에 따라 수용되기도 하고 그렇지 않기도 한다. 상담자 혹은 정신과 의사의 조언은 듣지만 부모의 지시는 무시할 수 있다. 또는 친구의 충고는 듣지만 부모의 잔소리는 듣지 않을 수 있다. 전문가

！실험 📊 설득실습을 통한 설득원리 체험해 보기

1. 당신이 가지고 있는 물건 중 한 가지를 선택하라. 그리고 옆에 있는 학생에게 자신이 선택한 물건에 대한 호오를 물어보라. 만일 상대방이 긍정적 태도를 보이지 않는다면 당신은 상대 학생이 긍정적 태도를 갖도록 설득하라. 반대로 상대방이 당신의 물건에 긍정적 태도를 보인다면 부정적 태도를 갖도록 설득하라. 어떤 점이 어려웠는가? 다른 사람들의 시범을 보고 설득에서 필요한 점은 무엇이라고 생각하는가?

2. 당신이 벼룩시장에 참가한다고 가정해 보자. 당신은 어떤 물건들을 내놓겠는가? 물건 목록을 작성해 보자.
   (1) A4 용지에 물건 목록을 순서대로 적어보고 희망하는 판매가를 적어 보도록 하자.
   (2) 4인 1조로 각자가 적은 목록들을 앞에 놓고 마치 벼룩시장이라고 생각하고 자신의 물건을 팔아 보자(소요시간 10분).
   (3) 판매결과 누가 가장 많은 물건을 팔았고, 누가 가장 적게 팔았는가? 그 둘은 어떤 차이가 있었는지 서로 이야기를 나누어 보자.

의 말을 더 듣게 되는 것은 전문성과 믿음에 근거한 신뢰성 때문이다. 반면에 친근한 사람의 말을 더 잘 듣게 되는 것은 호감에 의한 것이라 할 수 있다.

신뢰성(credibility)은 전문성과 믿음으로 구성되어 있다고 한다(Hovland & Weiss, 1952). 전문성은 그 사람이 어떠한 직업이나 직책, 직위, 자격 등을 가지고 있는가를 알림으로써 확보될 수 있다. 전문성(expertise)에 대한 정보는 외형적인 것을 통해서 전달될 수 있기 때문에 많은 사람들이 전문성을 알리기 위해 자신의 자격을 홍보하는 경우가 많다. 다음으로 신뢰성을 확보하는 방법 중 한 가지는 자신의 이익에 거슬리는 내용을 이야기하는 것이다. 전문성을 가지고 있는 사람이 좋은 이야기를 하더라도 자신에게 이익이 돌아가는 것이라면 설득이 잘

2006년 소비자보호원에 접수된 내비게이션 방문판매 피해 건수만 2천 2백여 건에 달한다는데, 과연 이들의 수법은 어떤 것일까?

현대라는 대기업의 이름을 빌려 소비자의 눈을 속이고 각 통신사와 각종 업그레이드 콜센터를 사칭해 최신 내비게이션을 무상으로 교체해 준다며 소비자들을 유혹하는 이들의 영업수법은 그야말로 혀를 내두를 정도이다. 게다가 신용카드 결제를 해도 그 금액만큼 휴대전화에 무료통화권을 충전해 주기 때문에 아무 문제 될 게 없다는 말에 깜박 속고 나니 이미 계약 해지는 하늘의 별따기가 돼 있었다.

〈OSEN, 2007년 4월 3일자 뉴스〉

되지 않을 수 있다. 하지만 자신은 손해인데 나의 이익을 위해 주는 사람이 있다면 어떻게 될 것인가? 가짜 약을 파는 사람은 나의 건강을 걱정해 주면서 자신의 이득을 줄이고, 싸구려 내비게이션을 파는 사람은 비싼 휴대전화 상품권을 제공해서 결국 원가에 제공하는 것처럼 한다. 그런 의미에서 전문성과 믿음을 의심해 보지 않는다면 쉽게 설득에 의해 피해를 볼 수 있다.

전달내용 요인 : 태도와 메시지 내용의 차이

부모님이 공부를 더 하라고 하거나, 직장에서 상사가 일을 더 하고 가라고 한다면 어느 정도까지 참고 수용하겠는가? 어느 정도가 넘으면 참지 못하고 거부하겠는가? 하루에 2시간이면 적절한 공부시간이라고 생각하는 학생에게 30분 더 공부하라는 요구는 수용될 수 있겠지만 2시간 이상을 더 공부하라는 주장은 거부될 가능성이 많다. 즉 수신자가 가지고 있는 초기 태도와 메시지의 내용이 차이가 적을수록 설득이 잘되는 반면에 차이가 클수록 설득은 어렵게 된다.

공포를 이용한 설득

〈전설의 고향〉과 같은 옛날 영화를 보면 길을 지나가던 도사가 혀를 차면서 "안 되겠어."라는 말을 던지곤 한다. 그러면 그 집의 아들은 겁을 집어먹고 도사에게 무슨 일인지를 묻는다. 그러면 도사는 누가 죽는다거나 나쁜 일이 생길 것이라고 말을 해 준다. 아들은 무슨 방법이 없냐고 물으면 도사는 처음에는 없다고 하다가 마지막 방법이 있다고 말해 준다. 그러면 그 아들은 그 방법을 따라 행동하게 된다.

중·고등학교 때 부모들은 좋은 대학에 들어가지 못하게 되면 장래가 얼마나 힘이 들 수 있을지 이야기를 해 주면서 두려움을 느끼게 한다. 그런 이야기는 얼마나 효과가 있었는가? 대부분의 학생에게는 효과가 없을 뿐만 아니라 오히려 부모님에 대해 부정적 감정을 느끼거나 자신에 대한 자신감을 잃게 했을 것이다.

공포를 이용한 설득은 이러한 개인적 수준에서 일어나기도 하지만 사회적 수준에서도 일어나곤 한다. 사회적으로 금연, 음주운전, 약물중독, 의학적 치료 등에 대한 캠페인 등에 공포를 많이 이용한다. 예를 들어 금연 캠페인에서는 담배로 인한 폐 손상 사진 등을 보여 준다. 그렇다면 그러한 캠페인은 얼마나 효과가 있는 것일까? 연구 결과는 캠페인의 효과가 일관성 있게 나타난다는 것을 보여 주지 못한다.

정치적으로는 80년대 정부에서 북한이 '금강산 댐'을 만들어서 남한을 공격할 경우에 수도였던 서울이 반쯤 잠기게 된다고 방송을 통해 알렸고 많은 시민들은 '평화의 댐'이라는 것을 만들기 위해 수많은 성금을 내기 시작했다. 대기업들은 노동자의 '노동운동'이 한국 경제를 후퇴시키게 하여 결국은 후진국으로 몰락하게 될 것이라고 겁을 주어 국민들로 하여금 노동운동에 부정적 시선을 갖게 한다.

공포가 설득에 효과가 있기 위해서는 결과가 심각하고, 그러한 일이 일어날 가능성이 높고, 해결할 수 있는 방법이 어렵지 않아야 한다. 만일 그렇지 못할 경우에는 공포는 방어기제를 촉발하고 효과가 없게 된다. 예를 들어 담배를 피워서 병에 걸리는 것은 운이 없거나 유전 때문이지 꼭 담배 때문은 아니라는 합리화 등을 사용해 버리게 된다. 이를 보호동기이론(Rogers, 1984)이라 한다.

수신자 요인

비록 전달자, 수신자 모두에 연관되는 개념이지만 특히 수신자 요인에서 자기관여도는 매우 중요하다. 자기관여도에는 자신의 입지, 논점관여 등이 있다. 자신의 입지란 자신의 태도가 확고하여 변할 수 없는 것을 말하며, 논점관여란 전달자가 말한 논점에 대한 흥미를 말한다. 즉 수신자의 태도가 분명하지 않고 흥미가 높을 때 설득이 잘 이루어질 수 있다. 금융사기가 경제적으로 고난한 사람들에게 더 쉽게 발생하는 것도 그들이 관련 주제에 관심이 많기 때문이다.

균형이론

사람에게는 일관성을 유지하려는 기본 동기가 있다. 이러한 일관성을 유지하려는 동기에 근거해서 태도변화를 설명하는 이론으로 균형이론, 인지부조화이론 등이 있다.

균형이론(balance theory)은 사람이 특정한 대상에 대한 상반된 두 가지 태도로 나타나는 갈등을 줄이고 일관성을 유지하려고 함으로써 발생하는 태도 변화를 설명하고 있다(Heider, 1958). 우리는 중·고등학교 시기에 특정 선생님이 싫어서 그 과목을 싫어했던 경험이 있다. 특정 과목을 좋아하지만 선생님이 싫으면 그 과목에 대해 두 가지 상반된 태도가 형성된다. 이때 갈등을 줄이기 위해서는 두 가지 상반된 태도 중

그림 10.6
균형이론의 예. 학생이 심리학(⊕)과 교수(⊖)에 대해 상반된 태도를 지니고 있다면 심리학에 대한 태도를 바꾸거나 (⊕→⊖) 교수에 대한 태도를 바꾸게 된다(⊖→⊕).

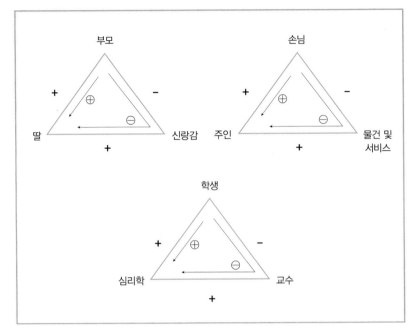

한 가지를 변화시켜야 한다. 즉, 선생님을 좋아하거나 특정 과목을 싫어해야 한다. 여러분의 경험에 따르면 어떤 변화가 더 쉽게 일어나는가? 아마 과목에 대한 태도가 변했을 것이다. 이는 사람들은 최소한의 노력으로 균형을 회복하는 쪽으로 변하려 하기 때문이다.

인지부조화이론

인지부조화이론(cognitive dissonance theory)이란 자신의 행동과 태도의 불일치가 태도 변화를 일으킨다는 주장이다. 사람들은 자신이 가지고 있던 태도와는 다르게 행동하게 되는 경우가 있고, 만일 그러한 행동이 다시는 돌이키거나 변경될 수 없게 되면 불일치를 감소시키기 위해서 태도를 변화시키게 된다고 한다. 우리는 비싼 돈을 주고 쇼핑을 했는데 그 물건이 만족스럽지 않더라도 좋다고 말하면서 위로를 하는 경우가 있다. 또는 결혼을 해서 서로 갈등이 많았던 부부가 노년에 그래도 상대방이 좋았다고 평가하는 경우도 본다. 간혹 특정 단체들은 자신들의 단체가 매력이 없음에도 불구하고 가입하기 어려운 조건을 만들어서 단체에 대한 충성도를 높이는 경우가 있다.

인지부조화이론을 지지하는 증거로 Festinger와 Carlsmith(1959)의 실험이 있다. 이 실험에서 연구자들은 매우 지루한 과제를 피험자에게 시킨 후에 그들이 나가면서 다른 대기자들에게 이 실험이 매우 재미있다고 말해 주라고 부탁했다. 그에 대한 보상으로 한 집단에는 1달러를, 다른 한 집단에는 20달러를 지불하였다. 그리고 나중에 각 집단원에게 실험과제가 얼마나 재미있었는지 물어보자 흥미롭게도 1달러를 받은 집단이 지루했던 과제를 더 흥미 있었다고 보고했다. 이는 1달러를 받은 집단원이 실험은 재미없었지만(태도) 거짓말(행동)을 했는데, 거짓말을 했던 행동이 1달러라는 적은 돈으로는 설명이 되지 못하기 때문에 나타나는 현상이다(논리적, 도덕적 정당화 부족). 즉, "내가 이렇게 적은 돈을 받기 위해 거짓말을 하지는 않았다."라고 생각한다. 그리고 거짓말이라는 행동은 이미 해 버린 것이기 때문에 변화시킬 수 없으므로, 태도와 행동의 불일치를 줄이기 위해 "내가 정말 즐거웠기 때문에 좋아했다고 말을 한 거야."라고 생각하게 된다.

자기지각이론

자기지각이론(self-perception theory)은 사람들이 타인의 행동을 보고 타인의 태도를 추론하듯이 자신의 행동을 보고 자신의 태도를 추론한다고 가정한다. 인지부조화이론과 유사한 점은 행동이 중요하다는 점이고, 차이점은 자기지각이론에서는 인지적 부조화를 전제로 하지 않는다는 점이다.

제2차 세계대전에서 중공군은 포로가 된 미군을 세뇌시키는 프로그램에 자기지각과 관련된 이론을 적용하였다. 중공군은 공산주의를 찬양하는 정치백일장을 주최하였다. 백일장에서는 공산주의를 적극적으로 찬양하는 글 이외에 미국을 지지하면서도 한두군데 중공군에 우호적인 내용을 담고 있는 글이 상을 받았다. 포로들은 공산주의를 찬양하는 글을 반복적으로 씀으로써 공산주의에 우호적인 태도로 변해 갔다. 이와 같은 세뇌 프로그램은 기업에서 자사 제품과 관련된 수기공모전, 신입사원교육 등에 여전히 사용되고 있다(Segal, 1954; Cialdini 2001/2002에서 재인용).

일반적으로 사람들은 태도를 바꾸어 행동을 하게 만들려고 하지만 인지부조화와 자기지각이론은 오히려 태도를 바꾸려면 행동을 먼저 하게 하라고 조언한다. 즉, 행동을 하게 되면 자신의 태도와 불일치를 경험하여 불편함을 느끼고 태도를 바꾸게 되거나, 자신의 행동을 보고 자신의 태도를 유추하여 태도를 형성하게 된다는 것이다. 예를 들면, 당신이 누군가로 하여금 당신을 좋아하게 하려면 먼저 당신에게 선물과 같은 호의를 베풀게 하거나, 물건을 구매하게 하려면 그 물건을 일정 기간 사용하게 하라는 것이다. 이를 심리학에서는 '문전걸치기기법(fool in the door technique)' 이라고 부른다

앞의 태도에 대한 여러 이론은 태도와 행동의 일치성을 전제로 하고 있다. 하지만 태도와 행동이 반드시 일치하는 것은 아니다. 가장 유명한 사례는 1934년 미국에서 백인 교수가 중국인 학생 부부를 데리고 여행을 다녔는데 그들이 들른 곳에서 한군데를 제외하고 숙식을 하였다. 이후 편지를 써서 중국인 손님을 받겠는가라고 물었을 때 92%가 거부하겠다고 답했다.

동조

동조(conformity)란 다른 사람의 행동과 일치되기 위해서 자신의 행동이나 태도를 바꾸는 것을 말한다. 여기서 중요한 부분은 다른 사람이 따라 하도록 말이나 행동 등을 통해서 압력을 가하지는 않았다는 점이다. 우리는 동조했다는 말을 부정적으로 받아들이지만 사회적 행동이 중요한 동물에게는 매우 기능적일 수 있다. 예를 들어 동조는 특정한 사회적 기준을 형성함으로써 사회적 행동을 통일시킬 수 있다.

10여 년 전 국내에서 '몰래카메라'를 이용한 프로그램이 텔레비전에서 인기 있었던 적이 있다. 그때 엘리베이터 안에서 진짜 피험자를 중심으로 가짜 피험자들이 주변에 서 있게 된다. 이때 가짜 피험자들이 한 명씩 뒤로 돌아서기 시작한다. 다른 가짜 피험자들이 모두 뒤로 돌아섰을 때 당황한 진짜 피험자는 어떻게 했을까?

동조에 대한 최초의 실험실 연구는 Asch(1955)라는 심리학자에 의해서 실시되었다. 그는 1명의 진짜 피험자와 6명의 가짜 피험자로 구성된 집단을 만들었다. 이때 진짜 피험자의 순서는 7명 중 여섯 번째가 된다. 연구자는 피험자들에게 제시된 선분과 가장 비슷한 길이의 선분을 보기에서 고르게 한다. 먼저 답을 하게 된 가짜 피험자들은 전혀 엉뚱한 길이의 선분을 선택하게 된다. 실험 결과 전체 시행의 37%에서 동조가 나타났다.

우리는 자주 다른 사람은 어떻게 하는지 궁금해한다. 1학기 심리학 점수가 기대했던 결과보다 좋지 못할 경우 다른 사람들은 교수에게 나처럼 메일을 보내는가? 아니면 전화를 해서 자신의 사정을 여러 차례 호소하는가? 남자친구의 무관심과 거짓말에 다른 여자들도 나처럼 화를 내는가, 아니면 참고 지내는가? 신입사원이 되어서 회사에 가는데

그림 10.7
Asch의 실험장면. 좌측부터 틀린 답을 하게 되면 여섯 번째 피험자(우측에서 세 번째 흰옷 입은 사람)는 어떤 답을 할까?

그림 10.8
Asch의 실험에 사용된 자극. 가짜 피험자들은 모두 틀린 답 (1번과 2번)을 한다.

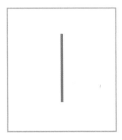

지시된 선분

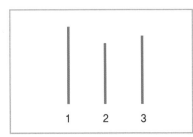

선택할 선분

다른 사람들은 나처럼 정장을 입는가 아니면 캐주얼하게 입는가? 스스로는 인식하지 못하지만 일상생활 속에서 수많은 동조행동이 발생하고 있다.

동조가 어느 정도 나타날지에 영향을 주는 요소로는 집단의 크기와 집단의 만장일치(group unanimity)라는 요소가 있다. 집단은 3명 이상만 되면 충분한 동조가 나타난다. 그리고 집단이 만장일치를 보일 경우에는 동조가 높게 나타나지만 한 명이라도 반대를 하면 동조율은 급격히 떨어진다. 이는 번화가에서 몇 명이 하늘을 올려다보았을 때 행인들도 함께 하늘을 올려다보는지, 버스 정류장에서 몇 명이 줄을 섰을 때 다른 사람들도 줄을 서는지 등에 대한 실험 등에서 일관성 있게 나타나고 있다. 만일 동조에 의해서 타인들의 행동을 변화시키고자 한다면 주변에 있는 세 사람의 도움을 요청하면 된다.

동조의 긍정적 기능에도 불구하고 맹목적인 동조는 사람을 위험에 빠트린다. 예를 들어 레밍의 달리기 또는 레밍 효과라는 말이 있다. 북유럽에 사는 설치류 중 하나인 레밍은 개체수가 늘어나면 한 방향으로 집단으로 이동하는데, 많은 개체가 바다에 빠져 죽게 되면서 이동이 종결된다고 한다. 이는 사람과는 무관한 것처럼 보이지만 1913년 오하이오주에서 몇 사람으로부터 촉발된 달리기가 댐이 무너졌다는 소문과 겹쳐

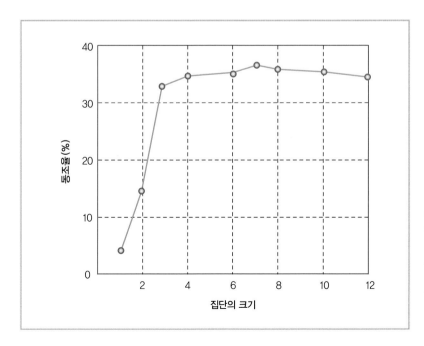

그림 10.9
동조실험 결과. 집단의 크기가 3이면 동조율은 최대가 된다. 집단의 크기가 더 증가하여도 동조율에는 큰 차이가 없었다.

지면서 2,000명의 사람이 약 10km의 길이까지 달리기가 이어졌다고
한다. 맹목적인 주식투자, 재난을 걱정한 사재기 등은 정보가 불확실한
상태에서 불안으로 인한 맹목적 동조에 의한 현상이라 할 수 있다.

Asch 동조실험 재현, 〈다큐프라임 인간의 두 얼굴 2부-사소한 것의 기적〉, EBS
동조현상의 부정적 측면들-실험과 사례, 〈다큐프라임 인간의 두 얼굴 1부-상황의 힘〉, EBS

복종

복종(obedience)이란 권위를 지닌 타인의 명령이나 지시에 따르는 것을
말한다. 동조와의 공통점은 타인에 의해 행동이 영향을 받는다는 점이
다. 차이점은 동조는 타인이 아무런 직접적 지시를 하지 않았지만 복종
은 직접적 지시를 했다는 점이다. 복종은 복종하려는 내용이 정당하다
면 큰 문제가 되지 않는다. 이 실험에서 중요한 점은 연구자가 전기충격
을 주라고 한 명령이 비윤리적이라는 점이다. 만일 당신이 비도덕적이
거나 부당한 요구를 받는다면 어떻게 할 것인가? 조직의 말단직원인 당
신에게 식비를 줄이기 위해서 유치원 아이들의 식사재료를 좋지 못한
재료를 사용하라고 하거나(보육교사), 국민들이 알아야 할 기사를 게재
하지 못하게 하거나(기자), 정당한 시위를 하는 노동자를 제압하라고 하
거나(경찰), 한 집단의 정치적 목적을 위해 공무원들에게 민간인을 사찰
하라고 하거나(정부), 인터넷에 댓글을 달라는 압력을 받는다면(국정원)
당신은 어떤 선택을 할 것인가? 복종의 문제는 한 개인이 자신이 가지
고 있던 일상적이며 도덕적인 기준과는 너무나 큰 차이가 있는 명령이
주어지는 순간 중요한 문제가 된다.

Milgram(1963, 1974)은 히틀러에 의한 유대인 학살과 같은 대규모 의 살인, 곧 집단학살(genocide)이 어떻게 가능했는지에 대해 설명하기 위해 복종현상을 연구하였다. 유대인 학살과 같은 집단학살이 인류에게 일어난 일회적 사건이 아니기에 매우 중요한 문제이다. 르완다 학살 (1994년 후투족이 투치족에 대한 학살로 약 100일간 100만 명이 학살 당함, 하루에 1만 명 정도), 보스니아 학살(1992~1995년 사이 유고내전 당시 세르비아계가 보스니아 내 이슬람계 사람들을 약 25만 명 학살), 1945년 오키나와 민간인 학살, 한국전쟁 중 거창, 제주 등에서 있었던 민간인 학살, 캄보디아 학살(킬링필드로 알려짐. 1975~1979년 크메르 루즈라는 무장단체에 의해 국민의 1/4인 200만 명이 학살당함) 등 끔찍 한 범죄는 이루 말할 수 없을 만큼 많았다. 이러한 역사적 사건들은 인 간이 얼마나 복종에 취약하며, 복종이 얼마나 많은 사람에게 영향력을 끼칠 수 있는지를 일깨워 준다.

Milgram(1963, 1974)은 복종에 대한 실험을 하였다. 그의 실험은 사 람들이 매우 부당하고 타인에게 해가 되는 명령에 대해서도 쉽게 복종 한다는 것을 알려 주었으며, 그 정도가 예상했던 것보다 매우 강하다는 것을 보여 주었다. Milgram은 한 사람의 가짜 피험자와 한 사람의 진짜

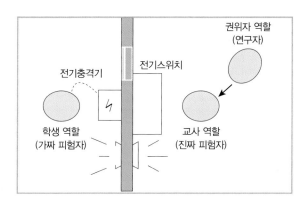

그림 10.10
Milgram의 실험실 구조. 교사 역할을 하는 진짜 피험자는 학생 역할을 하는 칸막이 너머의 가 짜 피험자에게 전기충격 을 주도록 명령받는다.

그림 10.11
Milgram의 실험장면

피험자가 한 쌍으로 실험에 참가하도록 하였다. 진짜 피험자는 항상 교사의 역할을 맡아 건너편 방에 있는 가까 피험자가 잘못된 답을 할 때마다 전기충격을 주도록 되어 있었다. 전기충격은 15V에서 450V까지 점진적으로 되어 있는데 75V 이상이 되면 가짜 피험자는 건너편 방에서 신음소리와 그만해 달라는 부탁 등을 하였다. 정신의학자와 심리학자가 450V까지 하는 사람은 1% 미만이라고 예상하였지만 놀랍게도 40명의 피험자 중에서 65%에 이르는 사람들이 끝까지 전압을 높였다.

과거 제2차 세계대전 중에 히틀러의 유대인 학살이나 일본의 오키나와 섬에서 군인들이 군수물자를 아끼기 위해 민간인들에게 자신의 가족을 죽이도록 수류탄과 칼을 주어서 죽이게 했던 집단자결과 최근 이라크 전쟁에서 미군의 이라크 포로에 대한 학대 등은 인간이 얼마나 복종에 취약할 수 있는가를 보여 주는 사건들이다.

우리는 자신이 그리고 타인이 자율적으로 판단하고 행동할 수 있다고 믿고 있다. 다른 사람이 나에게 어떤 일을 하라고 지시하더라도 나의 생각과 맞지 않다면 거절할 수 있을 것이라고 생각한다. 과연 인간은 그렇게 신뢰할 만큼 자율적인가?

복종은 외부에서 발생하는 것이 아니다. 복종하고자 하는 마음이 있기 때문이라고 할 수 있다. 자신이 유능하다는 것을 보여 줌으로써 자신이 중요하게 생각하는 인물로부터 인정을 받고, 비난을 피하려는 마음

그림 10.12
일본군에 의한 집단자결

이 복종을 일으키고 있는 것이라 생각한다. 이런 면에서 인간은 이성적이기보다 감성적이며, 도덕적이기보다는 맹목적이다.

　복종은 동조와 마찬가지로 공동체에 필수적이다. 딸은 일찍 귀가하라는 아버지의 명령을 따르기도 하고, 직원은 정해진 마감일까지 일을 마치려 노력하고, 군인은 국가가 명한 전쟁에 참가한다. 그러므로 복종 자체가 문제가 된다기보다는 복종을 강요하는 사람이 어떠한 가치를 지니고 있는가가 문제가 된다고 할 수 있다.

Milgram 복종실험 재현, 〈다큐프라임 인간의 두 얼굴 2부–사소한 것의 기적〉, EBS
Zimbardo 교도소실험과 의사의 권위실험, 〈다큐프라임 인간의 두 얼굴 1부–상황의 힘〉, EBS
Zimbardo 교도소실험 재현, 〈리얼실험 프로젝트 X–감옥 체험〉, EBS

토론주제

아래는 제11장 심리장애와 심리치료에서 함께 논의할 주제들이다.

1. 증(상)과 장애는 어떻게 다른 것일까?[예를 들어 우울증(symptom), 공황장애(disorder)]

    1.1 최근 사회적으로 자주 언급되는 심리장애들은 무엇이 있는가? 그리그 그것과 관련된 사건들은?

    1.2 사회적으로 언급된 심리장애 중 당신도 경험한 것이 있다면 무엇인가?

    1.3 심리장애와 연관된 영화들의 목록을 생각해 보자. 그리고 영화들에 대한 소감을 나누어 보자.

    1.4 심리장애와 연관된 책들의 목록을 생각해 보자(예 : 채식주의자). 그리고 책들에 대한 소감을 나누어 보자.

2. 심리장애는 생물학적, 환경적, 심리적 요인 중 무엇이 가장 비중이 클까?

    2.1 이상성격(일명 정신질환)은 타고난 것일까, 아니면 만들어지는 것일까?

    2.2 성 범죄자에 대한 화학적 거세는 효과적일까? 다른 대안은 무엇일까?

    2.3 정신질환자에 의한 폭력, 살인의 경우 심신미약이라는 이유로 감형을 해 줘야 하는가, 그렇지 않은가? (예 : PC방 살인사건 참조)

3. 당신은 심리상담을 받아보고 싶었던 적이 있었는가?

    3.1 사람들이 일반적으로 상담에 대해 가지고 있는 태도, 편견이 있다면?

    3.2 텔레비전 프로그램 중 상담과 유사한 인기 프로그램이 있다. 프로그램의 장점과 단점은 무엇이라고 생각하는가? (예 : 힐링캠프, 안녕하세요)

4. 사이코패스의 정확한 정의는 무엇일까?

    4.1 우리 주변에 정말로 사이코패스가 많은 것일까?

    4.2 정신질환자는 우리에게 정말 위험한 것일까?

    4.3 심리장애와 연관된 병명을 부여하는 것의 위험성은 무엇일까? (예 : 저 사람은 공황장애야!)

제 11 장

심리장애와
심리치료

삶은 고통이라고 한다. 그러한 고통은 스스로 극복하거나 참고 지낼 수도 있지만 삶을 유지하기 어려울 만큼 힘겨운 문제도 있다. 이 장에서는 그러한 문제들에는 어떤 것들이 있으며 그러한 문제를 해결하기 위한 방법을 알아본다.

정신장애의 종류

정신장애(mental disorder)에는 눈에 띄는 독특한 것도 있지만 우울증처럼 사람들에게 다소 일상적으로 느껴져서 심리적 문제로 느껴지지 못하는 것도 있다. 우리는 정신장애의 종류와 내용을 이해함으로써 심리적 문제에 대처하는 능력을 향상시킬 수 있다. 만일 우리가 경험하는 다양한 정신장애를 장애인지 모르거나 분류할 수 없다면, 우리는 단지 성격이 이상하다고 지나쳐 버리거나 어떻게 대처할지 몰라서 굿이나 진통제와 같은 비효과적인 방법을 사용하려 할 수 있다. 정신장애의 유무와 종류를 아는 것은 사람들로 하여금 보다 효과적인 대응과 치료를 하는 데 필수적인 것이라 할 수 있다.

정신장애를 분류하는 기준으로는 미국 의사협회에서 만든 DSM (Diagnostic and Statistical Manual of Mental Disorders, 정신장애에 대한 진단및 통계편람)이 가장 널리 사용되고 있는데 우리나라에서도 위의 기준을 따르고 있다. DSM은 현재 5판까지 개정되어 나왔으며, 이전의 내용에 비해 몇 가지 점에서 달라졌다. 예를 들어 동성애 등이 진단명에서 사라졌다.

DSM-5는 정신장애에 영향을 줄 수 있는 다양한 요인(축)들을 분류하여 각 요인에 따라 기술함으로써 환자의 정신장애에 대한 종합적 진단과 접근을 가능하게 하고 있다. 요인 1에서는 정신장애, 요인 2에서는 성격장애와 지적장애, 요인 3에서는 의학적 상태, 요인 4에서는 심리사회적·환경적 문제, 요인 5에서는 기능에 대해서 평가·진단하도록 되어 있다.

정동장애

정동장애(mood disorder)란 기분상태에 문제가 있는 것을 말한다. 보통 사람들도 경험에 따라 기분의 변화를 겪는다. 하지만 정동장애인 사람은 기분의 강도가 크고, 오래 지속되고, 변화가 다소 극적인 것이 특징이다. 그러므로 일상적인 기분의 변화로 정동장애라고 자기 스스로 평가하는 것은 바람직하지 않다.

단극성 장애

정서는 정적인 것과 부적인 것 두 가지로 나누어 볼 수 있다. 정적인 것은 기분이 좋은 것이고 부적인 것은 기분이 슬프고 침체된 것이다. 이때 한 가지 기분만 두드러지는 것을 단극성 장애라고 한다. 단극성 장애는 주로 우울증이 많다.

우울증의 가장 중요한 특징은 거의 매일 우울한 기분이 느껴지고, 일상적으로 하던 모든 활동에 대해 흥미가 사라진다. 운동, 게임 등의 취미활동을 어느 날부터인가 하지 않게 된다. 먹는 것, 잠자는 것, 체중 등의 생리적 현상이 일상적 흐름에서 벗어나게 된다. 무가치감과 죄책감 그리고 자살에 대한 생각, 충동 등이 나타난다.

시간이 지나면 단순히 좋아질 것이라는 기대나 혼자서도 이겨 낼 수 있을 것이라는 단순한 생각 때문에 우울증에 걸려 있음에도 불구하고 전문적인 도움을 청하지 않아서 문제가 심각해지는 경우가 있다. 자신이 장기간 우울한 느낌이 들거나 침체되어 있는 느낌이 든다면 자신의 증상을 무시하지 말고 주변의 전문적 도움을 받아 보는 것이 필요하다.

양극성 장애

양극성 장애(bipolar disorder)는 두 가지 반대되는 기분, 곧 조증과 울증이 반복되는 것을 말한다. 이 장애는 일정 기간에는 기분이 끝없이 좋았다가 어느 한 순간 기분이 바닥으로 추락하게 된다. 사람들이 주로 조증상태에서는 스스로 문제라고 느끼지 못하다가 우울할 때 도움을 청하기 때문에 우울증으로 평가받기도 한다. 하지만 자세히 살펴보면 우울증이 오기 전에 비정상적인 기분의 상승이 있다.

조증 혹은 기분의 상승은 단지 약간의 기분이 좋음을 의미하지는 않는다. 그 사람들의 기분 상승은 현실에 바탕을 두지 않는 경우가 많다. 비약적 상상으로 도저히 현실적이지 못한 것을 하겠다고 하거나, 잠을 자지 않고 몇 시간 혹은 며칠을 일을 하기도 한다. 또한 비정상적인 성적 각성을 보여서 가족이나 가까운 사람에게 성적 접근을 시도하기도 한다.

양극성 장애의 이러한 특성은 비현실적 지각차원에서 보면 조현병과 비슷하지만 중요한 차이는 정서적 이상을 동반한다는 데 있다. 즉 조현병은 양극성 장애만큼 강한 정서적 각성을 동반하지 않는 경우가 많다.

조울증 증상과 치료, 〈그것이 알고 싶다－조울증〉, SBS

불안장애

불안장애(anxiety disorder)는 불안, 두려움, 공포 등으로 인해 고통을 느끼고 현실생활에 어려움을 느끼는 것을 말한다.

범불안장애

범불안장애(generalized anxiety disorder)는 일반화된 불안장애라고도 한다. 사람들은 어떤 특정한 대상에 대해 불안을 느끼는 데 반해 범불안장애는 막연하게 불안이 느껴지면서 불안을 일으키는 대상이 계속해서 변하는 것을 말한다. 즉 지속적으로 불안이 나타나면서 전혀 걱정하지 않았던 대상에 대해서 새롭게 걱정하는 것이 나타난다. 주변에 나이 드신 어른들을 보면 갑자기 가족 중에서 누가 사고가 나는 것은 아닌지, 무슨 나쁜 일이 일어나는 것은 아닌지 불안해하고 초조해하는 경우가 있는데 이런 증상이 범불안장애와 유사한 특성을 보인다.

특정 공포증

공포증의 대상은 매우 다양하다. 뱀, 개, 바퀴벌레, 거미 등 특정한 동물이나 곤충에 대해서 느끼는 공포증이 있다. 또한 특정한 상황에 대해서 공포를 느끼는 경우도 있다. 높은 곳(고소), 밀폐된 곳(폐소), 어두운 곳 등이 있다.

보통 사람들도 뱀이나 바퀴벌레와 같은 대상에 대해서 혐오나 공포를 느낀다. 일반인의 공포가 공포증과 다른 것은 일반인은 뱀 그림을 본다고 무서워하지 않으며, 뱀이 나올까 봐 잔디밭에 가지 못하지는 않는다. 즉 뱀 자체의 직접적 위해가 없는 상황에서는 공포를 느끼지 않는다.

다양한 공포증의 사례-새, 고양이, 곤충 등, 〈SBS 스페셜 생존의 공습경보-공포〉, SBS

공황장애

공황장애(panic disorder)란 불안과 그로 인한 발작이 갑작스럽게 나타나는 것을 말한다. 호흡곤란, 심장박동의 빨라짐, 어지러움 등이 나타나면서 의식을 잃게 된다. 환자들은 이러한 발작이 언제 나타나는지를 알지 못하기 때문에 매우 두려워한다. 공황장애 환자들은 발작이 사람들 앞에서 나타날 것을 두려워하기 때문에 광장공포증으로 발전하는 경우가 많다.

광장공포증

광장공포증(agoraphobia)이란 사람들이 많이 모여 있는 곳에 가게 되면 불안을 느끼는 것을 말한다. 병원, 은행, 터미널, 백화점 등 사람들이 많이 모여 있는 곳에 가게 되면 공황장애와 같은 특성을 보이게 된다.

강박증

강박증(obsessive compulsive disorder)은 사고, 행동이 스스로 통제하지 못할 만큼 반복되고 그로 인해 현실적응에 문제가 발생하는 것을 말한다. 이 증상은 본인 스스로 문제가 있다고 알고 있지만 스스로도 통제할 수 없기 때문에 매우 고통스러워하는 경향이 있다.

① 강박행동 : 멈추지 못하고 지속되는 반복된 행동을 말한다. 이때 이들의 행동은 특정한 순서와 횟수 등에 맞추는 규칙성을 가지고 있는 경우가 많다. 즉 문이 잠겨 있는지 몇 번 확인해야 한다든지, 손을 물에 몇 번 씻어야 한다든지, 집에 들어갈 때 어디부터 들어가서 어떤 일을 해야 하는가와 같은 규칙을 지키려는 경우가 있다.

② 강박사고 : 강박행동은 단지 드러난 것일 뿐이다. 강박행동이 일어난 원인은 강박사고 때문이다. 즉 그들은 불안을 유발하는 특정한 사고가 계속해서 이어진다. '집의 문을 잠그지 않은 것 같은데 그래서 도둑이 들어오면 어떡하지?'와 같은 생각이 계속 떠오르는

강박장애

〈이보다 더 좋을 순 없다〉

멜빈 유달(잭 니콜슨 분)은 강박증 증세가 있는 로맨스 소설 작가이다. 뒤틀리고 냉소적인 성격인 멜빈은 다른 사람들의 삶을 경멸하며, 신랄하고 비열한 독설로 그들을 비꼰다. 그의 강박증 역시 유별나다. 길을 걸을 땐 보도블럭의 틈을 밟지 않고, 사람들과 부딪히지 않으려고 뒤뚱거린다. 식당에 가면 언제나 똑같은 테이블에 앉고, 가지고 온 플라스틱 나이프와 포크로 식사를 한다. 이러한 신경질적인 성격 탓에 모두들 그를 꺼린다. 그러나 식당의 웨이트리스 캐롤 코넬리(헬렌 헌트 분)는 까다로운 멜빈을 언제나 인내심 있는 태도로 식사 시중을 들어준다.

것이다. 그러한 생각을 멈추기 위해서 문이 확실히 잠겼다는 것을 확인할 필요가 있는데 그러한 것이 문을 반복적으로 확인하는 행동으로 나타나는 것이다. 즉 강박행동의 이면에 강박사고로 인한 불안이 있다. 주변사람들은 강박사고를 알 수 없기 때문에 강박행동만을 문제로 생각한다.

외상후 스트레스 장애

외상후 스트레스 장애(posttraumatic stress disorder)란 일상적으로 경험하지 못한 무섭고 충격적인 상황을 경험한 후에 심리적 장애가 나타나는 것이다. 소방관이나 경찰관 등이 교통사고를 목격한 후에 나타나거나, 군인이 전쟁에 참가하여 끔찍한 장면을 목격한 후에 나타나는 수가 있다. 또는 해일이나 지진과 같은 자연재해, 화재나 건물붕괴와 같은 재해를 경험한 후에 나타나는 수도 있다.

중요한 증상은 외상 경험이 의식 중이나 수면 중에 지속적으로 떠오르는 것이다. 외상 상황과 유사한 상황에 노출되었을 때 심리적 고통과 함께 공포, 불안 등의 증상이 나타난다. 그래서 외상을 떠올릴 수 있는 유사한 자극이 있는 상황을 피하게 된다. 또한 매우 과민한 상태로 있어서 작은 자극에도 경계하고 놀라고 화를 낸다.

군인, 경찰, 소방관처럼 직업적으로 위험에 대해 도피하지 않고 맞서야 하는 집단에서는 외상후 스트레스 장애를 용기부족, 비겁함, 핑계 등으로 인식하고 장애로 받아들이지 않으려는 경향이 있다.

외상후 스트레스 장애와 같은 범주에 속하는 것은 아니지만 다른 사람들도 쉽게 접할 수 있는 일상적 스트레스(최근 3개월)로 인해서 불안과 우울이 나타나는 적응장애(adjustment disorder)가 있다. 학생들에게는 중요한 시험에 낙방하거나, 친구 혹은 애인과 결별하는 것과 같은 일이 적응장애를 유발할 수 있다. 적응장애가 나타날 경우 주변 사람들뿐만 아니라 자신마저도 이러한 사소한 일로 인해 자신이 무기력하게 변한 것에 대해 이해하지 못한다. 가족이나 친구들은 주변에 이러한 사람이 있을 경우에 다른 사람과 비교하면서 비판하거나, 변화를 강요하

외상후 스트레스 장애

〈하늘과 땅〉

1950년대 초, 프랑스의 지배하에 있던 베트남의 한 시골마을 킬라에서 태어난 리리는 1963년 베트콩이 마을에 들어오면서 심한 전쟁의 소용돌이에 휩싸이게 된다. 전쟁은 리리를 베트콩과 정부군 모두에게서 첩자로 몰리게 하고, 리리는 전쟁터에서 험난한 삶을 살아가게 된다. 오직 살기 위해 몸부림치던 리리는 그 잔인한 전쟁 속에서 스티브 버틀러라는 해군 하사관을 만나게 되고 그의 따뜻함에 이끌려 결혼을 하고 꿈에 그리던 미국 생활을 하게 된다. 그러나 전쟁광 스티브는 새로운 사회에 적응하지 못하고 전쟁터로 돌아가길 원하게 되고 부부싸움은 계속된다. 스티브는 자살로 생을 마감하고 리리는 전쟁이 끝나고 13년이 지난 후 공산주의가 된 베트남을 찾게 된다.

게 되는데 이러한 방법은 효과적이지 못하다.

전쟁과 외상후 스트레스 장애, 〈The Soldier's heart(EBS 시사다큐멘터리 살아남은
병사들의 슬픔－외상후 스트레스 장애)〉, PBS(EBS 수입 및 방영)

신체형 장애

신체형 장애(somatoform disorder)란 심리적 문제로 인해 신체적 증
상이 나타나는 것을 말한다. 신체적 증상에는 신체적 고통, 마비, 걱정
등의 여러 가지 유형이 있다.

건강염려증

건강염려증(hypochondriasis)은 의학적 측면에서 문제가 없음에도 불
구하고 자신이 심각한 질병에 걸렸다고 의심하거나 확신하는 것이다.
이러한 사람들은 자신이 특정한 질병에 걸렸다고 믿기 때문에 자신의
사소한 신체적 증상에도 매우 민감하게 반응한다. 그리고 자신에게 병
이 있다는 것을 확인하기 위해서 병원에 가게 되는데 병이 없다는 진단
을 받게 되더라도 의사의 진단을 불신하고 계속해서 다른 병원들을 방
문하게 된다. 병원쇼핑을 하는 사람들 중에 이러한 건강염려증 환자가
많다.

건강염려증이란 실제로 몸이 아프거나, 과거에 치료 등의 경험으로
인해서 건강에 대해서 걱정하는 것이 아니라 심리적 문제로 인해 건강
에 대한 염려로 발전한 것을 지칭한다.

신체화장애

신체화장애(somatization disorder)란 심리적 어려움이 신체의 여러

부위의 고통으로 나타나는 것을 말한다. 이러한 문제를 보이는 사람들이 말하는 신체적 문제는 한 가지가 아니며 여러 신체 부위의 고통(두통, 복통 등)을 호소한다. 통증 이외에 소화와 관련된 증상(오심, 팽만감, 구토), 성과 관련된 증상(성에 대한 무관심, 발기부전, 월경불순), 신경학적 증상(신체 일부의 마비나 쇠약, 협응이나 균형 장애) 등이 나타난다.

이 사람들은 주로 두통이나 복통이 자주 나타나기 때문에 진통제 등을 상용하며 MRI, CT, 위내시경, 임상병리검사 등 다양한 검사들을 하지만 실제 질병이 있지는 않기 때문에 심리적 문제를 진단받아 볼 것을 권유받는다. 이 증상을 가지고 있는 사람들이 이러한 권유에 응하는 경우도 있지만 그렇지 않고 신체적 증상 제거에만 집착하는 경우가 있다. 신체적 증상은 심리적 문제가 해결되지 않는 한 완전히 사라지지는 않는다.

이 장애가 건강염려증과 다른 점은 자신의 신체적 고통을 해결하기 위해서 병원을 찾는다는 점이다. 반면에 건강염려증 환자는 치료가 아닌 병이 있음을 확인받기 위해서 병원을 찾는다.

전환장애

전환장애(conversion disorder)란 몸의 특정한 기능이 일시적으로 마비되거나 손상되는 것을 말한다. 의학적으로는 전혀 문제가 없지만 앞을 못 보게 되거나 듣지 못하게 된다.

서강대 총장을 했던 최홍 신부님은 안기부에서 고문을 받고 난 후에 안구에 전혀 문제가 없었음에도 불구하고 앞을 볼 수 없었다가 고문 가해자를 마음에서 용서하면서 시력을 되찾았다고 한다. 이처럼 심리적 문제로 인해 기능 자체를 일시적으로 잃게 되는 것을 말한다.

조현병

조현병(schizophrenic disorder)이란 사고의 기능이 통합되지 못함을 의미한다. 그래서 여러 가지 비현실적인 지각, 사고, 정동, 행동들을 보이게 된다. 일반적으로 지각, 사고, 행동 측면은 눈에 잘 띄는 반면에 정서적 측면은 잘 드러나지 않아서 조현병으로 인식되지 않기도 한다. 전자를 주로 양성, 후자를 음성으로 분류한다.

사고의 장애는 현실적이거나 논리적 사고의 기능이 상실되거나 감소되는 것을 말한다. 보통 사람들은 특정한 단어, 문장을 말하였다면 그것과 관련된 단어, 문장을 연상하여 말하게 된다. 정상인 사람이 "나는 너를 좋아해, 이 세상의 그 무엇보다도."라고 말한다면 조현병 환자는 "나는 너를 좋아해. 이 세상은 부조리해. 버스는 자신만의 길을 간다."처럼 논리의 연결이 상실된다. 이러한 연결의 상실은 생각이 막혀서 끊기거나, 여러 가지 연상이 동시에 나타나서 압축되는 형태를 보이기도 한다.

조현병은 정동장애로 인한 정서적 둔화가 나타나기도 한다. 이들은 감정을 잘 느끼거나 표현하지 못해서 무감각해 보이거나 냉담하게 보인다. 그래서 상황에 맞지 않는 표정을 보이게 된다.

지각장애로 인한 착각과 환각 등도 나타난다. 환각에는 환청, 환시 등이 있는데 실제로는 존재하지 않는 특정한 대상을 보거나 목소리 등을 듣는다고 한다. 이러한 환각을 경험한 사람은 자신이 신의 목소리를 들었다고 하거나, 누군가 자신을 조정한다고 생각하게 된다. 가끔 야외에 혼자 앉아서 중얼거리거나, 어색한 웃음을 보이는 사람이 있는데 이러한 사람들은 자신의 내적 환청과 대화를 하는 경우이다.

행동장애는 행동이 합목적적으로 이루어지지 않는 것을 말한다. 서로 다른 욕구, 감정을 조절하지 못해서 결정하지 못하고 하루 종일 멍하게 있거나 서로 상반된 두 가지 행동을 동시에 보인다. 주위의 자극에 반응

조현병

<뷰티풀 마인드>

40년대 최고의 엘리트들이 모이는 프린스턴 대학원. 시험도 보지 않고 장학생으로 입학한 웨스트버지니아 출신의 수학과 새내기 존 내쉬. 그는 너무도 내성적이라 무뚝뚝해 보이고, 오만이라 할 정도로 자기 확신에 차 있다. 괴짜 천재인 그는 바로 자신만의 '오리지널 아이디어'를 찾아내기 위해 기숙사 유리창을 노트 삼아 단 하나의 문제에 매달린다. 어느 날 존 내쉬는 섬광 같은 직관으로 '균형이론'의 단서를 발견하고 1949년 27쪽짜리 논문을 발표한 20살의 청년은 하루 아침에 학계의 스타로, 제2의 아인슈타인으로 떠오른다.

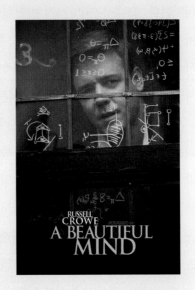

이후 MIT 교수로 승승장구하던 그는 정부 비밀요원 윌리엄 파처를 만나 냉전시대 최고의 엘리트들이 그러하듯 소련의 암호 해독 프로젝트에 비밀리에 투입된다. 결혼 후에도 존은 윌리엄과의 프로젝트를 비밀리에 수행한다. 하지만 점점 소련 스파이가 자신을 미행한다는 생각에 사로잡히는 존. 목숨의 위협에도 불구하고 아내에게 끝까지 자신의 일을 비밀로 하지만, 자신의 영혼의 빛이 점점 꺼져 가고 있음을 깨닫지 못한다.

하지 않으며 통증에 대해서 무감각한 증상을 보인다.

해리성 장애

해리성 장애(dissociative disorder)에서 해리라고 하는 말도 분리를 뜻하는데 정신분열과는 다른 의미를 지니고 있다. 분열이 현실을 지각할 수 있는 사고기능의 이상을 의미한다면, 해리는 의식, 정체감 등이 변화하는 것을 의미한다.

우리는 자신이 감당하기 힘든 고통을 경험하거나 고통을 자신의 의식으로 받아들이기 어려울 때가 있다. 이때 사람은 그 경험을 했던 사람이 아닌 마치 다른 사람처럼 되어 사고하고 느끼고 행동하게 된다.

해리성 기억상실증

해리성 기억상실증(dissociative amnesia)이란 과거 특정 기간의 기억을 잃어버리는 것을 말한다. 일반적으로 사고나 약물 등으로 인한 기억상실과 달리 심리적 이유로 인해 기억상실이 일어나는 것을 말한다. 이때에는 정체감 장애와는 달리 자신이 누구인지는 알지만 과거에 자신이 어디서 무엇을 했는지를 잘 모르게 된다.

심리적 고통과 해리성 기억상실증, 영화 〈거미숲〉, 송일곤 감독

해리성 정체감 장애

해리성 정체감 장애(dissociative identity disorder)란 사람들이 보통 다중인격이라고 부르는 것으로 서로 다른 정체감 혹은 성격을 가지고 있는 것을 말한다. 다중인격이 잘 발견되지 않고, 발견되는 데 오랜 시간이 필요하기 때문에 여전히 다중인격이 있는지에 대한 의견이 분분하다.

해리성 정체감 장애는 성폭행, 학대, 외상적 경험 등 감당하기 어려운 경험을 한 경우에 많이 발생한다. 무속에서 '신 내림'을 받은 무당의 경우에 과거 힘든 경험을 했던 사람들이 많은데 일부 정신과 의사들은 '신 내림'을 영적 현상이라기보다 해리성 정체감 장애로 보는 경우도 있다.

해리성 정체감 장애

〈파이트 클럽〉

자동차 회사의 리콜 심사관으로 일하는 주인공은 스웨덴산 고급 가구로 집안을 치장하고 유명 메이커의 옷만을 고집하지만 일상의 무료함과 공허함 속에서 늘 새로운 탈출을 꿈꾼다. 그는 출장행 비행기 안에서 잘생긴 외모와 파격적인 언행의 비누 제조업자 타일러 더든을 만나게 된다. 집에 돌아온 주인공은 자신의 고급 아파트가 누군가에 의해 폭파되어 있음을 발견하고 갈 곳이 없게 된다. 이후 주인공은 공장지대에 버려진 건물 안에서 타일러와 함께 생활하게 된다. 타일러는 낮에는 자고 밤에는 극장 영사기

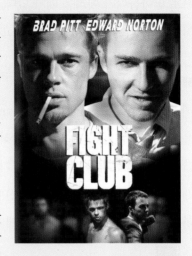

사와 웨이터로 일하는데 틈틈이 고급 미용 비누를 만들어 백화점에 납품하기도 한다. 그러던 어느 날 밤 타일러는 '사람은 싸워 봐야 진정한 자신을 알 수 있다'며 주인공에게 자신을 때려 달라고 부탁한다. 이때부터 두 사람은 서로를 가해하는 것에 재미를 붙이게 되고 폭력으로 세상의 모든 더러운 것들을 정화시키겠다는 그들의 생각에 동조하는 사람들이 하나 둘씩 늘어 가게 된다. 결국 매주 토요일 밤 술집 지하에서 일대일 맨주먹으로 격투를 벌이는 파이트 클럽이라는 비밀 조직이 결성되고, 대도시마다 지부가 설립되는 등 군대처럼 변해 간다. 애초의 자신의 의지와는 다른 방향으로 흘러가는 파이트 클럽에 주인공은 당황하게 되고 때마침 주인공의 정신적 지주였던 타일러가 갑자기 사라지게 된다. 타일러를 찾기 위해 각 도시를 헤매던 주인공은 엄청난 사실을 알게 된다.

섭식장애

섭식장애(eating disorder)는 심리적 문제로 인해서 섭식행동에 문제가 발생하는 것을 말한다. 섭식장애는 음식을 먹지 않으려 하는 식욕부진증과 지나치게 많이 먹으려는 폭식증으로 나뉜다.

신경성 식욕부진증

신경성 식욕부진증(anorexia nervosa)은 보통 거식증으로 불리기도 한다. 자신의 연령과 신장에 비해 체중을 정상수준 이상으로 유지하는 것을 두려워하여 체중을 줄이기 위해 과도한 노력을 한다. 보통 정상체중의 85%가 기준이 된다. 식사를 하지 않거나 음식 섭취 후에 과도한 운동을 함으로써 체중을 조절하려 한다. 다른 사람은 매우 앙상하게 말랐다고 보지만 그들은 자신의 체형에 만족하거나 체중을 더욱 줄이려 노력한다.

신경성 폭식증

신경성 폭식증은 매우 짧은 시간에 다른 사람보다 많은 양의 식사를 하며, 먹는 것을 스스로 통제할 수 없다는 느낌을 받는다. 폭식 후에는 구토, 하제, 이뇨제, 관장제 등을 사용하는 사람과 그렇지 않은 사람으로 나뉘는데, 하제를 사용하지 않는 사람들의 예후가 상대적으로 더 좋은 것으로 알려져 있다.

거식증이 다른 사람들에게 쉽게 눈에 띄는 반면에 폭식증은 정상체중에서 큰 차이가 나지 않거나, 친구나 가족 모르게 혼자서 하게 되므로 가까운 사람들도 모르는 경우가 많다.

두 가지 경우 모두 신체적으로 영양결핍, 위장 및 식도의 손상, 전해질 이상으로 인한 심장마비와 같은 위험한 상태에 이를 수 있기 때문에 주변의 많은 관심이 필요하다.

섭식장애의 고통과 치료, EBS 국제다큐영화제 상영작 〈영혼의 병 – 거식증〉, 로렌 그린필드 감독

성격장애

성격장애는 소속된 사회, 문화에서 일반인들과 생각하고, 느끼고, 반응하는 방식이 달라서 대인관계에 문제를 일으키는 것을 말한다. 쉽게 말하면 분명한 진단을 내리기는 어려우나 사회적으로 보았을 때 정상으로 보기 어려운 경우를 성격장애로 진단하는 것이다.

성격장애는 크게 세 가지 범주로 구분이 되는데 이상하고 기이한 행동을 보이는 집단, 극적이며 충동적으로 행동하는 집단, 불안하고 두려워하는 집단이 있다.

편집성 성격장애

편집성 성격장애(paranoid personality disorder)는 타인의 행동을 적대적으로 의심한다. 그래서 상대방이 자신을 모함하려 한다거나, 이용하려 한다거나, 해치려 한다거나, 속이려 한다고 생각한다. 가까운 배우자에 대해서는 의부증, 의처증의 형태로 나타날 수 있고, 사회적 관계에서는 피해망상으로 나타날 수 있다.

분열성 성격장애

분열성 성격장애(schizoid personality disorder)는 사람에 대해 무관심하여 친밀한 관계를 바라거나 맺으려 하지 않는다. 그래서 거의 혼자 또는 매우 가까운 소수의 사람들하고만 관계를 유지한다. 그래서 이들은 기계나 동물과 같은 사람 이외의 대상과 관계를 유지하기도 한다. 일본에서 증가하고 있다는 오타쿠 등이 이러한 장애에 가깝다고 할 수 있다.

연기성 성격장애

연기성 성격장애(histrionic personality disorder)는 히스테리성 성격

분류 기준	종류	증상
이상하고 기이한 행동	편집성 성격장애	타인에 대한 지나친 경계와 의심, 적의
	분열성 성격장애	타인에 대한 관심이 없어서 사회적으로 고립됨
	분열형 성격장애	조현병과 유사하나 다소 경미
극단적이며 충동적인 행동	연기성 성격장애	주의를 끌려고 연극적, 유혹적 행동을 함, 감정의 급격한 변화
	자기애적 성격장애	자기중심적, 타인에 대한 배려나 공감 부족, 타인에게 특별한 대우를 기대, 성취에 대한 집착
	경계선 성격장애	자아상의 불안정으로 인한 감정의 급격한 변화, 대인관계의 불안정
	반사회적 성격장애	사회적 규범이나 관습의 습관적 위반, 죄의식 부족, 충동적이고 공격적임
불안하고 두려워하는 행동	회피적 성격장애	타인에게 수용되기를 원하나 거부에 대한 두려움이 크기 때문에 사회적으로 철수
	의존적 성격장애	버림받는 것을 두려워하며 타인이 결정 내려 주기를 원하거나, 수동적으로 따름
	강박적 성격장애	사소한 부분에 대한 집착, 완벽주의, 정서표현이 부족함

표 11.1
성격장애의 종류

장애로 불리기도 하는데 다른 사람으로부터 관심과 인정을 받기 위해서 과장되며 마치 연극과 같은 극적인 표현을 한다. 예를 들어 주변의 남성들에게 매우 친근하며 특별한 관심을 가지고 있는 것처럼 애교와 애정을 표현한다. 이들은 다른 사람으로부터 관심을 받지 못하면 힘들어한다. 감정의 변화가 심하며, 관심을 끌기 위해 외모를 이용하려는 경향이 있다.

자기애적 성격장애

자기애적 성격장애(narcissistic personality disorder)는 단순히 자신

을 아끼고 사랑한다는 의미를 넘어서 자신이 다른 사람과는 다른 특별한 존재라고 느끼는 과장된 지각, 성공에 대한 지속적 상상, 다른 사람들에게 관심의 대상이 되고, 특별한 대우를 받아야 된다는 특권의식, 다른 사람들의 권리나 감정에 관심을 갖지 못하고 무시하는 자기중심적 특성을 보인다.

우리가 요즘 말하는 왕자병, 공주병 등은 자기애적 성격장애의 또 다른 이름일 수 있다. 자신만이 정치를 올바르게 할 수 있다고 하는 생각하는 정치인들도 이러한 장애에 포함될 수 있을지도 모른다.

경계선 성격장애

경계선 성격장애(borderline personality disorder)는 신경증과 정신병, 두 가지 범주 중에서 어느 한 가지로 분류하기 어렵다고 해서 명명되었다. 이 장애의 중요한 특성은 대인관계, 자아상, 정서에서의 불안정성 등이다. 이들은 주변 사람들을 짧은 시간 안에 극적으로 이상화한다. 그러다 상대방이 자신의 기대를 충족시켜 주지 않으면 그들을 극렬하게 비난한다. 그들이 상대방을 이상화할 때에는 그들로부터 버려지거나 배척당하는 것을 심하게 걱정한다. 이들은 관계를 유지하기 위해 자살에 대한 위협 등을 하기도 한다. 이러한 특성의 내면에는 자신에 대한 불안정한 이미지(자아상)가 있다고 추론되고 있다.

가끔 상대방을 너무 칭찬하거나 호감을 보이면서 모든 것을 바칠 것처럼 행동하는 사람들이 있는데 이들은 경계선 성격장애일 수 있다.

반사회적 성격장애

반사회적 성격장애(antisocial personality disorder)는 사회적 규범을 지키지 못하는 사람 중에서 성격적 문제가 있는 사람들을 규정 짓기 위해서 마련되었다. 즉 사회적 규범을 어기는 과정과 결과 등을 보았을 때 일반적 사람들과 큰 차이를 보일 때 그들을 반사회적 성격장애로 구분하게 된다.

이들의 특징은 규범을 어기는 과정에서 매우 충동적이며(갑자기 행동하는), 공격적이며, 무모하며, 흥분하여 행동한다. 일반적 범죄와 다른 점은 이들은 범죄의 대상이 되는 타인이나 자기 스스로에게 양심의 가책이 없다는 점이다. 가끔은 그러한 범죄를 저지를 때 쾌감이나 흥분을 느끼기도 한다. 영화에서 자주 나오는 연쇄살인자와 같은 사이코패스 등이 이러한 장애에 해당한다.

회피적 성격장애

회피적 성격장애(avoidant personality disorder)는 대인관계를 바라면서도 상대방으로부터 비난, 조롱, 거절 등을 두려워하여 기피하는 것을 말한다. 내적으로는 소외감이나 외로움 등을 많이 느낀다. 수줍음이 많고 조심스러우며 다른 사람의 말에 쉽게 상처를 받는다. 그들은 상처를 받지 않기 위해서, 곧 자신을 보호하기 위해서 관계를 피한다. 가끔 내성적이라고 이야기하는 학생들 중에는 회피적 성격장애에 해당하는 학생들이 포함되어 있다.

의존적 성격장애

의존적 성격장애(dependant personality disorder)는 수용되고 보호받고자 하는 욕구가 강하여 상대방에게 복종하고, 의사결정을 맡기고, 반대의견을 말하는 것이 어렵고, 혼자서 독립적으로 일하지 못한다. 여자들에게 더 많이 나타나는데 착취적 특성을 지닌 사람과 관계를 맺으면 언어적, 신체적, 성적 학대를 당하기도 한다. 여자들 중에서 남자친구나 남편으로부터 무시나 폭력을 당하면서도 헤어지지 못하는 것이 혼자서 살아가는 것에 대한 두려움 때문이라면 이러한 장애에 해당할 수 있다.

아동 및 청소년기 장애

주의력결핍 과잉행동장애(ADHD)

주의력결핍 과잉행동장애(attention deficit hyperactivity disorder)의 중요한 특성은 주의력 부족, 과잉행동, 충동성 등이다. 다른 사람의 말에 집중을 잘 하지 못하거나, 수업이나 숙제 등 지속적 노력이 요구되는 것을 싫어하고 피하며, 활동이나 숙제에 필요한 물건을 잘 잃어버린다. 가끔 선생님이 특정한 활동을 하라고 지시했을 때 전혀 다른 행동을 하고 있거나, 수업시간에 필요한 준비물을 가져오라고 했을 때 가지고 오지 않거나 다른 물건을 가지고 오는 경우가 있다. 둘째, 잠시도 가만히 있지 못하고 돌아다니거나, 앉아 있더라도 몸을 끊임없이 움직인다. 학교, 식당 또는 기타 공공장소에서 '모터를 달아 놓은 듯' 잠시도 쉬지 않고 뛰어다니거나 어딘가를 기어올라 다니는 아이들이 있다. 셋째, 충동성이란 행동에 대한 억제가 되지 않고 갑작스럽게 행동하는 것을 말한다. 차례를 기다리지 못하거나, 질문이 끝나기도 전에 먼저 대답을 하거나, 다른 사람의 활동이나 말을 방해하거나 참견한다. 학교에서 선생님이 질문하고 있는 도중에 전혀 엉뚱한 대답을 해 버리거나 다른 사람이 지니고 있는 물건을 허락 없이 갑자기 만지는 등의 행동을 한다.

부모들은 자신의 자녀가 다소 산만한 것으로 생각하거나, 시간이 지나면 자연스럽게 좋아질 것으로 생각하여 그대로 두는 경우가 있는데 주의력결핍 과잉행동장애는 현재 유전적이면서 기질적인 원인이 중요한 것으로 보고 있기 때문에 적절한 약물치료가 개입되어야 한다. 약물치료는 전두엽의 기능을 활성화시키도록 작용하는 중추신경 자극제를 활용하고 있다. 이는 주의력결핍 과잉행동장애의 원인 중 일부가 행동을 통제하는 전두엽의 기능부전에 있음을 말해 주는 것이다.

자폐증

자폐증(autistic disorder)은 의사소통 장애와 사회적 상호작용 손상, 기이한 반복적 행동 등이 특징이다. 그들은 동일한 연령의 사람들이 사용하는 말을 잘 하지 못하고 특이한 언어를 반복한다. 다른 사람의 비언어적 측면 ― 시선, 표정, 자세, 몸짓 등 ― 을 이해하거나 표현하는 것을 어려워한다. 한 가지 특정한 부분에 집착하거나 특정한 활동이나 의식을 꼭 지키려 한다.

　자폐증은 이전에는 부모의 냉담한 양육방식으로 인해 발생한다고 알

자폐증

〈말아톤〉

얼룩말과 초코파이를 좋아하는, 겉보기엔 또래 아이들과 다른 것 하나 없는 귀엽고 사랑스럽기만 한 초원. 어릴적 자폐증이라는 진단을 받는다. '좋다', '싫다'는 의사 표현도 할 줄 모르는 아이. 어느덧 20살 청년이 되지만 여전히 지능은 5살 아이 수준이다. 모르는 사람 앞에서 아무렇지도 않게 방귀를 뀌어 대고, 동생에겐 마치 선생님 대하듯 깍듯이 존댓말을 쓰고, 음악만 나오면 아무 데서나 특유의 막춤을 춘다. 이렇게 아이같이 엉뚱한 초원이지만 달리기만큼은 정상인보다 월등한 능력을 가지고 있다. 지쳐 쓰러질 때가 되어도 쉬지 않고 계속 달리고 또 달리는 초원이. 결국 초원이는 '마라톤 서브쓰리 달성'에 성공한다.

려졌으나 최근에는 뇌의 신경학적 손상이 중요한 원인으로 알려져 있다. 천재 자폐증 환자를 다룬 〈레인맨〉과 같은 영화 때문에 자폐증 환자가 지능이 매우 뛰어난 것으로 생각하기 쉬운데 자폐증 환자의 75%가 지적장애를 보인다. 자폐증에 대한 효과적 약물은 아직까지 발견되지 않았으며 주로 사회적 상호작용과 생활적응에 초점을 맞춰 심리치료가 진행된다.

지적장애

지적장애(mental retard disorder)란 일반적으로 IQ 검사에서 70 이하로 나오는 경우를 말한다. 하지만 최근에는 지능검사만으로 지적장애를 평가하기보다는 일상생활에서의 적응정도를 보다 중요한 기준으로 보려고 한다. 즉 다소 지능이 낮더라도 생활 적응을 잘하고 있다면 지적장애로 진단하는 것을 고려해 보아야 한다는 것이다.

지적장애는 인지적 측면에서 학습에 어려움을 겪는다. 배웠던 내용을 기억하지 못하거나, 알고 있는 내용을 다른 것에 적용하지 못한다. 선생님이 조금 전에 말해 준 단어를 바로 물어봐도 기억하지 못하는 경우도 있다. 또한 산수를 배워서 알더라도 가게에서 거스름돈을 계산하는 것을 어려워한다. 그러한 어려움 이외에 언어적 기술, 운동기술, 사회적 기술 등의 어려움이 나타난다. 그들은 발음이 정확하지 못하거나, 글을 순서에 따라 읽지 못하기도 한다. 어디에 잘 부딪히거나 넘어지기도 한다. 또한 인사하기, 부탁하기, 미안하거나 고맙다고 말하기 등의 일상적인 생활기술을 잘 사용하지 못한다.

부모들이 간혹 자신의 자녀가 다소 발달이 느린 정도로 이해하거나, 공부를 안 해서 성적이 안 나온다고 생각하는 경향이 있는데 다른 여러 가지 특성을 고려해서 전반적인 발달이 늦다면 정확한 진단을 해 보고 보다 조기에 개입하는 것이 매우 중요하다. 학업적 적응보다는 사회적 적응이 더욱 중요하며 의사소통기술을 비롯한 사회적 기술 등을 익히지 못했을 때는 자존감의 저하, 따돌림과 같은 이차적 문제를 유발할 수 있다.

학습장애

학습장애(learning disorder)란 정상적 지능을 가지고 있음에도 불구하고 특정한 영역에서 어려움을 겪는 것을 말한다. 크게 읽기장애, 산술장애, 쓰기장애 등으로 나눈다. 읽기장애는 보통 난독증이라고도 하는데 글자의 발음을 정확하게 읽지 못하거나 읽어도 의미파악을 잘 못한다. 산술장애는 연산과정을 거꾸로 하거나 임의대로 해서 정상적 산술과정을 하지 못한다. 쓰기장애는 철자법이 틀리거나 띄어쓰기를 하지 않거나 구문, 시제 등 문법에 맞지 않는 글을 쓴다.

틱장애

틱장애(tic disorder)란 신체 일부를 움직이거나 소리를 반복적으로 내는 것을 말한다. 전자를 운동 틱이라 하며 후자를 음성 틱이라고 한다. 운동 틱에는 눈을 자주 깜박거리기, 얼굴의 일부분을 찡그리거나 떨기, 입 벌리기, 머리 휘젓기, 어깨 움츠리기 등이 있다. 음성 틱은 킁킁거리거나 꺽꺽거리기, 헛기침하기 등이 있다. 성장과정에서 일시적으로 나타나는 경우가 있으며 잠시 후 자연스럽게 사라진다. 이때 지나치게 관심을 갖기보다 무시하거나 틱을 유발할 만한 상황적 요인을 찾아볼 필요가 있다. 하지만 장기간 이러한 틱이 발생할 때에는 진단과 치료를 받아 보는 것이 필요하다.

심리적 문제를 다루는 전문가들

신경정신과는 의사, 간호사, 임상심리사, 사회복지사 등이 함께 일을 하는데 임상심리사는 심리치료도 하지만 주로 심리검사를 통한 평가를 맡게 된다. 즉 의사에게 정신과적 진단을 하는 데 필요한 자료를 제공한다. 사회복지사는 환자의 사회적 적응, 재활을 돕는 역할을 주로 맡는다. 의사는 질병에 대해 생물학적 모델과 정신분석학적 모델을 활용하고 있기 때문에 주로 약물에 의한 치료나 심리치료로서 정신분석을 활용한다. 반면에 상담은 약물은 사용하지 않으면서 다양한 심리상담이론들을 활용하는데 개인의 사고, 감정, 행동을 현실적응적인 방향으로 수정하는 데 초점을 두고 있다.

상담기관

정신과 병원

정신적 문제에 대한 진단 또는 치료가 필요할 때는 정신과 병원을 찾으면 된다. 진단이란 의학적 측면뿐만 아니라 법적 측면까지 포함한다. 만일 자신의 자녀를 장애인으로 등록하여 특수교육 서비스를 받고자 하거나, 정신장애로 인하여 군대와 같은 의무를 이행할 수 없을 경우에 정신과적 진단이 필요하다.

과거에는 정신과에 대한 편견으로 두려움과 기피가 심했지만 최근에는 텔레비전 등에서 심리적 문제 등에 대해 다루면서 정신과 혹은 정신병원에 대한 기피증상이 많이 감소하였다. 그래서 일반인들은 가끔 정신과적 치료(psychotherapy)를 상담(counseling)과 혼동하기도 한다.

지역사회 정신건강센터

미국에서 정신장애인들을 병원에 장기적으로 입원시킨 것이 정신장애인의 사회적 적응에 오히려 어려움을 발생시켰기 때문에 장애인들을 병원에 입원시키지 않고 사회에서 생활하면서 지원을 받는 시스템을 만들었다. 현재 국내(보건복지부)에서도 이러한 시스템을 도입하여 정신장애인에 대한 지원을 확대하려고 노력하고 있다.

상담소

상담소는 공공 상담소와 사설 상담소로 나뉜다. 공공상담소는 국가 및 지방자치단체가 직접 운영하거나, 특정 기관에 위탁하여 운영한다. 국가나 지방자치단체는 전문적 영역에 대한 운영 경험이 부족하고, 비효율적이기 때문에 주로 위탁하여 운영하고자 한다. 공공 상담소로는 청소년상담지원센터, 아동성폭력상담센터, 가정지원상담센터 등이 있다. 그 외에 사단법인, 재단법인 등에서 사회적 기여를 목적으로 상담소를 운영하기도 한다.

사설 상담소는 특정한 자격을 갖춘 상담자가 개인적으로 상담소를 운영하는 곳이다. 대부분 유료이며 선진국의 경우에는 의료비처럼 보험이 되지만 현재 국내는 보험이 지원되지 않는다.

최근 상담소와 정신과를 비슷한 서비스를 제공하는 기관으로 생각하는 경향이 있다. 우리들이 경험하는 문제들은 친구들과의 갈등, 소심한 성격, 진로결정 등과 같은 일상적인 것들도 있지만, 다른 사람에게는 들리지 않는 소리가 들리거나 사소한 걱정이 반복되는 것과 같은 다소 기질적이며 심각한 문제들도 있다. 전자의 경우에는 주로 상담소를, 후자의 경우에는 정신과를 방문하면 된다. 만일 당신이 일반적인 삶의 과제들을 다루는 데 미숙하거나 어려움을 경험했다면 상담소를, 생리적이고 일상적이지 않은 증상들이 나타난다면 신경정신과를 방문하는 것이 적절하다. 하지만 최근에는 그러한 경계가 모호해지고 있다.

상담의 대상

대상과 방법 등에 따라 매우 다양한 상담영역이 있다. 대상별로는 아동, 청소년, 노인, 장애인 상담이 있고, 주제별로는 발달, 결혼, 이혼, 가족, 비행청소년, 약물, 도박, 게임중독, 가정폭력 및 성폭력 등 매우 다양한 영역에서 상담이 이루어지고 있다.

아동상담

최근 급격한 가족사회구조의 변화로 아동의 심리적 문제가 많이 증가하고 있다. 주의력결핍 과잉행동, 자폐, 지적장애, 학습장애 등의 문제가 많이 증가하였다. 아동들의 특성에 맞게 상담하기 위해서 놀이치료, 모래놀이치료, 미술치료, 음악치료, 레크리에이션 치료 등의 기법 등이 사용된다.

가족상담

심리적 문제들은 가족으로부터 기인하는 경우가 많다. 가족상담자는 문제를 개인의 차원에서 다루지 않고 가족이라는 구조 안에서 바라보고 다룬다. 그래서 개인뿐만 아니라 가족이 상담에 함께 동참하여 문제를 다루게 된다. 과거에는 상담에 대한 아버지들의 거부가 심했으나 점차 부모들의 인식 변화로 상담에 대한 참여가 증가하고 있다.

상담의 방식

약물, 대화, 사이코드라마(연극치료), 미술치료, 음악치료, 무용치료, 이야기치료, 명상, 원예치료, 반려동물치료 등 다양한 기법들이 사용되고 있다. 각 치료기법은 어떤 이론적 경향을 따르는가에 따라 매우 다른 방식으로 진행되기도 한다.

최근 국내 상담 및 임상의 동향

최근 국내에서는 학교폭력, 등교거부, 자살 등의 학내문제와 IMF 이후 실업자의 증가와 대학 졸업 후 미취업 등의 증가, 군에서의 총기사고, 사회에서의 반사회적 범죄, 유괴, 연쇄살인 등의 문제가 발생함에 따라 관련 학회가 창립되고 관련 자격과정을 준비하여 전문가를 양성하고 있다.

학교문제에 대처하기 위해서 교육부에서는 전문상담교사 과정을 신설하여 운영 중이다. 고용노동부에서는 직업상담사를 채용하여 고용안정센터를 통해서 취업을 알선하고 경력을 개발하는 등 취업에 대한 전반적 서비스를 제공하고 있다.

국방부에서는 군상담사를, 안전행정부 경찰청에서는 범죄자의 특성을 분류하여 범죄를 예방하고 수사에 효율성을 높이기 위하여 범죄심리사를, 기업에서는 근로자를 위해 상담사를 활용하고 있다.

상담 및 임상에 대한 사회적 요구가 높아짐에 따라서 관련 학회는 보다 높은 서비스를 제공하기 위하여 자격제도의 신설과 운영 등의 노력을 하고 있다.

상담이론

정신분석이론은 성격 부분에서 다루었고, 행동주의이론은 학습 부분에서 다루었기 때문에 상담이론에서는 두 가지 이론을 제외한 인본주의적 관점의 인간중심치료와 인지적 관점의 게슈탈트 치료, 현실치료, 합리적 정서행동치료 등을 주로 다루겠다.

인간중심치료

인간중심치료는 Carl Rogers라는 미국 학자에 의해 창안되었다. 인간중심치료는 비지시적 상담(non-directive counseling), 내담자중심치료(client-centered therapy)에서 인간중심접근(person-centered approach)으로 이론의 이름이 바뀌면서 발전해 왔다. 구체적 기법 이전에 상담자로서 인성과 태도의 중요성을 강조한다.

인간중심치료는 나무가 조건만 충족되면 건강하게 자라듯 인간도 자신의 잠재력을 완성하려는 자기실현 경향성(actualizing tendency)을 가지고 있다고 본다. 이러한 자기실현 경향성은 자신의 경험을 통해서 이해되고 드러날 수 있다. 내가 어떤 활동을 하면서 지각되는 경험이 내가 해야 할 것과 하지 말아야 할 것을 자연스럽게 알려 준다. 운동을 하면서 즐거움을 느끼고, 남을 도우면서 보람을 경험했다면 그러한 경험들이 내가 실현해야 할 잠재력이 무엇인지를 가르쳐 주고 있는 것이다. 이처럼 자신의 경험을 이해하고 존중한다면 인간은 누구나 어려움 없이 자기(self)를 실현할 수 있다.

그런데 사람은 자기실현 경향성을 방해받게 되는데 그 중요한 원인은 바로 가족이다. 부모는 자녀를 있는 그대로 좋아하거나 수용하는 것이 아니라 부모로서 옳다고 생각하는 것만을 인정하고 수용하게 된다. 자녀들은 부모로부터 인정과 수용을 받기 위해 자신의 내적 경험을 스스로 거부하거나 무시하게 된다. 이때 자신이 거부했던 경험과 부모로부터 인정받기 위해서 노력했던 모습 사이에서 갈등이 나타나게 된다. 한 아이가 그림을 그리면서 행복감을 느꼈고 부모에게 자랑을 했다고 하자. 만일 부모가 그 아이의 느낌을 이해하고 수용해 주었다면 그 아이는 '내가 참 잘하는 거구나.'라고 생각하면서 자신의 경험에 대해 스스로 존중해 나갈 것이다. 하지만 부모가 "그건 필요 없어. 공부를 잘해야지."라고 말을 했다면 아이는 자신의 경험―그림을 그리면서 즐거웠던―을 스스로 부정하거나 무시하게 될 것이다.

인간중심심리치료자들은 치료자들이 내담자들이 잊어버렸던 자신의 경험을 인식하고 존중해 주도록 도와주는 역할을 해야 한다고 주장한다. 내담자가 무시하거나 거부하거나 잃어버린 경험들은 상담자가 찾아 줄 수 있는 것이 아니고 내담자가 스스로 찾아야 하는데, 내담자들은 과거의 경험으로 인해 자신의 내적 경험을 찾는 것을 두려워하게 된다. 이때 상담자는 내담자가 믿고 의지할 수 있는 안전한 환경―과거의 부모와는 다른―을 제공해 줌으로써 내담자로 하여금 자신의 경험을 탐색해 보도록 돕는다. Rogers는 치료자에게 중요한 세 가지 태도로서 무조건적 긍정적 존중, 공감적 이해, 진실성을 제안하였다.

무조건적 긍정적 존중

무조건적 긍정적 존중(unconditional positive regard)은 상담자가 "지금 그대로의 당신 모습도 괜찮습니다."라고 전달하는 것이라 할 수 있다. 부모, 그리고 스스로가 부정했던 내담자 자신의 특정한 모습을 부정하지 않고 상담자가 존중하고 수용해 주게 되면 점차 자신의 경험을 스스로 존중하고 용기를 얻어 자신의 경험을 확장시키게 된다.

공감적 이해

공감적 이해(empathic understanding)란 내담자의 주관적 경험을 내담자의 입장이 되어 이해해 보고, 상담자가 이해한 내용을 전달해 주는 것을 말한다. 여기에서 중요한 것은 주관적 경험이라는 말이다. 상대방이 느낀 것을 객관성이란 기준으로 옳고 그름을 평가하지 않는 것이다. 왜냐하면 주관이라는 것은 모든 가능성이 존재하기 때문이다. 자녀가 "엄마가 그렇게 이야기하니까 엄마가 싫고 화가 났어요."라고 했을 때 엄마는 "네가 엄마의 말에 화를 내는 것이 바른 것이니?"라고 물었다면 이는 공감적 이해가 아니다. 공감적 이해란 자녀의 입장에서 엄마를 보았을 때 그러한 생각과 느낌이 가능할 수 있겠다고 인정해 주고 내가 이해한 바를 언어적으로 전달하는 것이다. 즉 "네가 엄마에게 화가 났던 게로구나."라고 말해 주는 것이다.

진실성

Rogers는 진실성(genuineness) 혹은 일치성(congruence)을 상담자의 태도에서 가장 중요한 것으로 보고 있다. 진실성이란 상담자가 자기 자신과 내담자에게 거짓 없이 솔직한 것을 말한다. 그러기 위해서는 상담자가 자신의 경험에 대해서도 솔직하게 느끼고 표현할 수 있어야 한다.

아무리 상담자가 위의 두 가지 태도를 가지고 있다 하더라도 진실하지 못하면 아무런 소용이 없다. 인간중심치료에서 치료는 상담자와 내담자의 진솔한 인간적 만남을 통해 이루어지는 것이다. 그렇기 때문에 상담자가 진실하지 못하다면 상담은 효과적일 수 없다. 인간중심치료에서 상담자는 진실성을 갖추기 위해 스스로 성장해야만 한다.

게슈탈트 치료

게슈탈트 치료(gestalt therapy)는 Perls라는 학자에 의해서 창안되었다. 게슈탈트는 모양, 도형의 뜻을 지니고 있는데 게슈탈트 치료에서는 유기체가 지각한 욕구, 감정 등을 의미한다(김정규, 1995). 즉 유기체는 현재 자신에게 지각된 욕구 등을 해소하면서 살아가게 되는데 그러한 욕구를 적절하게 해소하게 되면 심리적 건강을 유지할 수 있다고 본다.

게슈탈트 순환이라는 개념을 통해 게슈탈트 치료의 핵심적 내용을 살펴보도록 하겠다. 게슈탈트 순환에서 첫 번째는 배경이다. 즉 해결된 욕구는 배경으로 사라져 있다. 그러다 새로운 욕구가 나타나면 감각의 형태로 나타난다. 감각을 통해서 욕구, 감정 등에 대한 알아차림이 나타난다. 이때 감각과 일치되는 욕구를 적절하게 알아차리지 못하게 되면 문제가 발생한다. 얼굴이 빨개진 것이 화가 난 것 때문인데도 불구하고 창피해서라고 생각하는 것이다. 알아차림 다음에 필요한 것은 에너지 동원과 행동이다. 즉 내가 친구에게 화가 난 것을 알았다면 친구에게 불만이었던 것을 말하려는 의지와 구체적 행동이 나타나야 한다. 만일 불만의 내용과 화가 많이 났다는 것을 알았지만 속으로만 가지고 있다면 심

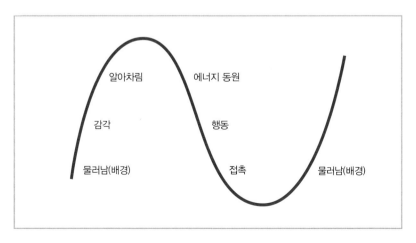

그림 11.1
게슈탈트 순환

리적 문제가 발생할 수 있다. 마지막으로 접촉인데 구체적 행동을 한 후에 자신의 욕구가 충족되고 해소되는 과정이다. 만일 행동은 했지만 자신의 욕구가 충족되었다는 것을 경험하지 못한다면 완전한 게슈탈트 해소는 이루어지지 못한 것이다.

게슈탈트 치료는 경험에 대한 자각과 접촉을 매우 중요하게 생각하기 때문에 과거보다는 현재, 설명보다는 실연(enact) 등에 초점을 맞춘 치료기법을 선호한다.

현실치료

William Glasser에 의해서 창안된 현실치료(reality therapy)는 개인의 욕구만족을 위해 효과적 방법을 스스로 선택하고 실천하는 것에 초점을 둔 기법이다.

현실치료에서는 인간에게 다섯 가지 기본 욕구가 있다고 본다. 소속, 힘, 즐거움, 자유, 생존의 다섯 가지 욕구 중에서 현재 각 개인이 중요하게 생각하고 충족하고자 하는 욕구가 있는데 욕구를 효과적으로 충족시키지 못하게 되면 심리적 문제가 발생한다. 사람들이 자신의 욕구를 잘 충족하지 못하는 것은 자신의 욕구를 잘 파악하지 못했거나, 각 욕구를 충족시킬 수 있는 방법을 잘 선택하지 못했기 때문이다.

개인의 욕구는 매우 다양한 형태로 나타나는데 그것을 질적 세계(quality world)라고 한다. 즉 내가 즐거움의 욕구를 충족시키고자 할 때 어떤 사람은 축구일 수 있지만 어떤 사람은 게임일 수 있는 것처럼 각 개인은 자신의 욕구를 충족시킬 수 있는 방법에 대해서 서로 다른 그림을 가지고 있다.

각 개인이 자신의 질적 세계에 있는 것을 달성하기 위해서 자신의 행동을 선택해야 하는데 개인이 선택할 수 있는 행동에는 크게 네 가지가

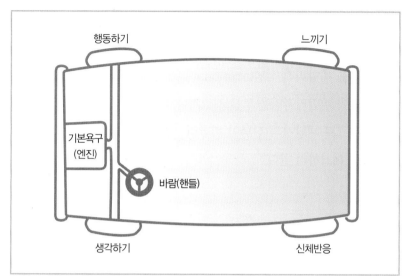

행동하기 느끼기

기본욕구
(엔진)

바람(핸들)

생각하기 신체반응

그림 11.2
현실치료모델. 현실
치료는 개인의 바람
(want)을 네 가지
행동을 통해 충족시
킬 수 있도록 도와
주는 것을 목표로
한다.

있다. 이것을 전체 행동(total behavior)이라 하는데 행동하기, 생각하기, 느끼기, 생물학적 행동이다. 전체 행동 중에서는 행동하기와 생각하기는 가장 잘 통제할 수 있는 반면에 느끼기와 생물학적 행동은 통제하기 어렵다. 그래서 현실치료는 자신의 행동을 먼저 바꾸기를 요청한다.

현실치료자는 내담자로 하여금 그 사람이 진실로 원하는 것이 무엇인가를 차분히 탐색하게 한 다음에 그러한 목표, 욕구를 효과적으로 달성할 수 있는 방법이 무엇인지 가르침으로써 내담자가 원하는 목표를 달성할 수 있도록 돕는다.

합리적 정서행동치료

합리적 정서행동치료(Rational-Emotive Behavior Therapy, REBT)는 Albert Ellis가 1950년대 발전시킨 심리치료이론이다. REBT 이론은 상담에서 인지(cognition)를 강조하고 인지를 바꾸기 위한 상담자의 적극적이며 지시적인 태도가 필요하다고 본다.

사람들이 심리적 어려움을 경험하는 것은 사건 자체 때문이 아니라 그것에 대한 해석, 곧 신념 때문이라고 본다. 사람들에게 어려움을 부과하는 신념을 비합리적 신념(irrational belief)이라 하는데, 사람들은 자신의 신념이 비합리적임을 모르고 있거나 집착하고 있기 때문에 상담자가 논리적으로 내담자의 신념이 비합리적임을 이해하게 함으로써 심리적 문제를 해결하려 한다.

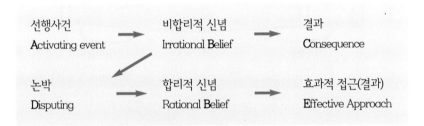

Ellis는 자신의 심리치료과정을 A-B-C-D-E 모형으로 설명하고 있다. A는 내담자에게 일어날 수 있는 실제 혹은 추론된 사건(Activating event)이다. 현재까지 일어난 사건뿐만 아니라 미래에 일어날 것으로 기대되는 사건, 경험, 상황을 의미한다. B는 사건에 대해서 우리가 가지고 있는 평가적 신념(Belief)으로 사건과 정서를 매개한다. C는 사건에 대한 평가적 신념에 의해서 나타난 정서적, 행동적, 신체적 결과(Consequence)를 의미한다. D는 내담자로 하여금 혼란과 고통을 유발시킨 신념이나 생각을 논박하는(Dispute) 것을 말한다. 자기 파괴적 신념을 인지적 측면뿐만 아니라 행동적, 이미지 차원에서 논박한다. E는 내담자가 새롭게 형성한 사건에 대한 효과적이고 효율적인(Effective) 접근을 말한다(Milner & Palmer, 1998).

내담자가 가지고 있는 비합리적 신념은 실용적이지 못하고, 논리적이지 못하고, 경험적으로 현실과 일치하지 않는다. 비합리적 신념이 지나

1. 나는 절대적으로 잘해야 한다. 그리고 의미 있는 다른 사람의 사랑과 인정을 성취해야만 하며 그렇지 못하면 무능하며 무가치한 사람이다.

2. 다른 사람들은 나를 모든 조건에서 항상 친절하고 공평하게 대해야 하며, 그렇지 않을 경우에는 무례하고 못된 사람이다.

3. 내가 고통보다도 즐거운 경험을 하고 싶기 때문에 내가 사는 조건은 반드시 편안하고, 안전하고, 도움이 되어야 한다. 만일 그렇지 않다면 세상은 썩어 빠진 곳이며, 견딜 수 없다. 그리고 삶은 끔찍하며 살 만한 가치도 없다.

치게 엄격하여 융통성이 없다면 두려움에 대해 과장하게 되고, 좌절에 대해 인내하지 못하게 되고, 세상에 대해 저주를 하게 되고, '항상'과 '결코'의 사고를 하게 된다. 사람들이 많이 가지고 있는 비합리적 신념을 크게 세 가지로 분류하면 다음과 같다.

합리적 정서행동치료자들은 내담자가 가지고 있는 세 가지 유형의 비합리적 신념을 효과적으로 논박함으로써 합리적 신념을 갖도록 하여 내담자의 문제를 치료하려 한다.

한국적 상담모형

상담자들은 자신이 선호하고 의지하는 상담이론이 한 가지씩 있다. 그렇지만 현대의 상담가들은 단지 하나의 상담이론만을 활용하지는 않는다. 현대의 상담가들은 다양한 상담이론과 기법을 함께 사용하며, 특히 보다 단기간에 상담 효과가 드러날 수 있도록 노력하고 있다.

최근에 서양의 상담이론과는 다른 한국의 사상과 문화에 기반한 상담이론과 기법에 대한 개발이 진행되고 있다. 이형득의 본성실현상담, 윤호균의 온마음 상담, 장성숙의 현실역동상담 등이 대표적이라 할 수 있다. 본성실현상담은 기독교와 불교, 도교 사상의 공통된 측면을 토대로 개발된 것이다. 온마음 상담은 내담자의 문제가 스스로가 만든 세계에 대한 잘못된 지각에 있다는 것을 깨닫는 것에 초점을 맞추고 있다. 현실 역동상담은 내담자의 문제가 주로 철학적이거나 심리적인 측면보다는 현실의 일상적인 주제이고, 그러한 문제를 보다 관계적으로 현명하게 해결할 수 있는 태도와 능력이 부족하기 때문이라고 주장한다. 그래서 내담자가 보다 자신의 문제에 책임을 질 수 있는 현명한 어른다운 태도를 갖추도록 돕고자 한다.

한국적인 상담이 무엇인가는 지속적으로 탐구하고 개발해야 할 부분으로 이론과 함께 구체적 기법과 프로그램의 개발이 이루어져야 할 것이다.

토론주제

아래는 제12장 스트레스에서 함께 논의할 주제들이다.

1. 당신이 최근에 경험한 스트레스는 무엇인가? (표 12.1 참조)

    1.1 스트레스를 측정할 수 있는 방법들은 무엇이 있을까?

    1.2 당신이 스트레스를 줄이기 위해 사용하는 방법은? 그것은 효과적일까? 다른 대안은
         무엇이 있을까?

2. 스트레스의 긍정적 측면과 부정적 측면은 무엇일까?

    2.1 공부할 때 스트레스는 도움이 되는가? 기타 여러 상황에 대해서도 이야기 나누어
         보자. (예를 들어 시험, 운동 등)

    2.2 스트레스가 장기적으로 누적되면 나타나는 현상은?

제 12장

스트레스

스 트레스는 유기체의 삶에서 피할 수 없다. 하지만 스트레스가 보다 빈번하고 심해짐에 따라 인간의 신체적·정신적 건강에 많은 부정적 영향을 주고 있다. 스트레스는 물건을 잃어버리거나, 교통정체로 약속시간에 못 나가거나, 보고서를 준비하는 것처럼 가벼운 것에서부터 시험에 불합격하거나, 경제적 어려움에 시달리거나, 신체적 폭력을 당하는 무거운 것에 이르기까지 매우 다양하다. 이처럼 다양한 스트레스는 사람으로 하여금 자신도 모르게 신체적 건강을 해칠 수 있는데, 스트레스에서 무엇보다 중요한 것은 스트레스에 대해 어떻게 지각하고 대처하는가에 있다. 이 장에서는 스트레스의 원인, 결과 그리고 스트레스를 감소할 수 있는 대처방법에 대해서 알아보도록 하자.

스트레스의 정의

스트레스는 라틴어 'strictus', 'stringere' 라는 말로서 '팽팽하게 죄다' 라는 뜻에서 유래하였다. 이러한 뜻이 17세기 공학에서 사용되다가 20세기에 의학적 맥락에서 사용되기 시작하였다(김광웅, 2007). 다리와 같은 강체가 파괴되는 것이 외부에서 지속적으로 가해졌던 스트레스에 의한 것이듯 인간의 신체적 건강도 외부에서 오는 자극, 곧 스트레스에 의해서 질병이 발생한다고 본 것이다.

스트레스에 대한 최초 연구가 의사와 생물학자들에 의해 진행되었기에 연구 초기에는 스트레스를 생물학적, 의학적 관점에서 주로 바라보았다. Syele(1956, 1976, 1982)는 스트레스를 연구 초기에는 힘든 요구가 있는 외적 자극으로 생각하였다가 연구 후기에는 자극에 의해서 유발된 반응으로 보았다. 우리가 일상적인 생활에서 '스트레스를 받았다'

고 말할 때에 스트레스는 자극으로서의 의미를 지니고 있다고 하겠다. 반면에 '스트레스 쌓인다'는 말은 반응의 의미를 지닌다.

하지만 인간이 경험하는 스트레스는 자극과 반응만으로 설명하기에는 어렵다. 첫째, 스트레스는 자기 부과적인 측면이 있다. 어떤 사람들은 힘겨운 운동이나 과제를 스스로 한다. 웨이트트레이닝이나 암벽등반은 매우 힘든 운동이지만 일부 사람들은 기꺼이 한다. 둘째, 동일한 자극이 어떤 사람에게는 부정적인 반응을 일으키지만 다른 사람에게서는 전혀 그러한 반응이 일어나지 않는다. 간혹 소수의 학생들이지만 보고서를 매우 즐겁게 하는 경우를 볼 수 있다.

Lazarus(1993)에 의해 스트레스에 대한 심리적 측면이 강조됨으로써 스트레스의 정도는 스트레스를 어떻게 지각하는가에 따라 달라진다는 관점으로 변하게 된다. Lazarus에 의하면 스트레스란 개인의 안녕을 위협하는 것으로 지각되고, 그리하여 그의 대처능력에 무거운 부담을 지우는 상황으로 정의할 수 있다.

스트레스의 원인

생활사건들

일상의 작은 사건들

큰 좌절을 주는 사건은 아니지만 일상생활에서 불편함과 작은 좌절을 주는 것들이 있다. 놀랍게도 큰 사건보다 신체적, 심리적 건강에 더 큰 영향을 주는 것으로 나타났다(DeLongis et al., 1982). 만원 버스나 지하철, 점심시간에 길게 늘어선 급식 줄, 자리 잡기 어려운 도서관, 불친

표 12.1

사회재적응 평정척도.
(좌측은 대학생을 위한 사회재적응 척도 관련 연구를 참조하여 수정함. 우측은 성인용 척도로 300점은 위험, 150~300점은 높은 상태임)

생활사	평균치	생활사	평균치
투옥	100	배우자의 죽음	100
가까운 가족의 죽음	73	이혼	73
자신의 주요 부상 및 질병	63	투옥	63
결혼	63	가까운 가족의 죽음	63
취업 실패	53	자신의 주요 부상 혹은 질병	53
가족의 건강 변화	50	결혼	50
임신	47	해고	47
성적인 문제	45	은퇴	45
가까운 친구의 죽음	44	가족의 건강 변화	44
성적의 하락	40	임신	40
부채의 증가	39	성적 문제	39
학습량과 난이도의 증가	39	새로운 가족 구성원이 생김(출산)	39
탁월한 개인적 성취	38	경제적 상태의 변화	38
대학 입학 혹은 편입	37	가까운 친구의 죽음	37
모임에서 책임의 증가	35	배우자와의 논쟁 증가	35
경제적 상태의 변화	31	부채의 증가(10,000달러 이상)	31
부모와의 갈등 심화	29	업무의 책임 변화	29
교수와의 갈등 증가	28	탁월한 개인적 성취	28
용돈의 변화	26	아내의 취업 혹은 퇴직	26
이성친구와의 관계 악화	23	상사와의 문제	23
형제 또는 자매와의 갈등 증가	20	작업시간의 부족	20
친구와의 관계 변화	20	이사	20
이사	19	여가활동의 변화	19
수면습관의 변화	16	수면습관의 변화	16
식습관의 변화	15	식습관의 변화	15
휴가	13	휴가	13

절한 교직원, 복잡한 수강신청 등 일상에서 접하는 이러한 사소한 사건들이 누적되는 것이 보다 큰 영향을 줄 수 있다.

주요 사건들

삶에서 접하는 큰 사건들은 우리에게 크고 장기적인 영향을 준다. 흥미롭게도 연구에서는 부정적 생활사건뿐만 아니라 긍정적 생활사건(예 :

결혼, 승진, 출산 등)도 영향을 주는 것으로 나타났다(Holmes & Rahe, 1967). 이는 삶에서 재적응을 요구하는 변화가 스트레스를 유발하는 중요한 요인이기 때문이다.

〈표 12.1〉의 사회재적응 평정척도(Social Readjustment Rating Scale, SRRS)를 보면 부정적 사건뿐만 아니라 긍정적 변화들도 포함되어 있다는 것을 알 수 있다. 그리고 각 사건들의 옆에는 각 사건이 평균적으로 요구하는 재적응에 필요한 정도가 표시되어 있다. 각 사건에 해당하는 점수들을 합하게 되면 자신의 현재 총점수가 나오게 된다.

재해사건

인간의 일상적 경험을 벗어난 충격적인 사건들은 사람들에게 보다 강력한 영향을 준다. 지진, 홍수, 해일, 폭풍, 화재와 같은 자연적 사건들과 전쟁, 사고, 폭행, 학대와 같은 인간이 만든 사건들이 있다. 재해사건은 정신장애에 대한 부분에서 다루었던 외상후 스트레스 장애의 중요한 원인이 되기도 한다.

심리적 스트레스원

좌절

좌절은 어떤 목표를 추구하는 것이 방해받는 상황에서 나타난다. 좌절의 두 가지 요인은 실패하거나 무언가를 상실할 때이다. 실패에서 좌절이 높을 때는 실패가 목표에 근접해서 나타났을 때이다. 대학에 입학할 때에 예비후보자 1번으로 낙방하였다면 좌절로 인한 스트레스는 클 것이다. 한참을 기다리다가 택시를 타려고 했는데 갑자기 앞에서 새치기를 한다면 더욱 화가 날 것이다. 이처럼 목표에 근접해서 실패할 때 큰 좌절감을 가져온다. 그리고 간혹 좌절은 외부가 아닌 내부의 원인으로 발생할 때가 있다. 자신이 현재 가지고 있는 능력이나 재능, 자원보다도 더 큰 것을 기대하는 경우에 그러한 좌절은 자신으로부터 기인하게 된다.

갈등

갈등에는 외적 갈등과 내적 갈등이 있을 수 있다. 외적 갈등은 주로 가까운 가족이나 친구, 동료(같은 학과 또는 직원)들 사이에서 발생한다. 내적 갈등은 두 가지 혹은 그 이상의 양립할 수 없는 욕구, 바람, 동기들이 동시에 나타날 때 발생한다.

　내적 갈등은 일상적인 생활에서 매 순간 나타난다. 내적 갈등은 첫째, 접근-접근 갈등이 있다. 이것은 두 가지 매력적인 목표 사이에서 선택을 해야 하는 것이다. 두 개의 좋은 대학이나 직장의 동시합격은 고민되는 상황이다. 두 개의 좋은 물건 중에서 하나만을 골라야 되는 것도 비슷하다. 둘째, 회피-회피 갈등은 두 개의 마음에 들지 않는 목표 사이에서 선택을 해야 하는 것이다. 시험공부를 하기도 싫고 그렇다고 나쁜 성적도 받기 싫을 때에 해당한다. 접근-회피 갈등은 매력적인 측면과 그렇지 못한 측면을 동시에 갖고 있는 목표를 추구할 것인지 말 것인지를 선택하는 것이다. 특정한 과목을 수강신청할 때 한 과목은 재미있지만 학점이 까다롭고, 다른 과목은 재미는 없지만 학점을 따기 쉬울 때가 그러한 상황에 해당한다. 또는 외로워서 친구를 사귀고 싶지만 거절당할까 봐 용기가 나지 않는 경우도 있다. 이러한 갈등에서 현명한 선택을 하는 것은 생각처럼 쉬운 것이 아니며 가끔 중요한 결정을 해야 할 때는 전문가의 도움을 받아야 할 필요가 있다. 간혹 사람들은 합리적으로 결정하기 어려울 때 이러한 스트레스를 줄이기 위해 점술의 도움을 받기도 한다.

그림 12.1
갈등으로 인한
스트레스

압 력

압력이란 개인에게 부과된 요구나 기대를 말한다. 압력에는 수행에 대한 압력과 순종에 대한 압력이 있다. 수행에 대한 압력은 더 빠르게 더 많은 것을 수행하도록 기대될 때 나타난다. 사회는 사람들로 하여금 더 많은 일을 하기를 원하고, 많은 수익을 올리기를 원하고, 좋은 결과를 원한다. 그것도 보다 적은 시간과 자원을 가지고 말이다. 1주일 안에 제출해야 하는 보고서, 시험기간 안에 공부해야 하는 많은 시험과목들, 월말에 목표를 채워야 하는 보험판매원과 영업사원들, 정해진 시간 안에 환자를 다루어야 하는 간호사나 의사들 등 다양한 상황에서 수행에 대한 압력이 존재한다.

순종에 대한 압력은 다른 사람들과 유사하도록 요구될 때 나타난다. 중·고등학교에서는 다른 학생들처럼 머리를 짧고 단정하게 할 것을 요구하고, 요란한 액세서리로 치장하지 않을 것을 요구한다. 대학이나 대학원에서는 교수의 부당한 요구에 따를 것을 강요한다. 회사에서는 상사의 부당한 명령에 따를 것을 요구당한다. 이러한 수행과 순종에 대한 압력이 일상화되면 오히려 수행이 떨어지거나, 신체적·심리적 문제들이 나타나게 된다.

지루함

지루함(boredom)이란 아주 오랫동안 적절한 자극을 받지 못할 때 나타날 수 있다. 일이 많거나 관계가 복잡한 사람들은 조용하고 한적한 곳에서 쉬는 것을 꿈꾸지만, 막상 그러한 상황에 처하게 되면 힘들다는 것을 알게 된다. 교도소와 같은 곳에서 처벌로써 독방을 사용하는 것도 이러한 이유 때문이다. 현대사회가 점점 개인화되고 혼자서 지내는 사람들이 증가하면서 지루함과 관련된 스트레스가 증가할 수 있다.

물리적 환경

대도시의 밀집, 오염, 소음, 기후, 물, 공기, 음식, 주거환경, 범죄에 대한 공포 등 다양한 환경적 스트레스원이 있다. 밀집(crowding)은 객관적 상태를 말하는 밀도(density)와는 다른 개념으로 환경밀도에 대한 그 사람의 지각으로부터 발생하는 심리적 상태이다. 그러므로 밀집에 대한 정의에서 개인적 지각은 매우 중요하다(Daneil Stokols, 1972). 밀집은 공격성을 증가시키고, 업무수행을 저하시키며, 대인관계를 위축시키고, 범죄율을 증가시키는 것으로 알려져 있다.

핵, 유독화학물질, 도로에 인접한 지역의 미세먼지, 인접국가나 지역으로부터 유입되는 황사, 중금속, 미세먼지, 방사능 등의 오염물질 등은 환경적이면서 심리적 스트레스를 유발한다. 한국에서도 비나 눈을 이전처럼 자연스럽게 맞는 사람은 거의 없다. 혹시 피부나 두발 등 건강상태에 좋지 않을까 봐 걱정을 하게 된다.

소음은 오염의 일종으로 개인이 듣고 싶어 하지 않는 소리를 말한다. 그러기에 주관적인 측면이 많이 포함되어 있다. 공장 및 비행장 주변, 공사장 주변, 도로와 가까운 지역에서 장기적 소음이 발생한다. 소음은 구토, 두통, 발기부전, 시비논쟁, 감정변동을 나타나게 한다. 또한 소음이 높은 지역 아동들은 도전적 인지과제를 수행하는 데 지속성이 떨어지는 것으로 보고하고 있다. 공항 주변의 아이들은 스트레스 호르몬 상승, 읽기 결손, 빈약한 과제 지속성을 보였다.

스트레스에 대한 반응

생리적 반응

각성

약한 각성은 대상에 대해 집중하고 흥미를 갖도록 하고 과제에 대한 수행을 증가시킨다. 농구를 할 때 집중을 잘할수록 패스와 슛을 정확하게 할 수 있고, 간단한 물건을 조립할 때에도 더 각성을 했을 때 빠르고 정확하게 수행을 할 수 있다. 하지만 각성이 지나치게 낮을 때에는 과제에 대한 집중과 수행이 떨어지게 되는데 이는 각성이 지나치게 높을 때에도 마찬가지이다. 단 이때 과제의 난이도가 영향을 주게 되는데 과제가 단순했을 때에는 각성이 더 높을수록, 과제의 난이도가 복잡했을 때에는 각성이 더 낮을수록 수행이 좋아진다. 이러한 각성과 수행에 대한 관계를 보여 주는 것을 'Yorkes와 Dodson의 U곡선'이라 한다(Yorkes & Dodson, 1908). 학생들이 시험불안, 발표불안, 면접불안 등이 있는 경우에 수행에 악영향을 끼치는 것도 이처럼 각성이 과도하기 때문이다. 그러므로 자신의 최적수행을 할 수 있도록 각성상태를 조절할 수 있는 도움을 받을 필요가 있다.

그림 12.2
각성과 수행. 각성수
준이 중간일 때 최
적의 수행을 보인다.

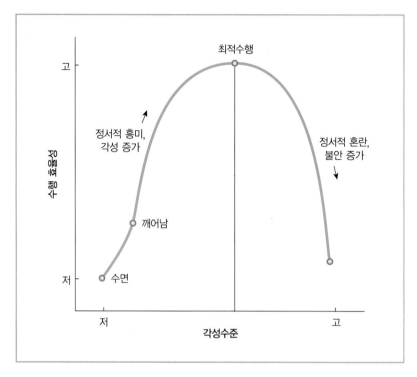

일반적응증후군

사람들이 상황을 위협적인 것으로 지각하게 되면, 신체는 투쟁-도피
(fight-flight)를 준비하기 위한 반응을 보이게 된다. 당을 혈액에 방출
하고, 지방을 당으로 바꾸기 위한 호르몬을 내보내고, 근육의 긴장이 증
가하고, 심장박동이 빨라지고, 혈압이 높아지며, 호흡이 빨라진다. 당장
필요하지 않은 소화 관련 기관의 활동은 감소시킨다. 피부의 혈액흐름
은 감소되고 감염에 대비해 백혈구와 엔돌핀이 분비된다. 이는 주로 교
감신경계(sympathetic nervous system) 활동의 결과이다.

교감신경계는 카테콜아민(catecholamine)과 코르티솔(cortisol)과
같은 스트레스 호르몬을 방출시킨다. 카테콜아민은 면역활동을 증가시
키는 반면에 코르티솔은 면역체계를 억제한다. 카테콜아민에 의한 영향

보다는 코르티솔에 의한 영향이 보다 장기적이기 때문에 동맥경화 등을 통한 심장마비 등에 영향을 줄 수 있다. 그 외에도 위궤양, 천식, 여드름, 발진, 편두통 등의 증상이 스트레스와 관련이 있는 것으로 알려져 있다. 사람들은 스트레스에 의한 신체적 증상을 가볍게 생각해서 방치하다가 갑작스러운 과로사, 기절 등을 일으키는 경우가 있다. 일상생활 속에서 미리 스트레스를 줄일 수 있는 휴식, 운동, 취미활동 등을 해 주는 것이 필요하다.

Selye는 사람은 각각의 스트레스원에 대해 서로 다른 생리적 반응을 보이지 않고 다양한 스트레스원에 대해 모두 동일한 생리적 반응을 보인다는 것을 발견하였다. 그래서 그는 스트레스원에 의해 나타나는 생리적 반응을 일반적응증후군(General Adaptation Syndrome, GAS)이라 명명하였다(Selye, 1976).

일반적응증후군은 경고기, 저항기, 소진기의 3단계로 진행된다. 먼저 경고기(alarm reaction stage)는 유기체가 스트레스를 유발하는 자극이 있음을 알고 생리적으로 준비하는 단계이다. 이때 교감신경계가 활성화되고 호르몬 등이 분비되면서 각성이 증가한다. 두 번째 저항기가 되면 스트레스원이 해결되지 않은 상태로 지속이 되면서 신체가 스트레스를 이겨 내기 위해 저항하는 상태가 된다. 각성상태를 지속적으로 유지하기 힘들어지면서 교감신경계의 활성화는 이전에 비해 낮아지지만, 내분비선과 호르몬의 활동은 지속된다(김정호, 김선주, 2006). 이때 위궤양, 고혈압, 심장질환 등 스트레스 관련 질병들이 나타나게 된다. 마지막 소진기에는 신체가 더 이상 스트레스를 이겨 내지 못하고 신체적 자원이 고갈되면서 신체적 이상이 분명히 드러나게 된다. 이때 사람들이 취약부위라고 부르는 부분에 주로 이상이 나타나게 된다.

그림 12.3
일반적응증후군

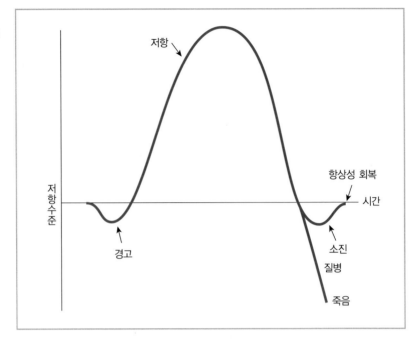

경기도 수원시 주민자치센터 행정민원팀장 김모(44) 씨가 지난 8일 자택에서 대통령 선거업무를 위해 출근준비를 하다 숨졌다. 최근 벽보 부착과 선거인명부 작성 등 대통령 선거업무로 인해 연일 야근과 초과근무를 해 온 김팀장은 사고 당일에도 업무 점검을 위해 출근하려 했던 것으로 알려졌다. 시청 측은 최근 과로와 스트레스로 인해 과로사한 것으로 추측하고 있다.

〈연합뉴스, 2007년 12월 10일자 뉴스〉

의사 수 부족으로 인해 의료진의 과다 근무가 일본 사회에서 문제가 되고 있는 가운데 과로사나 과로로 인해 자살을 해 산업재해로 인정된 의사가 올 들어 6명이나 된다고 요미우리 신문이 과로사변호단 전국연락회의의 통계를 인용해 13일 보도했다.

〈연합뉴스, 2007년 12월 13일자 뉴스〉

정서적 반응

스트레스원에 대한 정서적 반응은 상황에 따라 여러 가지로 다양하게 나타난다. 크게 분노, 불안, 우울의 세 가지 정서로 구분할 수 있다.

분노

스트레스는 좌절을 통한 분노 그리고 그에 따른 공격행동을 유발한다. 이를 좌절-공격 가설이라 하는데 우리가 경험하는 좌절은 그 대상이 명료하지 않을 때가 많다. 그래서 사람들은 제3의 대상인 사람이나 동물, 기관에 분노를 표현하는 경우가 있다.

불안

불안이나 공포는 대상이 위협적이고 통제할 수 없다고 평가할 때 느껴지는 정서이다. 이때 불안의 대상은 객관적으로 위협적일 수 있지만 주관적일 수 있으며, 어떤 경우에는 자신의 욕구나 충동 등의 내적 상태가 불안을 유발할 수 있다.

대구 지하철 방화참사 사고대책본부는 이번 사고로 현재 124명이 사망하고, 142명이 부상했다고 밝혔다. 경찰은 경북대병원에 입원 중인 용의자 김모(56) 씨를 상대로 범행 동기 등을 추궁했으나 진술을 계속 거부하고 있어 어려움을 겪고 있다. 김씨는 "18일 오전 8시 집을 나와 주변 주유소에서 7000원어치 휘발유를 구입했으며 많은 사람이 있는 곳에서 불을 내 같이 죽고 싶었다."고 진술한 것으로 알려져 있다.

〈일간스포츠, 2003년 2월 19일자 뉴스〉

19일 대구에서는 2003년에 이어 또다시 대형 지하철 참사가 발생할 뻔했다. 김모(36) 씨는 이날 오후 1시쯤 대구 지하철 2호선 열차가 경대병원역에 진입하던 중 객차 안에서 "다 죽여 버리겠다."고 외치면서 인화성 스프레이 살충제에 라이터로 불을 붙였다가 같은 지하철을 타고 있던 고교생 3명에게 붙잡혔다.

〈국민일보, 2005년 11월 20일자 뉴스〉

우울

스트레스가 분노를 유발시키기도 하는 반면에 우울과 같은 반대의 정서를 발현시키기도 한다. 우울은 외상적이며 장기적 스트레스에서 많이 나타나는 경향이 있다. 사건 자체보다는 과거의 학습경험과 사건을 바라보는 태도 등에 의해서 영향을 받는다. 그리고 분노는 자신이 바라는 것이 좌절되기는 했지만 아직까지 욕구가 남아 있고 가능성이 있다고 생각할 때 나타나는 반면에 우울은 더 이상 실현 가능성이 없다고 평가할 때 나타나게 된다.

행동적 반응

스트레스를 받을 때 나타나는 행동 변화는 민감함, 우유부단, 수면과 식습관의 변화, 음주와 흡연의 증가, 위험스러운 행동하기 등이 있다. 스트레스원은 직접적으로 건강과 관련되지는 않지만 이러한 행동의 변화는 건강에 직접적으로 영향을 주게 되거나, 그로 인해 오히려 스트레스를 부가시키기도 한다. 행동적 변화에 대해 본인이 인식하지 못할 수 있으므로 자신의 행동 변화에 대한 인지를 통해 스트레스의 정도를 파악하고 이에 대처하는 것이 필요하다(Wilkinson & Campbell, 1997).

인지적 반응

스트레스에 대한 생리적 반응에서 언급했듯이 스트레스는 지나친 각성을 유발함으로써 집중력을 방해하여 과제 수행의 효율성을 떨어뜨린다. 그래서 특정한 지시를 기억하지 못하거나, 잘못 읽거나 이해하게 된다. 또한 기억했던 정보의 회상을 방해한다. 발표와 같은 상황에서 과제에 집중하기보다 자신에 대해 지나치게 집중함으로써 불안을 더욱 증폭시키기도 한다.

스트레스에 영향을 주는 요인

스트레스에 모두 동일한 반응을 보이는 것은 아니다. 내적으로는 스트레스를 받아들이는 사람의 인지평가에 의해서 스트레스 정도는 조절될 수 있으며, 외적으로는 주변 사람들의 지지가 영향을 줄 수 있다.

인지평가

심리치료 부분의 합리적 정서적 행동치료에서 언급했던 것처럼 개인이 가지고 있는 비합리적 신념은 스트레스를 내적으로 유발하는 중요한 요인이 될 수 있다.

성 격

A유형

심장병 전문의였던 Friedman과 Rosenman은 병원 의자들이 유독 앞모서리만 닳는 것에 관심을 두고 환자의 행동을 관찰하다가 A유형 성격

표 12.2
A유형 검사

1. 나는 약속 시간에 늦거나 일이 느리게 진행되는 것을 참지 못한다.	( )
2. 줄을 서서 기다리는 것을 싫어한다.	( )
3. 사람들은 내가 쉽게 흥분한다고 말한다.	( )
4. 나는 일과 오락에서 경쟁적이다.	( )
5. 나는 내가 해야 할 일을 미루고 잠시 쉬고 있을 때 죄의식을 느낀다.	( )
6. 나는 대화에서 다른 사람의 말을 잘 가로챈다.	( )
7. 나는 심한 압력하에 있을 때 쉽게 흥분하고 화를 낸다.	( )
8. 나는 시간을 정해 놓고 강박적으로 일을 한다.	( )
9. 나는 남에게 지배적인 편이다.	( )
10. 나는 현실적으로 그렇게 할 필요가 없을 때에도 자신을 몰아세운다.	( )

거의 항상 그렇다면 4점, 전혀 그렇지 않다면 1점을 준다. 장현갑, 강성군(1996)이 Girdano, Everly, & Dusek (1990)의 A-Type 검사를 번안한 것을 일부 수정함. 총점수가 24점 이상이면 A유형으로 분류.

을 발견하게 된다(김정호 & 김선주, 2006). A유형은 시험, 과제 등을 할 때 빨리 끝내려 하는, 시간에 대한 긴박감이 높다. 최근 A유형과 심장병의 관련성이 높지 않은 등 일치된 결과들이 나오지 않아 A유형을 보다 세분화하게 되었다. 건강한 성취욕구를 지닌 유형과 적대적인 유형으로 분류한 결과 후자가 보다 질병과 높은 상관을 나타내고 있다.

C유형

최근 C유형의 특성을 가지고 있는 사람들도 스트레스를 많이 받는 것으로 보고되고 있다. C유형은 지나친 인내, 과도한 협력, 억압에 의한 극복, 정서 통제 등이 중요한 특징으로, 다른 사람에게 자기주장을 잘 하지 못하고, 다른 사람의 기대에 최대한 맞추려고 노력하고, 힘든 일이 있어도 표현하지 않고 혼자서 감내하려 하거나 억압하는 등의 행동을 보인다. C유형을 보이는 사람들은 암과 같은 질병에 취약한 것으로 나타나고 있다.

사회적 지지

사회적 지지란 한 개인이 타인으로부터 받는 여러 가지 물질적, 정서적 지지를 말한다. 사회적 지지를 충분히 받을 경우, 그렇지 못한 사람보다 건강에서 차이가 나는 것으로 보고되고 있다. Berkman과 Syme(1979)의 연구에서는 사회적 유대가 낮은 집단이 높은 집단에 비해서 사망률이 2~4배 높은 것으로 나타났다. 사회적 유대는 심리적 지지뿐만 아니라 개인으로 하여금 건강과 관련된 구체적 행동을 하도록 안내해 줌으로써 보다 건강하도록 도울 수 있다.

스트레스 대처

스트레스가 발생하였을 때 스트레스에 대해 어떻게 대처하는가에 따라 스트레스 반응과 해결정도가 달라질 수 있다. 특히 스트레스가 건강에 주는 영향을 매개할 수 있다. 효과적인 방식을 사용하면 할수록 스트레스를 감소시키거나 오히려 긍정적으로 활용할 수 있게 된다. 이와 같은 방식은 주로 스트레스를 유발하는 문제에 초점을 맞추게 되므로 문제중심적 대처(problem-focused coping)라고 한다. 반면에 단지 스트레스에 의해서 나타나는 정서적 반응에 초점을 두어 해결하려는 소극적 방식을 정서중심적 대처(emotion-focused coping)라고 한다.

　문제중심적 대처는 스트레스를 준다고 여겨지는 문제 자체에 초점을 두어 문제를 정의하고, 문제를 해결할 대안을 찾아보고, 실천할 구체적 과정과 방법을 정리하고 연습하는 것으로 구성된다. 정서중심적 대처는 문제를 통제하거나 해결할 수 없다고 판단할 때 주로 사용하게 된다. 정서중심적 대처는 스트레스로 유발된 정서적, 신체적 반응이 불유쾌하기 때문에 그것을 최소한으로 감소시키려고 노력한다. 술을 마시거나, 운동이나 등산을 하거나, 노래를 부르거나, 영화를 보는 것과 같은 다양한 형태가 가능하다.

대처방식에 대한 연구 초기에는 문제중심적 대처가 일반적으로 효과적일 것이라고 믿었지만 연구가 진행되면서 효과는 시간과 맥락 그리고 상황의 통제가능성에 의해서 영향을 받는다는 것이 알려졌다. 문제중심적 대처와 정서중심적 대처에 대해서 단순하게 무엇이 더 좋다고 이야기하는 것이 쉽지 않다는 것이다. 단기적이기보다는 장기적인 상황에서, 통제가능하기보다는 불가능한 상황에서 정서중심적 대처가 문제중심적 대처와 최소한 동일하거나 더 나은 것으로 나타나고 있다. 급성 질환 환자의 경우에는 질병이 의학적 기술로 치료될 수 있을 것이라고 믿고 적극적으로 치료하게 되지만, 만성 질환 환자의 경우에는 동일한 질환을 경험하고 있는 환우들과의 자조집단 등이 더욱 도움이 될 수 있다. 그러므로 스트레스원의 특성이 무엇인가에 따라 적절한 대처기법이 다를 수 있다.

스트레스 대처방법

스트레스에 대처하는 방법에는 매우 다양한 것들이 제시되고 있다. 단순한 임시처방에서부터 최근 인기를 얻고 있는 명상까지 넓게 퍼져 있다. 누구나 할 수 있는 간단한 방식에서 보다 전문적인 지식이 필요한 인지심리치료까지 종류가 다양하다.

명 상

명상이란 동양의 고대 종교에서 실천적 목적을 가지고 사용되어 온 방법이다. 현대인들은 종교적 목적보다는 정신건강과 신체건강을 위한 수단으로 활용하고 있다.

명상의 중요한 특성은 이완, 주의집중, 지혜이다. 특히 이완과 주의집중이 필요하다. 명상에서 주의집중은 일반적 주의집중과 달리 비사변적 주의집중이라는 특징을 가지고 있다. 즉 생각이 개입되지 않고 순수한 주의집중만 나타난다. 현대에 사용되는 주요 명상방법으로는 Mahesh의 초월명상, Benson의 이완반응법, Carrington의 임상표준명상법이 있다. 이 세 가지는 특정한 만트라(주문)에 집중을 함으로써 이완과 집중을 달성한다. 다음으로 이완과 집중을 달성한 후에 자신에 대한 집착을 관찰하고 벗어나는 지혜를 달성하기 위한 방법이 있다. 이를 위파사나(Vipasana) 혹은 사념처법이라고 한다. 최근에는 심상을 이용한 명상, 음악을 이용한 명상, 자기 암시를 이용한 명상, 움직임을 이용한 명상(무용, 태극권 등) 등 다양한 형태로 개발되어 보급되고 있다.

자율훈련

자율훈련(autogenic training)은 독일의 심리학자 Johannes Schultz와 Luthe에 의해서 개발된 자기최면을 이용한 이완기술이다(김정호 & 김선주, 2006). 여기서 자기최면이란 이완에 대해 자기 스스로에게 언어적 지시를 준다는 의미이다(장현갑 & 강성군, 1996). 일상생활에서 불안을 자주 느끼거나 스트레스가 많다면 어렵지 않게 배울 수 있으므로 효과적으로 사용할 수 있는 기술이다.

자세는 편안하게 누워서 할 수도 있지만 의자에 앉아서 할 수도 있다. 의자에 앉아서 할 때에는 등을 기대지 않는다. 언어적 지시는 묵직함과 따뜻함이라는 단어를 활용한다. 단어는 말로 해도 되고, 마음속으로 해도 된다. 시작하기 전에 간단한 스트레칭이나 호흡을 해 주는 것이 도움이 된다.

무거움에 대한 느낌을 가지고 팔과 다리에 적용을 한 후에는 심장, 호흡, 내장기관, 머리 등으로 진행할 수 있다. 이때 다른 부분에 대해서는 무거움에 대한 느낌이 적용되지 않는다. 무거움에 대한 느낌을 가지고 하는 활동이 끝난 후에는 따뜻함이라는 느낌을 가지고 처음부터 똑같은 순서로 진행할 수 있다. 마지막의 되돌리기(taking back)는 다시 일상생활의 각성상태로 적응하기 위한 과정이다. 즉 깨어날 때 하는 기지개

오른팔이 매우 무겁다.(여섯 번 반복)
나는 매우 평온하다.(한 번만)

왼팔이 매우 무겁다.(여섯 번 반복)
나는 매우 평온하다. (한 번만)

나의 양팔이 무겁다.(여섯 번 반복)
나는 매우 평온하다.(한 번만)

나의 오른쪽 다리가 무겁다.(여섯 번 반복)
나는 매우 평온하다.(한 번만)

나의 왼쪽 다리가 무겁다.(여섯 번 반복)
나는 매우 평온하다.(한 번만)

나의 양다리가 무겁다.(여섯 번 반복)
나는 매우 평온하다.(한 번만)

되돌리기-팔을 구부리고 숨을 깊게 쉰 다음 눈을 뜬다.

와 같은 것이다. 그러므로 만일 숙면을 위해서 이러한 자율훈련을 한다면 마지막의 되돌리기는 하지 않게 된다. 이 훈련에서 중요한 것은 자율훈련이 수동적 집중이라는 점이다. 즉 팔이 무거워지기를 능동적으로 기대하는 것이 아니라, 무거움이 느껴질 때까지 수동적으로 집중하면서 기다리는 것이다.

참고문헌

김광웅(2007). 현대인과 정신건강. 서울: 숙명여자대학교 출판부.

김영섭, 최웅환 (2009). 비만치료매뉴얼, 대한의학서적.

김정규(1995). 게슈탈트 심리학. 서울: 학지사.

김정호, 김선주(2006). 스트레스의 이해와 관리. 서울: 시그마프레스.

김현택, 김교현, 김미리혜, 권준모, 박동건, 성한기, 이건효, 이봉건, 이순묵, 이영호, 이주일, 이재호, 유태용, 진영선, 채규만, 한광희, 황상민, 현성용(2003). 현대 심리학의 이해. 서울: 학지사.

노안영, 강영신(2002). 성격심리학. 서울: 학지사.

서강식(2007). 피아제와 콜버그의 도덕교육이론. 고양: 인간사랑.

우리사회연구회(1992). 알기 쉬운 사회학. 대구: 파란나라.

이무석(1995). 정신분석의 이해. 광주: 전남대학교 출판부.

장현갑, 강성군(1996). 스트레스와 정신건강. 서울: 학지사.

한규석(2002). 사회심리학의 이해. 서울: 학지사.

한덕웅(2004). 인간의 동기심리. 서울: 박영사.

Ainsworth, M. D. S. (1993). Attachment related to mother-infant interaction. *Advances in infancy research*, 8, 1-50.

Asch, S. (1955). Opinions and social pressure. *Scientific American, 19,* 31-35.

Atkinson, J. W. (1964). *An introduction to motivation.* New York: Van Nostrand.

Atkinson, J. W., & Feather, N. T. (1966). A theory of achievement motivation. New York: Wiley.

Barker, R., Dembo, T., and Lewin, K. (1941). Frustration and regression: An experiment with young children. *University of Iowa Studies in Child Welfare, 18,* 1-314.

Berkman, L. F., & Syme, S. L. (1979). Social networks, host resistance, and mortality: A nine-year follow-up study of Alameda Country residents. *American Journal of Epidemiology, 109,* 186-204.

Berlyne, D.E. (1967). Arousal and reinforcement. In D. Levine(Ed.), *Nebraska Symposium on motivation*(Vol. 15, pp. 1-110). Lincoln: University of Nebraska Press.

Berry, J. W. (1966). Temne and Eskimo perceptual skills. *International Journal of Psychology*, 1, 207-229.

Berry, J. W. (1967). Independence and conformity in subsistence-level societies. *Journal of Personality and Social Psychology*, 7, 415-418.

Brownell, K.D., & Rodin, J. (1994). The dieting maelstrom: Is it possible and advisable to lose weight? *American Psychologist*, 49, 781-791.

Bruggerman, E. I., & Hart, K. J. (1996). Cheating. Lying, and moral reasoning by religious and secular high school students. Journal of Education research, 89, 340~344.

Burns, R.C, & Kaufman, S.H. (1972). Actions, Styles and Symbols in Kinetic Family Drawings(K-F-D): An Interpretative Manual. New York: Brunner / Mazel.

Cannon, W.B. (1927). The James-Lange theory of emotion: A critical examination and an alternative theory. *American Journal of Psychology*, 39, 106-124.

Cialdini, R. B. (2001). Influence : science and practice 4th. Allyn & Bacon. , A pearson Education.

Collins, A. M., & Quillian, M. R. (1969). Retrieval time from semantic memory. *Journal of Verbal Learning and Verbal Behavior*, 8, 240-247.

Csikszentmihalyi, M. (1975). *Beyond boredom and anxiety: The experience of flow in work and play.* San Francisco: Jossey-Bass.

Csikszentmihalyi, M. (1982). Toward a psychology of optimal experience. *Review of Personality and Social Psychology*, 3, 13-36.

Csikszentmihalyi, M. (1990). *Flow: The psychology of optimal experience.* New York: Harper & Row.

Darley, J.M., & Latane, B. (1968). Bystander intervention in emergencies: Diffusion of responsibility. *Personality and Social Psychology,* 8, 377-383.

Deci, E.L., Ryan, R. M., & Williams, G. C. (1995). Need satisfaction and the self-regulation of learning. *Learning and Individual differences,* 8, 165-183.

DeLongis, A., Coyne, J.C., Dakof, G., Folkman, S., & Lazarus, R.S. (1982). Relationship of daily hassles, uplifts, and major life events to health status. *Health Psychology, 1,* 119-136.

Dutton, D., & Aron, A. (1974). Some evidence for heightened sexual attraction under conditions of high anxiety. *Journal of Personality and Social Psychology, 30,* 510-517.

Ekman, P., & Friesen, W. V. (1971). Constants across cultures in facial expressions of emotion. In J. K. Cole(Ed.), *Nebraska symposium on motivation*(pp. 207-283). Lincoln: University of Nebraska Press.

Fan, J. T. (2007). The volume-height index as a body attractiveness index. In V. Swami and A. Furnham (Eds.) The body beautiful: Evolutionary and socio-culturalperspectives. London:Macmillan.

Festinger, L., & Carlsmith, J. M. (1959). Cognitive consequences of forced compliance. *Journal of Abnormal and Social Psychology, 58*, 203-210.

Garn, S. M.,& Clark, D. C. (1976). Trends in fatness and the origins of obesity. *Pediatric, 57*, 443-455.

Garrow, J. S. (1986). Physiological aspects of obesity. In K. D. Brownell & J. P. Foreyt(Eds.), *Handbook of dating disorders: Physiology, psychology, and treatment of obesity, anorexia and bulimia.* New York: Basic Books.

Gebhard, P. H. (1973). Sex differences in sexual responses. *Archives of Sexual Behavior, 2*, 201-203.

Gagnon, J. H. (1974). Scripts and the coordination of sexual conduct. In J.K. Cole & Diensteiber(Eds.), *Nebraska Symposium on Motivation* (Vol. 21, pp. 27-59). Lincoln: University of Nebraska Press.

Gilligan, C. (1993). Adolescent development reconsidered. In A. Garrod (Eds.) Approach to moral development: New research and emerging themes. New York: Teachers College Press.

Godden, D. R., & Baddeley, A. D. (1975). Context-dependent memory in two natural environments: On land and under water. *British Journal of Psychology*, 66, 325-331.

Greeno, J.G. (1978). Natures of problem solving abilities. In W. K. Estes (Ed.), *Handbook of learning and cognitive precesses* (Vol. 5). Hillsdale, NJ: Erlbaum.

Gross R. Barry(1970). Analytic philosophy. New York: Pegasus.

Hebb, D. O. (1995). Drives and the C. N. S.: Conceptual nervous system. *Psychological Review, 62*, 245-254.

Heider, F. (1958). *The psychology of interpersonal relations.* New York: John Wiley.

Hill, C. A. (1987). Affiliation motivation: People who need people but in different ways. *Journal of Personality and Social Psychology, 52*, 1008-1018.

Hock, R. Roger(2001). 심리학을 변화시킨 40가지 연구. (유연옥 역). 서울: 학지사. (원전은

1992에 출판)

Hohmann, G. W. (1966). Some effects of spinal cord lesions on experienced emotional feelings. *Psychophysiology, 3,* 143-156.

Holmes, T. H., & Rahe, R. H. (1967). The Social Readjustment Rating Scale. *Journal of Psychosomatic Research, 11,* 213-218.

Hovland, C. I., & Weiss, W. (1952). The influence of source credibility on communication effectiveness. *Public Opinion Quarterly, 15,* 635-650.

Keesey, R. E., & Powley, T. L. (1975). Hypothalamic regulation of body weight. *American Scientist, 63,* 558-565.

Keys, A., Brozek, J., Henschel, A., Mickelson, O., & Taylor, H. L, (1950). *The biology of human starvation.* Minneapolis: University of Minnesota Press.

Knittle, J. L. (1975). Early influences onf development of adipose tissue. In G. A. Bary(Ed.), *Obesity in perspective.* Washington, DC: U. S. Government Printing Office.

Krosnick, J. A., Betz, A. L., Jussim, I. J., & Lynn, A. R. (1992). Subliminal conditioning of attitudes. Personality and socail psychology Bulletin, 18, 152~162.

Lazarus, R. S. (1993). From psychological stress to emotions: A history of changing outlooks. *Annual Review of Psychology, 44,* 1-21.

Locke, E. A., & Latham, G. P. (1984). Goal-setting: *A motivational technique that works!* Englewood Cliffs, NJ: Prentice Hall.

Loftus, E. F. (1975). Leading questions and the eyewitness report. *Cognitive Psychology,* 7, 560-572.

Myers I. B., & McCaulley M. H. (1995). MBTI 개발과 활용. (김정택, 심혜숙, 제석봉 역). 서울: 한국심리검사연구소. (원전은 1985에 출판)

Maslow, A. (1954). *Motivation and personality.* New York: Harper & Row.

McClelland, D. C. (1962). Business drive and national achievement. *Harvard Business Review,* 40, 99-112.

Milgram, S. (1963). Behavioral study of obedience. *Journal of Abnormal and Social Psychology,* 67, 371-378.

Milgram, S. (1974). *Obedience to authority: An experimental view.* New York: Harper & Row.

Norman, W. T. (1963). Toward an adequate taxonomy of personality attributes: Replicated factor structure in peer nomination personality ratings. *Journal of Abnormal and Social*

Psychology, 66, 574-583.

Reed S.K. (1992). 인지심리학. (김영채, 박권생 역), 서울: 박영사. (원전은 1988에 출판)

Rodin, J. (1981). Current status of the internal-external hypothesis for obesity. *American Psychologist, 36(4)*, 361-372.

Rogers, R.W. (1984). Changing health-related attitude and behavior: The role of preventive health psychology. In J.H. Harvey, J.E. Maddux, R.P. McGlynn, & C.D. Stoltenberg (Eds.), *Social perception in clinical and counseling psychology* (Vol. 2, pp. 91-112). Lubbock: Texas Tech University Press.

Rosch, E. H. (1973). On the internal structure of perceptual and semantic categories. In T. E. Moore(Ed.), *Cognitive development and the acquisition of language*(pp. 111-144), New York: Academic Press.

Rosch, E. H. (1975). Cognitive representations of semantic categories. *Journal of Experimental Psychology: General*, 104, 192-233.

Ross, L. (1977). The intuitive psychologist and his shortcomings: Distortions in the attribution process. In L. Berkowitz(Ed.), *Advances in experimental social psychology*(Vol. 10, pp. 174-221). New York: Academic Press.

Schachter, S. (1968). Obesity and eating. Science, 161, 751-756.

Schachter, S., & Singer, J. E. (1962). Cognitive, social, and physiological determinants of emotional states. *Psychological Review, 69*, 379-399.

Segal , H. A. (1954). Initial psychiatric findings of recently repatriated prisoners of war. American Journal of Psychiatry, Ill, 358~363.

Sims, E.A.H. (1974). Studies in human hyperphagia. In G. Bray & J. Bethune(Eds.), *Treatment and management of obesity*. New York: Harper & Row.

Shaffer, D. R. (1999). Development Psychology 5th., Thomson Learning.

Sheldon, W. H. (1942). *The varieties of temperament:* A psychology of constitutional differences. New York: Oxford University Press.

Shepard, R. N., & Metzler, J. (1971). Mental retation of three-dimentional objects, Science, 171, 701-703.

Smith, S.M., Brown, H.O., Toman, J.E.P, & Goodman, L.S. (1947). The lack of cerebral effects of d-Tubercurarine. *Anesthesiology*, 8, 1-14.

Sternberg, R. (1986). A triangular theory of love. *Psychological Review*, 93, 119-135.

Stokols, D. (1972). On the distinction between density and crowding: Some implications for future research. *Psychological Review*, 79, 275-277.

Syele, H. (1976). *The stress of Live* (Revised Ed.) New York: McGraw Hill.

Symons, D. (1979). *The evolution of human sexuality*. New York: Oxford.

Tomkines, S.S. (1962). *Affect, imagery, and consciousness: The positive affects* (Vol. 1). New York: Springer.

Turnball, C. M. (1961). Some observations regarding the experiences and behavior of the BaMbuti Pygmies. *American Journal of Psychology*, 74, 304-308.

Warrington, E. K., & Werskrantz, L. (1968). New method of testing long-term tetention with special reference to amnesic patients. *Nature*, 217, 972-974.

Weiner, B. (1979). A theory of motivation for some classroom experience. *Journal of Educational Psychology*. 71, 3-25.

Whorf, B.L. (1956). Language, thought, and reality. Cambridge, MA: MIT Press.

Wilkinson, J., & Campbell, E. (1997). *Psychology in counselling and therapeutic practice*. NJ: Wiley & Sons.

Yorkes, R.M., & Dodson, J.D. (1908). The relation of strength of stimulus to rapidity of habit formation. *Journal of Comparative Neurological Psychology, 18*, 459-482.

Zajonc, R.B. (1968). Attitudinal effects of mere exposure. *Journal of Personality and Social Psychology* (Monograph Suppl., Pt. 2), 1-29.

Zillmann, D. (1989). Effects of prolonged consumption of pornography. In D. Zillmann & J. Bryant (Eds.), Pornography: Research advances and policy considerations. Hillsdale, NJ: Erlbaum.

Zuckerman, M. (1979). *Sensation-seeking: Beyond the optimal level of arousal*. Hillsdale, NJ: Erlbaum.

찾아보기

✳ ㄱ

가족상담 284
각성 305
각성수준 183
간섭이론 100
갈등 302
감각 128, 171
감각기억 87
감각운동기 132
감각추구형 183
감정 171
강박증 264
강화 67
강화계획 74
개방성 167
건강염려증 267
검증가능성 11
게슈탈트 치료 289
경계선 성격장애 276
경험론적 관점 152
경험주의 10
계열위치효과 91
고전적 성격이론 153
고전적 조건화 54
고정간격 75
고정관념 229
고정비율 74
고차적 조건화 62

고착 160
공감적 이해 288
공포증 치료 63
공황장애 263
관찰학습 77
광장공포증 264
구강기 161
구조유도 122
구체적 조작기 134
귀인 234
균형이론 247
근원특성 166
근접성 240
기근 가설 190
기능적 고착 120
기본적 귀인오류 237
기억의 단계 83
기억의 저장과정 87
기질가설 141
깊이지각 44

✳ ㄴ

남근기 162
내담자중심치료 286
내적 귀인 236
내향 171
내현성격이론 233

※ ㄷ

다요인 인성검사 172
단극성 장애 261
단기기억 89
단순노출효과 240
단안단서 47
대립과정이론 41
대상영속성 132
대인지각 225
도덕성 발달 143
도덕추론 146
도식 130, 229
도피 71
동조 251
동질정체 182
동화 130

※ ㄹ

로르샤흐 175
리비도 156

※ ㅁ

마음의 법칙 7
망각 96
맥락 94
맹점 37
명상 315
명순응 35
모방학습 78
모양항등성 28
목표 204
몰입 205
무드일치효과 95
무의미 철자 98
무의식 159

무조건반응 56
무조건자극 56
무조건적 긍정적 존중 287
문제중심적 대처 313
문화심리학 20
물리적 환경 304

※ ㅂ

반사회적 성격장애 276
반증가능성 12
밝기항등성 29
방어기제 159
배열 121
범불안장애 263
변동간격 76
변동비율 74
변별 60
변형 122
보존개념 135
복내측 시상하부 185
복종 254
본능 181
본능이론 181
부적 강화 68
부적 처벌 69
부정성효과 232
부호화 93
분노 309
분열성 성격장애 274
불안 64, 309
불안 159
불안장애 262
불평형 131
비만 188
비지시적 상담 286

❋ ㅅ

사고 171
사회성 발달 138
사회재적응 평정척도 301
사회적 지지 313
삼원색이론 39
상담소 283
색지각 39
색채항등성 30
생리적 반응 305
생리적 욕구 198
생물심리학 19
생물학적 관점 152
생활사건 299
서술기억 102
선정적 자극 193
설득 243
설단현상 94
섭식 186
섭식장애 272
성격 311
성취 201
성격장애 274
성격평가 168
성공 동기 201
성공성취행동 경향성 201
성실성 168
성적 스크립트 196
성추동 191
성취동기 201
성취행동 경향성 201
성행동 191
성향적 관점 163
소거 60
소속과 애정욕구 199

수신자 요인 247
순행간섭 101
스트레스 298
시각 35
시연 91
식역하 자극 35
신경성 식욕부진증 273
신경성 폭식증 273
신경증적 경향 168
신경증적-정서적 안정성 166
신근성효과 92
신뢰성 244
신체형 장애 267
신체화장애 267
실패회피행동 경향성 201
심리적 스트레스원 301
심리치료 63
심상 110
심적 주사 112
심적 회전 110

❋ ㅇ

아동상담 284
안면피드백 가설 216
안전욕구 198
암묵기억 101
암순응 35
압력 303
애착 139
약호화 83
양극성 장애 262
양안부등 44
양육가설 141
언덕 오르기 122
역행간섭 101

연기성 성격장애 274
외상후 스트레스 장애 265
외적 귀인 236
외측 시상하부 185
외향 171
외향성 168
외향성-내향성 166
외현기억 101
요요효과 190
요인분석 166
욕구위계이론 197
용량이론 85
우울 310
우호성 168
원형 117
유사성 240
유인물의 가치 201
유전적 소인 189
유형검사 169
의지 181
의학 64
의미망 92
의식 158
의존적 성격장애 277
이차특성 163
인출 93
인간중심접근 286
인간중심치료 286
인본주의 18
인상형성 226
인습 이전 수준 144
인습 이후 수준 145
인습수준 145
인지발달 129
인지발달단계 132

인지부조화이론 248
인지심리학 19
인지적 반응 311
인지평가 311
일반적응증후군 306
일치성 288

ㅈ

자극일반화 59
자기결정 200
자기노출 241
자기실현 경향성 286
자기실현욕구 199
자기애적 성격장애 275
자기지각이론 249
자기효능감 203
자발적 회복 61
자아 156
자아고양편파 239
자아중심성 133
자율훈련 315
자폐증 279
장기기억 91
재인 96
재해사건 301
저항적 애착 141
전경-배경 43
전달자 요인 243
전문성 244
전의식 159
전조작기 133
전체 행동 291
전환장애 268
절대식역 32
절차기억 102

정동장애 261
정서 210
정서적 반응 309
정서중심적 대처 313
정신과 병원 282
정신물리학 31
정신병적-충동통제 167
정신분석 18
정신역동적 성격이론 156
정신장애 260
정적 강화 67
정적 처벌 69
조건반응 56
조건자극 56
조성 69
조작적 정의 13
조작적 조건화 66
조절 130
조절점 이론 189
조현병 269
존경욕구 199
좌절 301
주요 사건 300
주의력결핍 과잉행동장애(ADHD) 278
주특성 163
중심특성 163
지각 128
지각된 성공확률 201
지각체제화 42
지각항등성 28
지루함 304
지역사회 정신건강센터 283
지적장애 280
직관 171
진실성 288

진화론 181
질적 세계 290

※ ㅊ

차이감소 122
차이식역 33
착시 50
처벌 68
첫인상 228
청킹 90
체액론 153
체형론 154
초두효과 92
초자아 157
최소가지차이 33
추동 182

※ ㅋ

크기항등성 28

※ ㅌ

투사검사 174
특성검사 172
특성론 163
특정 공포증 263
틱장애 281

※ ㅍ

편집성 성격장애 274
표면특성 165

※ ㅎ

학습 54
학습된 무기력 73
학습장애 281

합리적 정서행동치료 291
항문기 161
해리성 기억상실증 271
해리성 장애 270
해리성 정체감 장애 271
행동적 반응 310
행동주의 18
행위자-관찰자 편향 239
현실치료 290
혐오치료 63
형식적 조작기 136
호혜성 241
혼란된 애착 141
확증적 편향 230

회상 96
회피적 성격장애 277
회피적 애착 140
회피학습 71
획득 57
후광효과 233

❋ 기타
5요인 이론 167
Canon-Bard 이론 217
Premack 원리 70
Schaschter 이론 218
TAT 174